职业教育财经商贸类专业"互联网+"创新教材

企业经营沙盘模拟教程

(创业者版)

主　编　赵　砚

副主编　许龙英　王　鹏

参　编　潘林海　周铭梨　何　莲　陈黎明

机械工业出版社

本书引入创新创业知识，并结合企业经营模拟系统，以仿真体验方式训练学生的创业经营水平，培养学生现代企业经营管理理念和能力，实现创新创业教育与专业教育有机融合。

本书在遵循学生基本认知规律的基础上，将创业者电子沙盘和人机对抗系统进行了整合，构建了一个"沙盘认知——模拟经营——人机对抗——实战对抗——总结分析——竞赛组织"体例结构。本书配套立体化教学资源，便于进行线上线下混合式教学。本书立足教学，放眼比赛，注重实战，对广大沙盘爱好者有一定的参考价值。

本书可作为中等职业院校、高等职业院校、成人高校财经类专业教材，也可作为全国职业院校技能竞赛（中职沙盘模拟企业经营赛项）参赛选手的指导用书。

为方便教学，本书配备电子课件、习题答案等教学资源。凡选用本书作为教材的教师均可登录机械工业出版社教育服务网www.cmpedu.com下载。咨询电话：010-88379375；服务QQ：945379158。

图书在版编目（CIP）数据

企业经营沙盘模拟教程：创业者版/赵砚主编．—北京：机械工业出版社，2022.6

职业教育财经商贸类专业"互联网+"创新教材

ISBN 978-7-111-70301-3

Ⅰ．①企… Ⅱ．①赵… Ⅲ．①企业经营管理-计算机管理系统-职业教育-教材 Ⅳ．①F272.3

中国版本图书馆CIP数据核字（2022）第040005号

机械工业出版社（北京市百万庄大街22号 邮政编码100037）
策划编辑：乔 晨　　　　责任编辑：乔 晨　张美杰
责任校对：王 欣　王 延　封面设计：马精明
责任印制：李 昂
北京中科印刷有限公司印刷
2022年4月第1版第1次印刷
184mm×260mm・15.25印张・247千字
0 001—1 500册
标准书号：ISBN 978-7-111-70301-3
定价：49.80元

电话服务　　　　　　　　　网络服务
客服电话：010-88361066　　机　工　官　网：www.cmpbook.com
　　　　　010-88379833　　机　工　官　博：weibo.com/cmp1952
　　　　　010-68326294　　金　书　网：www.golden-book.com
封底无防伪标均为盗版　机工教育服务网：www.cmpedu.com

前　　言

国务院印发的《国家职业教育改革实施方案》（国发〔2019〕4号）中明确指出，建设一大批校企"双元"合作开发的国家规划教材，倡导使用新型活页式、工作手册式教材并配套开发信息化资源，适应"互联网+职业教育"发展需求，运用现代信息技术改进教学方式方法。这为职业教育财会类专业"三教"改革指明了方向，也为"ERP沙盘模拟"课程建设和教材开发明确了具体路径。

本书以百树人人对抗系统和人机对抗系统为教学平台，系统地阐述了ERP沙盘模拟教学的两种模式，即人机对抗和人人对抗。这两种形式在一定程度上相辅相成，极大地促进了教学形式的发展，深受诸多院校的欢迎。本书以企业经营管理的工作过程为依据，根据学生的认知规律和ERP沙盘模拟软件的不同模块将全书分为七大项目：课程导读、企业经营规则与流程、企业经营工具制作、企业经营沙盘模拟（人机对抗）、企业经营沙盘模拟（人人对抗）、企业经营分析与总结和企业经营沙盘竞赛组织。

本书的特色与创新主要体现在以下几个方面：

1. 结构安排突出学生的基本认知规律

本书在遵循学生基本认知规律的基础上，将电子沙盘和人机对抗系统进行了整合，构建了一个"沙盘认知——模拟经营——人机对抗——实战对抗——总结分析——竞赛组织"体例结构，注重学生的认知规律，由浅入深，按部就班，有利于夯实学生的基础。

2. 内容编写注重"教、学、考、赛"一体

本书基于课堂教学实际，打破传统教材知识罗列的呈现形式，在内容设计上教、学结合，尽量弱化理论知识，将理论知识的学习穿插到模拟经营的实战过程中，使学生在实践中学习理论知识；同时，立足日常教学，延伸技能竞赛，专门设计了学习任务、考核表、比赛方案、比赛规则以及大赛经验分享，将教、学、考、赛融为一体，使本书功能性和实用性大大增强。

3. 课程教学目标定位高阶能力和高级思维

本书专门引入了人机对抗系统，提供自主模拟经营，在实验系统的提示和引导下，学生自行纠错完成实验，并通过撰写实验报告，完成对信息系统基本功能和常规业务处理流程的总结；同时，通过4年完整的企业运营模拟，帮助学生构建起企业经营管理的全面认知，培养学生高级思维和解决复杂问题的综合应用能力，从而保证ERP沙盘模拟课程目标由简单应用层向更高级的思维层转变。

4. 资源配套打造立体化教学资源

本书配套立体化的教学资源，便于进行课堂教学创新。本书配有在线学习平台和丰富的电子教学资源，包含大量的微课视频、题库、电子课件、拓展资料等；同时，本书还配有人机对抗系统，便于学生进行课后自学和教师进行统一测试。立体化的配套资源，更有利于教师的翻转课堂创新和学生的随时随地线上学习。

5. 课程教学模式推行"四步多元"的混合式教学模式

实施"四步多元"的混合式教学模式，创新课堂教学。第一步，线上学习：教师将教学资源提前上传至教学平台，学生通过扫描二维码或登录平台进行线上自主学习，完成线上测试。第二步，线下辅导：课程助教团队提前与上课班级进行结对，介绍ERP沙盘模拟经营的基本规则和经营流程，解决学生线上自学过程中遇到的一些问题。第三步，课堂教学：教师利用在线学习平台等教学工具进行课堂教学，组织学生进行签到、抢答、头脑风暴、实操等，突破重难点。第四步，实战检验：课程结束后，课程助教团队将组织班级对抗赛、校校对抗赛、网赛，进行实战演练。通过实施"四步多元"的混合式教学模式，教学内容在课内课外、线上线下有机结合，最终实现了课程教学和学习的可持续性。

6. 课程考核评价采用"多元化+智能化"的考核手段

课程考核由过去的从实训成果和实训表现两个维度进行考核转变为从日常出勤、参与活动、总结汇报、实训报告和两次对抗成绩六个维度进行考核，考核内容多元化，考核由注重结果向注重过程转变，考核结果更客观、更公平；考核手段也由过去的手工评价向移动智能转变，通过云平台和Excel将学生学习的过程记录下来并自动转化为课程成绩表，直接上传教务系统，课程考核更便捷、高效。

本书由浙江工业职业技术学院赵砚担任主编，绍兴市中等专业学校许龙英、新昌技师学院王鹏担任副主编，绍兴至臻信息科技有限公司潘林海、绍兴市中等专业学校周铭梨、宁波市奉化区职业教育中心学校何莲、绍兴市上虞区职业中等专业学校陈黎明参加了本书的编写工作。具体编写分工如下：项目一由周铭梨编写、项目二由王鹏编写、项目三由许龙英编写、项目四由赵砚编写、项目五由潘林海编写、项目六由何莲编写、项目七由陈黎明编写。

本书在编写过程中，得到了绍兴至臻信息科技有限公司教育事业部和杭州百树科技有限公司的鼎力帮助和大力支持，在此我们深表谢意！

由于编者水平有限，本书难免存有疏漏和错误之处，敬请同行和读者多提宝贵意见，以便日后修改完善。

为方便教学，本书配备电子课件、习题答案等教学资源。凡选用本书作为教材的教师均可登录机械工业出版社教育服务网www.cmpedu.com下载。咨询电话：010-88379375；服务QQ：945379158。

编　者

二维码索引

序号	微课名称	二维码	页码
1	课程内容及意义		003
2	运营流程		026
3	深入推进预算管理　全面提升治理能力		073
4	人机系统认知		094
5	企业经营本质		202
6	经营的本质：企业核心竞争力		204
7	经营业绩衡量		207
8	业绩的衡量：企业价值最大化		208
9	现金流断裂——企业破产		220

目　　录

前言

二维码索引

项目一　课程导读 001

　　任务一　了解ERP沙盘模拟的起源与含义 002

　　任务二　掌握课程内容及意义 003

　　任务三　了解课程形式与考核 005

　　职业能力测评 010

　　项目小结 011

项目二　企业经营规则与流程 013

　　任务一　进行团队组建及分工 014

　　任务二　掌握企业经营规则 015

　　任务三　掌握企业运营流程 026

　　任务四　了解电子沙盘的应用环境 036

　　职业能力测评 047

　　项目小结 050

项目三　企业经营工具制作 051

　　任务一　其他工具表制作 052

　　任务二　采购表制作 054

　　任务三　市场分析表制作 058

　　任务四　第一年预算表制作 073

　　任务五　第二～四年预算表制作 080

　　职业能力测评 087

　　项目小结 091

项目四　企业经营沙盘模拟（人机对抗） ... 093

  任务一　人机系统认知 ... 094
  任务二　熟悉人机系统使用 ... 096
  任务三　规则解读及市场分析 ... 100
  任务四　方案一运营实操 ... 104
  任务五　方案二运营实操 ... 133
  职业能力测评 ... 155
  项目小结 ... 158

项目五　企业经营沙盘模拟（人人对抗） ... 159

  任务一　人人系统认知 ... 160
  任务二　重要规则解读 ... 162
  任务三　市场详单分析 ... 165
  任务四　设计方案 ... 171
  任务五　了解间谍与广告策略 ... 177
  任务六　复盘 ... 183
  职业能力测评 ... 196
  项目小结 ... 199

项目六　企业经营分析与总结 ... 201

  任务一　了解企业经营的本质 ... 202
  任务二　分析企业经营成果 ... 204
  任务三　衡量企业经营业绩 ... 207
  职业能力测评 ... 210
  项目小结 ... 213

项目七　企业经营沙盘竞赛组织 ... 215

  任务一　竞赛规程发布 ... 216
  任务二　了解竞赛规则及订单设计 ... 221
  任务三　了解竞赛流程执行情况 ... 228
  职业能力测评 ... 233
  项目小结 ... 235

参考文献 ... 236

项目一

课 程 导 读

项目综述

"ERP沙盘模拟"是一门让学生高度参与和体验的课程，其教学方式和课堂组织与传统课程有明显不同。本项目主要介绍ERP沙盘模拟的起源与含义、课程内容及意义、课程形式和考核方式，是学习创业者沙盘课程的指南性项目。

学习目标

1. 了解ERP沙盘模拟的含义。
2. 掌握ERP沙盘模拟课程学习内容及意义。
3. 了解ERP沙盘模拟课程的形式。
4. 了解ERP沙盘模拟课程的考核方式。

重点难点

ERP沙盘模拟课程的内容、ERP沙盘模拟课程的形式、ERP沙盘模拟课程的考核方式。

任务一　了解ERP沙盘模拟的起源与含义

一、ERP沙盘模拟的起源

沙盘一词源于军事，它采用各种模型来模拟战场的地形及武器装备的部署情况，结合战略与战术的变化来进行推演。这种方法在军事上获得了极大的成功。

自从1978年被瑞典皇家工学院的科拉斯·梅兰（Klas Mellan）开发之后，ERP沙盘模拟演练迅速风靡全球。国际上许多知名的商学院（如哈佛商学院、瑞典皇家工学院等）和一些管理咨询机构都在用ERP沙盘模拟演练，对职业经理人、MBA、经济管理类学生进行培训，以期提高他们在实际经营环境中决策和运作的能力。

20世纪80年代初，ERP沙盘模拟被引入我国，率先在企业的中高层管理者培训中使用并快速发展。21世纪初，国内的管理软件公司相继开发出了ERP沙盘模拟演练的教学版，将它推广到职业院校的实验教学过程中。现在，越来越多的职业院校为学生开设了"ERP沙盘模拟"课程，并且都取得了很好的效果。

二、ERP沙盘模拟的含义

ERP沙盘模拟是针对代表先进的现代企业经营与管理技术——ERP系统（企业资源计划系统），设计的角色体验实验平台。模拟沙盘按照制造企业的职能部门划分了职能中心，包括营销与规划中心、生产中心、物流中心和财务中心。各职能中心涵盖了企业运营的所有关键环节，包括战略规划、资金筹集、市场营销、产品研发、生产组织、物资采购、设备投资与改造、财务核算与管理等，并以其为设计主线，把企业运营所处的内外环境抽象为一系列的规则，由学生组成若干个相互竞争的模拟企业，模拟企业4年的经营，设计学生参与、沙盘载体、模拟经营、对抗演练、讲师评析、学生感悟等一系列实验环节，将理论与实践融为一体、集角色扮演与岗位体验于一身。

任务二　掌握课程内容及意义

一、ERP沙盘模拟的课程内容

"ERP沙盘模拟"课程是讲授模拟企业经营管理的一门理实一体化课程。它采用一种全新的授课方法，课程的展开就是针对一个模拟企业，使学生在分析市场、制定战略、营销策划、组织生产、财务管理等一系列活动中，参悟科学的管理规律，全面提升管理能力。本课程的具体内容主要包括：

（一）整体战略管理

企业首先要有明确的总体战略，之后制定相应的经营战略。学生经过4年的模拟，将学会用战略的眼光看待企业的业务和经营，保证业务与战略一致，为企业总体战略目标的实现而努力。

（1）评估内部资源与外部环境，制定长、中、短期策略。

（2）预测市场趋势，调整既定战略。

（二）生产管理

在模拟中，把企业的采购管理、生产管理、质量管理统一纳入生产管理领域，要制订采购计划，进行生产设备的更新和生产线改良等决策，学生将充分运用所学知识，并积极思考。

（1）产品研发决策：必要时做出修改研发计划，甚至中断项目的决定。

（2）原料采购计划、决策。

（3）选择获取生产能力的方式。

（4）设备更新与生产线改良。

（5）全盘生产流程调度决策，匹配市场需求、交货期和数量及设备产能。

（6）库存管理及产销配合。

（三）市场营销管理

营销的目的归根结底就是满足客户需求。学生模拟企业经营四年中的市场竞争对抗，将学会如何分析市场变化、关注竞争对手情况、把握消费者需求、制定营销策略、定位目标市场，制订并有效实施销售计划，最终达成企业战略目标。

（1）市场开发决策。

（2）新产品开发、产品组合与市场定位决策。

（3）模拟在市场中的竞标过程。

（4）对同行进行渗透活动并抢占市场。

（5）建立并维护市场地位。

（四）财务管理

在沙盘模拟过程中，学生将清楚地掌握资产负债表、利润表的结构；把握企业经营的全局；进行筹资管理和投资管理，提高资金使用效率；做好财务决策，组织好企业的财务活动。

（1）制订投资计划，评估应收账款金额与回收期。

（2）预估长、短期资金需求，寻求资金来源。

（3）掌握资金来源与用途，妥善控制成本。

（4）洞悉资金短缺前兆，以最佳方式筹措资金。

（5）分析财务报表，掌握报表中的重点与数据含义。

（6）运用财务指标进行内部诊断，协助管理决策。

（7）利用有限的资金扭亏为盈，创造高利润。

（8）编制财务报表，结算投资报酬，评估决策效益。

二、ERP沙盘模拟的意义

（一）对传统课堂教学的有益补充和完善

涉及的主要环节及知识点：

（1）战略管理：企业环境分析、业务策略制定、全面预算管理。

（2）营销管理：市场开拓、市场分析、广告投放、产品组合。

（3）财务管理：会计核算、现金预算、成本核算、投融资战略。

（4）运营管理：生产计划、产能分析、库存管理、采购管理。

（5）人力资源管理：岗位及职责分工、团队建设及合作。

（6）信息管理：信息搜集及分析、信息化工具应用。

ERP沙盘模拟涵盖了管理学科主干课程的相关重要知识点，通过分析大量数据资料，直观地展示出制造型企业的整体流程，进一步补充并完善了传统课堂的不足之处。

（二）增强学生团队协作及沟通能力

ERP沙盘模拟中，各个团队经过初期组建、短暂磨合，逐渐形成团队默契，最终完全进入协作状态。在这个过程中，一是要学习如何在立场不同的各部门间沟通协调，二是要培养不同部门的共同价值观与经营理念，三是要建立以整体利益为导向的组织。因此，ERP沙盘模拟课程旨在使受训者学习如何在立场不同的部门间进行沟通协调，学会换位思考，为整体利益共同努力。

（三）帮助学生掌握"意会性"知识

ERP沙盘模拟是一种体验式教学，融团队合作、角色扮演以及案例分析等于一体，让学生站在企业家的角度来分析、处理企业面对的战略制定、组织生产、整体营销以及财务结算等一系列问题，亲身体验企业模拟经营过程中的"酸、甜、苦、辣"，在这个过程中深入领悟并"意会"作为企业管理层应当掌握的必备知识。

任务三　了解课程形式与考核

一、ERP沙盘模拟课程的教学模式

根据学生的学习认知规律，可将ERP沙盘模拟课程的教学模式分为三个阶段。

1. 第一阶段：模拟经营

由于沙盘学习者大多为初学者，不了解何为沙盘、沙盘的规则、电子沙盘

的操作等，所以一开始的时候需要老师带领学生认知沙盘、熟悉规则、懂得经营、会编报表，指导学生完成第1～2年的经营即可（可反复1～2年的操作），帮助学生打牢基础。

2. 第二阶段：人机对抗

在学生基本了解了什么是ERP沙盘模拟，并具备一定基础的条件下，组织学生自行与计算机进行人机对抗练习，学生独立完成4年的人机对抗（具体经营时间教师可视学生情况而定），教师针对学生人机对抗过程中发现的问题进行专门指导和解答。通过引入人机系统，可以改变传统沙盘模拟受时空限制的约束，提高模拟经营的效率，快速提升学生团队协作能力以及模拟经营的水平。

3. 第三阶段：实战对抗

在经过人机对抗夯实基础之后，教师可将学生划分为12～15组（2～4人为一组，具体组数视班级人数而定），组织学生进行真实的经营对抗。通过实战既可以检验学生的学习情况，又可以让学生在实战对抗中感受真实的市场竞争环境，进一步提高学生分析问题和解决问题的能力，提升学生的实战水平和实战能力。

三个阶段的教学，由浅入深、逐层递进，理实一体化，通过这三个阶段的学习，能够全面提升学生ERP沙盘模拟经营的水平。

二、ERP沙盘模拟课程的教学过程

1. 构建模拟环境

企业行为模拟，首先要构建模拟市场与模拟企业。沙盘推演中的模拟市场由8～15家相互竞争的虚拟制造企业组成，每个虚拟制造企业中的核心管理角色由2～4名学生分别担任。模拟市场中的供应商、客户、银行，由指导教师扮演。

2. 团队组建与岗位分工

学生分组组建模拟企业后，要根据制造企业的管理要求，确定本公司的组织架构及岗位职责。沙盘推演时，建议设置首席执行官（CEO）、营销总监（或市场总监）、财务总监、生产总监、采购总监等职位。

3. 认识企业，学习经营规则

经营管理者需要了解企业基本情况和市场环境。企业行为模拟中的内外部环境，组成了企业运行的经营规则。经营规则是模拟企业运营的约束条件，在开始模拟运行之前，要学习规则，熟知规则，并遵守规则。

4. 模拟企业经营

学习完具体的规则之后，学生就可以进行企业模拟经营了（一般只模拟第1～2年经营，可反复操作）。企业模拟经营一般是按年度展开，每年的模拟经营流程是：市场预测与分析——战略规划——经营决策——执行经营决策——业务核算——财务核算——年度经营总结。指导教师根据既定的规则与市场，手把手带领学生进行前1～2年的模拟经营，帮助学生更快地了解电子沙盘的操作步骤，更好地理解经营规则。

5. 人机对抗

在熟悉了操作与规则之后，如何才能快速提升学生的水平呢？我们采用了人机对抗系统。人机对抗系统是单机的模拟对抗，该系统中具有300多套对抗模型，而且设立了积分榜。这种具有游戏特色的人机模拟练习，不仅能够充分地调动学生主动学习的兴趣和积极性，而且能够帮助学生快速积累大量的实战经验，进一步提高学生企业模拟经营的水平。

6. 实战对抗

在经过人机对抗打实基础之后，就是团队协作的检验和作战能力的提升。根据之前的分组，组织学生进行真实的小组对抗。实战对抗不仅能让学生更加熟悉企业经营，让团队的策略在短时间内得到验证，也培养了学生团队分工协作、相互合作的能力。

7. 点评与总结

每年经营结束后，指导教师要结合专业知识和模拟企业经营情况针对普遍性问题和典型案例进行分析，帮助学生反思和及时改正错误、调整战略与策略。全部经营结束后，要求各模拟企业进行全面总结，拟写总结报告；每位学生撰写岗位履行情况总结。在此基础上，召开全部模拟企业总结汇报会。各模拟企业制作演示文稿，并在总结会上进行演讲汇报，相互分享成功经验、吸取失败教训。最后，由指导教师对学生整个学习情况以及总结汇报情况进行点评和分析，帮助学生查找自身的缺点，不断完善自己。

三、ERP沙盘模拟课程的考核方式

本课程采用线上线下混合式教学模式，考核主要采用学生自主评价与指导教师评价相结合、个体评价与团队评价相结合、过程评价与结果评价相结合的方法。平时成绩考核占60%，期末成绩考核占40%。平时成绩主要从出勤、课堂表现、视频观看、课后作业、讨论与发帖、总结汇报六个方面来进行考核；期末成绩主要从人机对抗成绩和实战对抗成绩两个方面来进行考核。具体的课程考核指标及权重见表1-1。

表1-1 课程考核指标及权重

项目	指标	权重	考核对象	评分人
平时成绩（60%）	出勤	10%	个人	CEO、教师
	课堂表现	20%	个人	CEO、教师
	视频观看	20%	个人	系统自动判分
	课后作业	20%	个人	系统自动判分
	讨论与发帖	10%	个人	系统自动判分
	总结汇报	20%	团队	教师
期末成绩（40%）	人机对抗	50%	团队	系统自动判分
	实战对抗	50%	团队	系统自动判分

注：每个考核指标均按照百分制进行打分，其中人机对抗成绩和实战对抗成绩分为4档（优、良、中、及格）进行考核，具体成绩的判定，指导教师可根据每次对抗结束后系统自动生成的分数进行排名，然后划分为4个等级，排名前20%的小组为优，排名前20%～50%的小组为良，排名后20%～50%的小组为中，排名后20%的小组为及格（含破产组）；最终实训成绩根据指标权重和指标实际得分综合得出。

本课程具体的考核表见表1-2。

表1-2 "ERP沙盘模拟"课程考核表

| 序号 | 姓名 | 平时成绩（60%） ||||| 期末成绩（40%） ||| 总评 |
		出勤（10%）	课堂表现（20%）	视频观看（20%）	课后作业（20%）	讨论与发帖（10%）	总结汇报（20%）	小计	人机对抗（50%）	实战对抗（50%）	小计	
001	同学1											
002	同学2											
003	同学3											
004	同学4											
005	同学5											
……	……											

职业能力测评

一、单选题

1. ERP沙盘模拟被引入我国的时间是（　　）。
   A．20世纪70年代末　　　　B．20世纪80年代初
   C．20世纪90年代末　　　　D．21世纪初

2. ERP沙盘模拟被引入我国，率先在企业的（　　）层管理者培训中使用并快速发展。
   A．中低　　　B．中　　　C．中高　　　D．高

3. "ERP沙盘模拟"课程是讲述企业（　　）的实训课程。
   A．战略管理　　B．营销管理　　C．财务管理　　D．经营管理

4. 模拟沙盘按照制造企业的（　　）部门划分了职能中心。
   A．管理　　　B．职能　　　C．生产　　　D．财务

5. 创业者沙盘（国赛）是模拟企业（　　）年的经营。
   A．4　　　B．5　　　C．6　　　D．4～6

二、多选题

1. 模拟沙盘中的职能中心包括（　　）。
   A．物流中心　　B．战略中心　　C．管理中心　　D．财务中心

2. 各职能中心涵盖了企业运营的所有关键环节，以（　　）等几个部分为设计主线，把企业运营所处的内外环境抽象为一系列规则。
   A．战略规划　　　　　　　B．资金筹集
   C．市场营销　　　　　　　D．财务核算与管理

3. 在模拟中，把企业的（　　）统一纳入生产管理领域，要制订采购计划，进行生产设备的更新和生产线改良等决策。
   A．采购管理　　B．生产管理　　C．销售管理　　D．质量管理

4. 在沙盘模拟过程中，需要清楚地掌握（　　）的结构；把握企业经营的全局；进行筹资管理和投资管理，提高资金使用效率；做好财务决策，组织好企业的财务活动。
   A．资产负债表　　　　　　B．利润表

C．现金流量表　　　　　　　　　D．所有者权益变动表

5．沙盘模拟经营中需要设置（　　　）等岗位。

　　A．CEO　　　　B．财务总监　　　C．生产总监　　　D．营销总监

三、判断题

1．沙盘一词源于军事，它采用各种模型来模拟战场的地形及武器装备的部署情况，结合战略与战术的变化来进行推演。（　　　）

2．企业首先要有明确的经营战略，之后制定相应的管理战略。（　　　）

3．营销的目的归根结底就是满足客户的需求。（　　　）

4．沙盘模拟演练可以提高我们在经营环境中决策和运作的能力。（　　　）

5．在沙盘模拟的财务管理中，进行筹资管理和投资管理时，不需要考虑资金的使用效率。（　　　）

项目小结

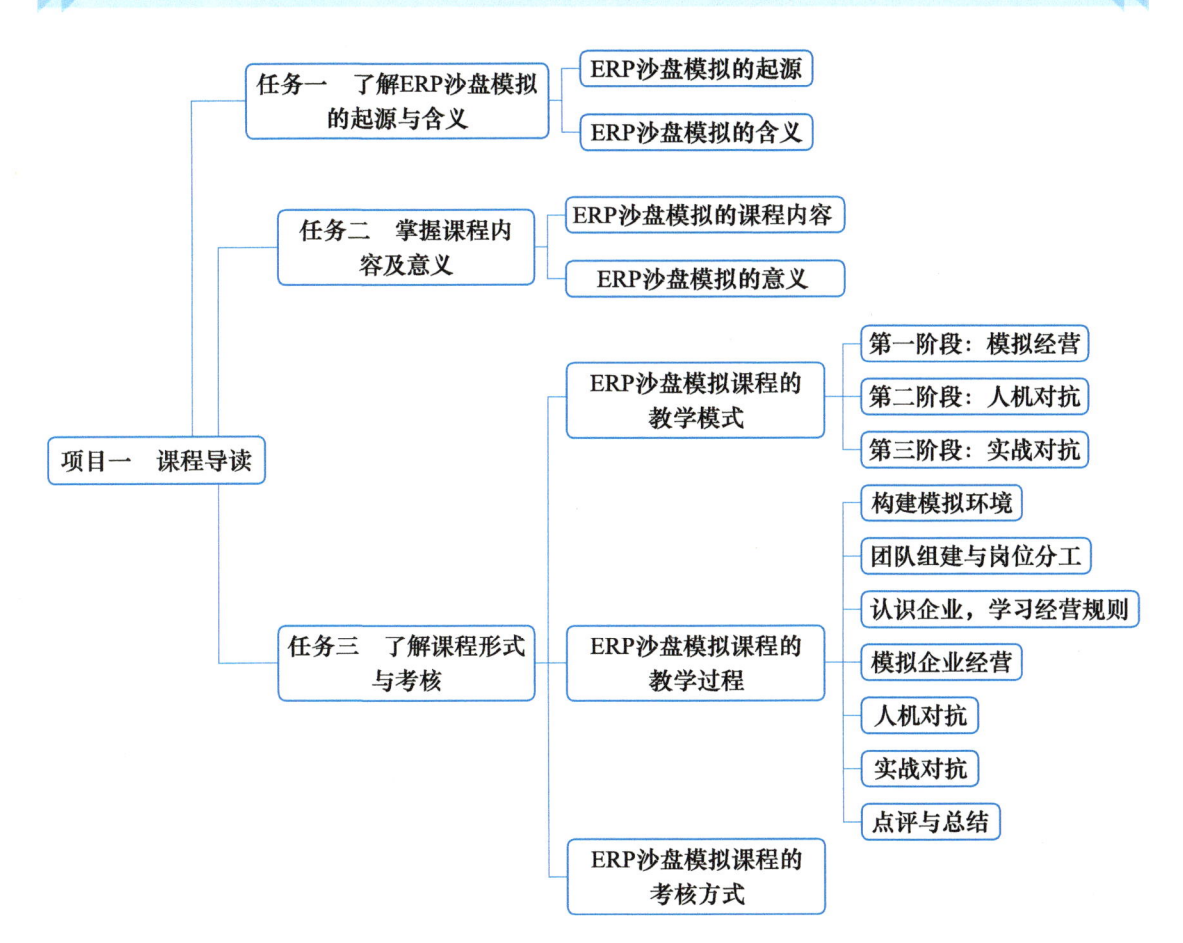

项目一　课程导读
- 任务一　了解ERP沙盘模拟的起源与含义
  - ERP沙盘模拟的起源
  - ERP沙盘模拟的含义
- 任务二　掌握课程内容及意义
  - ERP沙盘模拟的课程内容
  - ERP沙盘模拟的意义
- 任务三　了解课程形式与考核
  - ERP沙盘模拟课程的教学模式
    - 第一阶段：模拟经营
    - 第二阶段：人机对抗
    - 第三阶段：实战对抗
  - ERP沙盘模拟课程的教学过程
    - 构建模拟环境
    - 团队组建与岗位分工
    - 认识企业，学习经营规则
    - 模拟企业经营
    - 人机对抗
    - 实战对抗
    - 点评与总结
  - ERP沙盘模拟课程的考核方式

项目二

企业经营规则与流程

项目综述

ERP沙盘模拟经营主要是协助初学者快速组建团队和进行分工,帮助初学者读懂企业运营规则和市场预测的情报数据,并解决其在运营过程中遇到的操作问题。本项目主要介绍团队组建和分工,电子沙盘模拟的运营流程,年初任务、季度任务和年末任务以及怎样按照流程进行规范的操作,最后让学习者对电子沙盘有一个清晰的认识,为之后的学习打好基础。

学习目标

1. 了解"创业者"电子沙盘。
2. 能够进行团队组建与分工。
3. 掌握ERP沙盘模拟的经营规则。
4. 掌握ERP沙盘模拟的运营流程。
5. 能够熟练操作电子沙盘。

重点难点

经营规则、教师端/裁判端操作、学生端操作、经营流程。

任务一　进行团队组建及分工

一、团队组建

ERP沙盘模拟经营是对真实企业运营过程的模拟，而真实的现代企业组织结构中一般设有董事会、财务部、销售部、生产车间、采购部等，具体结构如图2-1所示。

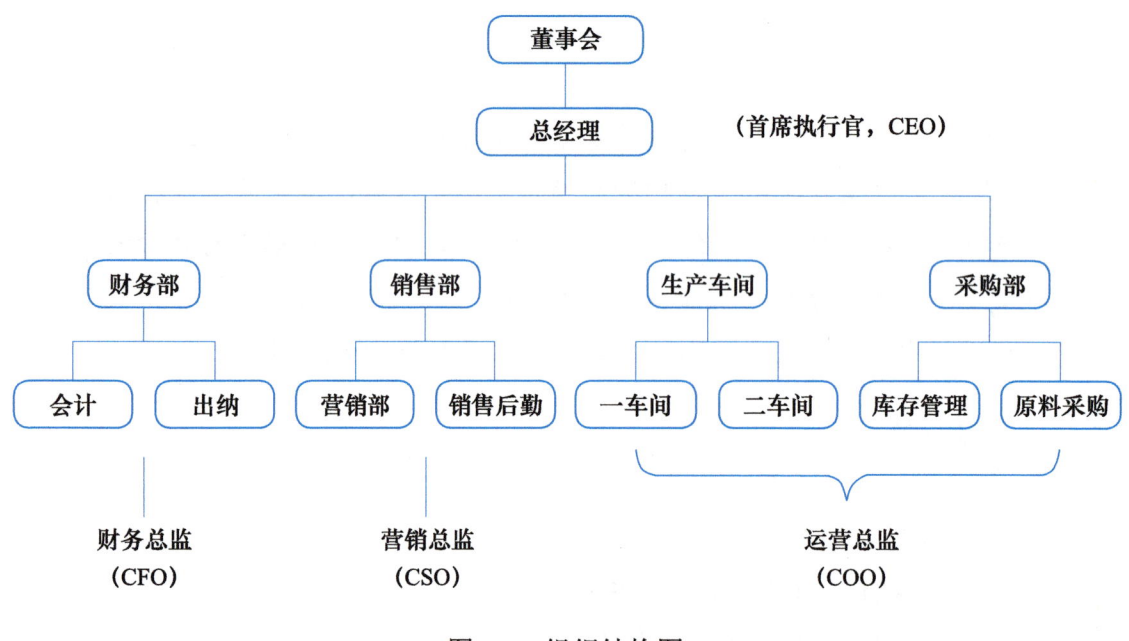

图2-1　组织结构图

因此，需要学生分组组成团队，担任不同的岗位，组建公司，完成4年的经营。团队分为4种角色：总经理、财务总监（CFO）、营销总监（CSO）、运营总监（COO），建议团队由4人组成。

二、成员分工

各个成员按照团队角色的岗位职责进行分工，见表2-1。

表2-1 岗位职责

岗位	总经理	财务总监	营销总监	运营总监
职责	制定发展战略、竞争格局分析、经营指标确定、业务策略制定、全面预算管理、管理团队协同、企业绩效分析、业绩考评管理、管理授权与总结	日常财务记账和登账、向财务部门报税、提供财务报表、日常现金管理、企业融资策略制定、成本费用控制、资金调度与风险管理、财务制度与风险管理、财务分析与协助决策	市场调查分析、市场进入策略、品种发展战略、广告宣传策略、制订销售计划、争取订单与谈判、签订合同与过程控制、按时发货、应收款管理、销售绩效分析	产品研发管理、管理体系认证、固定资产投资、编制生产计划、平衡生产能力、生产车间管理、产品质量保证、成品库存管理、产品外协管理、编制采购计划、供应商谈判、签订采购合同、监控采购过程、到货验收、仓储管理、采购支付抉择、与财务部协调

任务二 掌握企业经营规则

一、总经理需掌握的规则

年度规划会议在每年度运营会议开始时召开，在软件中无须操作。年度规划会议一般由团队的总经理主持召开，会同团队中的采购、生产、销售等负责人一起进行全年的市场预测与分析、广告投放、订单选取、产能扩张、产能安排、原料订购、订单交货、产品研发、市场开拓、筹资管理和现金控制等方面的分析和决策规划，最终完成全年运营的财务预算。

二、财务总监需掌握的规则

（一）支付广告费及所得税

单击"当年结束"，系统时间切换到下一年年初，需要投放广告，确认投放后系统会自动扣除所投放的广告费及上年应交所得税。

（二）融资

融资的基本信息，见表2-2。

表2-2 融资基本信息

贷款类型	贷款时间	贷款额度	年息	还款方式
长期贷款	每年年初	所有长期贷款和短期贷款之和不能超过上年权益的3倍	10%	年初付息，到期还本；每次贷款不小于10的整数
短期贷款	每季度初		5%	到期一次还本付息 每次贷款不小于10的整数
资金贴现	任何时间	视应收款额	10%（1季，2季） 12.5%（3季，4季）	变现时贴息
库存拍卖			原料八折，成品按成本价	

> **温馨提示**
> 长期贷款算息为所有长期贷款汇总相加乘以利率，之后四舍五入计息（长期贷款付息及还本均在投放广告时扣除）。短期贷款利息按每季度分别计息。

1. 长期贷款

长期贷款（长贷）需填写贷款年限，系统预设有1~5的年限选择，贷款额度由企业年度规划会议决定，但不得超过最大贷款额度。

长期贷款为分期付息，到期一次还本。年利率、可贷款倍数由教师/裁判在参数设置中设定。

例：若年利率为10%，额度为上一年权益的3倍。上年权益为80万元，则本年最大贷款额度为240万元（80万元×3）。若之前已有54万元贷款，则本次贷款额度需减去已贷的数值，即为186万元（240万元-54万元）。

2. 短期贷款

短期贷款（短贷）期限默认为1年，到期一次还本付息，长短期贷款共享贷款额度，即长短期贷款之和不得超过贷款额度。

例：短期贷款（短贷）利率为5%，若第1年第1季贷款20万元，则第2年第1季需偿还20万元本金及1万元（20万元×5%）利息。

3. 资金贴现

（1）应收款贴现。贴现是指提前收回未到期的应收款，因为该应收款并非正常到期收回，所以贴现时需支付相应的贴现利息。贴现利息=贴现金额×贴现率，详见规则说明。这一操作一般在企业短期存在现金短缺，且无法通过成本更低的正常贷款取得现金流时才考虑使用。

例：假定某企业账期为1个季度和2个季度的应收款贴现率为10%，账期为3个季度和4个季度的应收款贴现率为12.5%，若现在将账期为2个季度、金额为10万元的应收款和账期为3个季度、金额为20万元的应收款同时贴现，那么：

贴现利息=10×10%+20×12.5%=3.5（万元）≈4（万元）（规则规定贴现利息向上取整）

实收金额=10+20-4=26（万元）

贴现后收到26万元，当即增加企业现金，产生的贴现利息4万元，作为财务费用入账。

（2）厂房贴现。该操作实质上是将厂房卖出（买转租）产生的应收款直接贴现取得现金。它与厂房处理中的卖出（买转租）的区别在于，卖出（买转租）后购置厂房的资金变为4个季度的应收款，而厂房贴现则直接将卖出（买转租）产生的应收款贴现。

4. 库存拍卖

拍卖库存的原料，按成本价的80%出售，并且所得现金向下取整。例如，拍卖5个R1，购买单价为1万元，所得现金为4万元（5×1×80%）拍卖库存成品，按成本价的100%出售。例如，拍卖2个P1，每个P1的直接成本是2万元，所得现金为4万元（2×2×100%）。

（三）应收款更新

应收款更新操作实质上是将企业所有的应收款减少1个收账期。它分为两种情况，一种是针对本季度尚未到期的应收款，系统会自动将其收账期减少1个季度；另一种是针对本季度到期的应收款，系统会自动计算并在"现金"框内显示，将其确认收到，并自动增加企业的现金。

例：若某企业上季度末应收账款有两笔：一笔为账期为3个季度、金额为20万元的应收款；另一笔为账期为1个季度、金额为30万元的应收款。本季度进行应收款更新时，系统会将账期为3个季度、金额为20万元的应收款更新为账期为2个季度、金额为20万元的应收款，同时系统会自动将账期为1个季度、金额为30万元的应收款收现。

（四）填写报表

每年企业模拟经营结束后，财务总监需要填写综合费用表、利润表和资产负债表。

1. 综合费用表

综合费用表反映企业期间费用的情况，具体包括管理费、广告费、维护费、转产费、厂房租金、市场开拓费、产品研发费、ISO认证费、信息费和损失等项目。其中信息费是指企业为查看竞争对手的财务信息而支付的费用，具体由规则确定。综合费用表见表2-3。

表2-3　综合费用表

序号	项目	数据来源	计算公式
1	管理费	每季季末需缴纳的管理费用	
2	广告费	年初投放的广告费用	
3	维护费	已经完工的生产线，年末需缴纳设备维护费	
4	转产费	部分生产线转产需要缴纳转产费	
5	厂房租金	租用的厂房需要缴纳租金	
6	市场开拓费	年末开拓市场缴纳的费用	
7	产品研发费	研发产品获取生产资格产生的研发费	
8	ISO认证费	获得产品质量及环保资格认证所产生的费用	
9	信息费	使用企业信息查询功能获得其他企业信息所产生的费用	
10	损失	损失=其他，包括紧急采购的多余费用、生产线出售的未折旧费用、订单违约产生的违约金、原料出售的折价费用	
11	合计	以上所有费用相加	1+2+…+10

2. 利润表

利润表反映企业当期的盈利情况，具体包括销售收入、直接成本、综合费用、折旧、财务费用、所得税等项目。其中销售收入为当期按订单交货后取得的收入总额，直接成本为当期销售产品的总成本，综合费用根据"综合费用表"中的合计数填列，折旧为当期生产线折旧总额，财务费用为当期借款所产生的利息总额，所得税根据利润总额计算。利润表见表2-4。

表2-4 利润表

序号	项目	数据来源	计算公式
1	销售收入	本年完成的销售金额合计	
2	直接成本	本年完成的销售产品成本合计	
3	毛利	销售收入-直接成本	=1-2
4	综合费用	综合费用表的费用合计数	
5	折旧前利润	毛利-综合费用	=3-4
6	折旧	本年生产线折旧数值	
7	支付利息前利润	折旧前利润-折旧	=5-6
8	财务费用	本年的长期贷款利息+短期贷款利息+贴现利息	
9	税前利润	支付利息前利润-财务费用	=7-8
10	所得税	当税前利润为正,且以前年度没有亏损则正常计税;有亏损则弥补亏损,弥补后的数值为正则数值继续计税;弥补后的数值为负则不计税,往后年度继续弥补;税前利润为负或为零则不计税	
11	年度净利润	税前利润-所得税	=9-10

3. 资产负债表

资产负债表反映企业当期财务状况,具体包括现金、应收款、在制品、成品、原料等流动资产,土地建筑、机器与设备和在建工程等固定资产,长期贷款、短期贷款、所得税等负债,以及股东资本、利润留存、年度净利等所有者权益项目。资产负债表举例见表2-5。

表2-5 资产负债表

资产	数据来源	负债和所有者权益	数据来源
流动资产:		负债:	
现金	年末盘点的剩余现金	长期贷款	长期贷款合计
应收款	未收到的款项合计	短期贷款	本年短期贷款合计
在制品	还在生产线上生产的产品成本合计	特别贷款	特殊情况下的贷款
成品	库存中的产品成本合计	所得税	利润表中所得税
原料	库存中的原料成本合计		
流动资产合计	上述五项合计	负债合计	上述四项合计
固定资产:		所有者权益:	
土地建筑	厂房买价合计	股东资本	初始资金
机器与设备	设备价值(沙盘上生产线的净值之和)	利润留存	上年利润留存+上年利润
在建工程	正在建设的生产线价值之和	年度净利	利润表中的净利润
固定资产合计	上述三项之和	所有者权益合计	上述三项合计
资产总计	流动资产合计+固定资产合计	负债和所有者权益总计	负债合计+所有者权益合计

三、运营总监需掌握的规则

（一）原料规则

原料基本信息见表2-6。

表2-6　原料基本信息

名称	购买价格（万元/个）	提前期（季度）
R1	1	1
R2	1	1
R3	1	2
R4	1	2

（二）订购原料

企业原料一般分为R1、R2、R3、R4四种，其中R1、R2原料需提前1个季度订购，在1个季度后支付原料款并入库；R3、R4原料需提前2个季度订购，在2个季度后支付原料款并入库。原料订购数量由后期生产需要来决定，订购多了会造成资金被占用，订购少了则不能满足生产需要，会造成生产线停产，甚至不能按期完成产品交货，导致产品订单违约。

（三）更新原料库

在企业沙盘模拟运营中，R1、R2、R3、R4四种原料的采购价格由系统设定，一般每种原料价格均为1万元。其中R1、R2原料是在订购1个季度后支付，R3、R4原料是在订购2个季度后支付。

（四）紧急采购

紧急采购是为了解决原料或产品临时短缺而进行的。企业原料订购不足或产品未能按时生产出来，均可能造成产品订单不能按时交货，从而导致订单违约，而失去该订单收入并需支付违约金。为避免该损失，企业可紧急采购少量短缺的原料或产品，以满足生产或交货的需要，促使产品订单按时交货，由此取得相应的销售利润。紧急采购价格一般比正常的采购价格要高很多，具体由教师/裁判在裁判端参数设置中设定。操作时既可以紧急采购原料，也可以紧急采购库存产品。

在运用紧急采购操作时，付款即到货。原料价格为直接成本的2倍，成品价格为直接成本的3倍。

紧急采购原料和产品时，直接扣除现金。填写报表时，成本仍然按照标准成本记录，紧急采购多付出的成本计入综合费用表的损失项。

（五）产品组成

产品基本信息见表2-7。

表2-7 产品基本信息

名称	加工费（万元）	每季开发费（万元）	开发时间（季度）	直接成本（万元）	产品组成
P1	1	1	2	2	R1
P2	1	1	3	3	R2+R3
P3	1	1	4	4	R1+R3+R4
P4	1	1	5	5	2R2+R3+R4

1. 产品研发

产品研发按照季度来投资，每个季度均可操作，中间可以中断投资，直至产品研发完成，产品研发成功后方能生产相应的产品。

2. 开始生产

开始下一批生产时，应保证相应的生产线空闲、产品研发完成、原料充足、投产用的现金宽裕，上述4个条件缺一不可。开始下一批生产操作时，系统会自动从原料仓库领用相应的原料，并从现金中扣除用于生产的人工费用。

3. ISO资格认证

ISO资格认证信息见表2-8。

表2-8 ISO资格认证信息

名称	每年开发费（万元）	开发时间（年）	说明
ISO 9000	1	2	开发费用按开发时间在年末平均支付，不允许加速投资，但可中断投资
ISO 14000	2	2	ISO开发完成后，领取相应的认证

无须另计维护费，如中途停止使用，也可继续拥有资格并在以后年份使用。ISO认证开拓，只在第4季度可以操作。

ISO投资包括产品质量（ISO 9000）认证投资和产品环保（ISO 14000）认证投资。企业若想在订货会上选取带有ISO认证的订单，必须取得相应的ISO认证资格，否则不能选取该订单。ISO投资每年进行一次，可中断投资，直至ISO投资完成。

（六）生产线

生产线信息见表2-9。

表2-9　生产线信息

名称	投资总额（万元）	每季投资额（万元）	安装周期（季度）	生产周期（季度）	每季转产费（万元）	转产周期（季度）	维护费（万元/年）	残值（万元）	折旧费（万元）	折旧时间（年）
手工线	5	5	0	3	0	0	1	1	1	4
半自动线	10	10	1	2	1	1	1	2	2	4
自动线	15	5	3	1	2	1	1	3	3	4
柔性线	20	5	4	1	0	0	1	4	4	4

> **温馨提示**
> a. 不论何时出售生产线，残值计入现金，净值与残值之差计入损失。
> b. 只有未使用且已建成的生产线方可转产。
> c. 当年建成的生产线、转产中的生产线都要交维护费。
> d. 生产线不允许在不同厂房移动。

1. 新建生产线

生产线一般包括手工线、半自动线、自动线、柔性线、租赁线等，生产线信息详见规则说明。只有厂房中仍可容纳生产线时，方可进行新建生产线操作。

2. 在建生产线

只有处在建造期的生产线才会在此对话框中显示，该对话框中会提供处于建造期间的生产线的累计投资额、开建时间和剩余建造期。

3. 生产线转产

生产线建造时已经确定了生产的产品种类，但是在企业运营过程中，为保证不同产品数量的订单按时交货，可能会对生产线生产的产品进行适当的转产操作，转产时要求该生产线处于待生产状态，否则不可以进行转产操作。

转产时，不同生产线的转产费用和转产周期是有区别的，详见规则说明。当转产周期大于0季度时，生产线将处于转产中状态，待转产周期结束后方可继续生产。

4. 出售生产线

生产线出售的前提是该生产线是空置的，即没有在生产产品。出售时按残值收取现金，按净值（生产线的原值减去累计折旧后的余额）与残值之间的差额作为企业损失，已提足折旧的生产线不会产生出售损失，未提足折旧的生产线必然产生出售损失。

例：假定规则中手工线安装期为0季度、原值为5万元、净残值1万元、使用年限5年，若某企业第1年第1季度开建一条手工线，则该生产线第1年第1季度建成，只要该生产线处于待生产状态即可进行出售。

若建成后当年将其出售，则会收到1万元现金，同时产生4万元损失[（原值5万元-累计折旧0万元）-净残值1万元]；若第2年将其出售，则会收到1万元现金，同时产生3万元损失[（原值5万元-累计折旧1万元）-净残值1万元]，依此类推。

5. 生产线折旧（平均年限法）

生产线折旧信息见表2-10。

表2-10 生产线折旧信息

生产线	投资总额（万元）	残值（万元）	建成第1年（万元）	建成第2年（万元）	建成第3年（万元）	建成第4年（万元）	建成第5年（万元）
手工线	5	1	0	1	1	1	1
半自动线	10	2	0	2	2	2	2
自动线	15	3	0	3	3	3	3
柔性线	20	4	0	4	4	4	4

> **温馨提示**
>
> 生产线建成当年不提折旧，净值等于残值时不再折旧，仍可继续使用。

（七）厂房

厂房基本信息见表2-11。

表2-11　厂房基本信息

名称	购买价格（万元）	租用价格（万元/年）	出售价格（万元）	生产线容量（条）	使用上限（年）	说明
大厂房	30	4	30	4	4	厂房出售得到4个账期的应收款；紧急情况下可用厂房贴现（4季贴现）直接得到现金；如厂房中有生产线，同时要支付租金
小厂房	20	3	20	3	4	

每季度均可以租或买，租用的厂房在往后几年对应租用季度（如第2季度租的，则在以后各年第2季度可进行处理），可以用"厂房处理"进行"租转买""退租"等处理（当厂房中没有任何生产线时）。如果未加处理，则原来租用的厂房在对应的租用季度末自动续租。

厂房使用可以任意组合，但一般总数不能超过4个；如可租4个小厂房或买4个大厂房。

1. 购租厂房

厂房类型可以根据需要选择大厂房或小厂房，订购方式可以根据需要选择买或租，厂房每季度均可购买或租用。

若选择购买，则需一次性支付购买价款，无后续费用；若选择租用，则需每年支付租金，租金支付时间为租入当时以及之后每年对应季度的季末。

若企业在第1年第2季度选择购买1个大厂房，则系统会在购买时一次性扣除相应的购买价款，以后不再产生相关扣款。

若企业在第1年第2季度选择租用1个大厂房，则需在第1年第2季度租用时支付第1年租金，以后每年的租金由系统自动在第2季度季末支付。

2. 厂房处理

厂房处理方式包括卖出、退租、租转买3种。

（1）卖出操作针对原购入的厂房，实质上此操作包括两种情况，一是卖出厂房，同时判断是否需要将此厂房租回，卖出厂房将根据规则产生一定金额、一定账期的应收款（详见规则说明）；二是如果厂房中有生产线，则需支付对应的租金租回厂房，没有则无须支付租金。

（2）退租操作针对原租入的厂房，该操作要求厂房内无生产设备，若从上年支付租金时起算租期未满1年的，则无须支付退租当年的租金，反之则需支付退租当年的租金。

（3）租转买操作针对原租入的厂房，即在对应的租用季度，支付价款购回厂房，购回后无须支付租金。

例：假定规则规定某大厂房购买价为40万元，租金为4万元/年。

若企业欲将原购买的大厂房卖出，则会产生期限为4个季度、金额为40万元的应收款，同时系统会在卖出时自动判断是否需要扣除当期厂房租金4万元。

若企业于上年第2季度租入1个大厂房，如果在本年度第2季度结束前退租，则系统无须支付第2年度的厂房租金；如果在本年度第2季度结束后退租，则系统会扣除第2年度的厂房租金4万元。此操作要求该厂房内无生产设备。

若企业租转买原租入厂房，则系统仍会在大厂房租入的对应季度扣除当年的租金，并且在租转买时支付大厂房的购买价款40万元。

四、营销总监需掌握的规则

（一）市场开拓

市场开拓费用及所需时间见表2-12。

表2-12　市场开拓费用及所需时间

名称	每年开发费（万元）	开发时间（年）	说明
本地	1	1	开发费用按开发时间在年末支付，不允许加速投资，但可以中断投资 市场开发完成后，领取相应的市场准入证
区域	1	1	
国内	1	2	
亚洲	1	3	
国际	1	4	

市场开拓费用中，无须另计维护费，如中途停止使用，也可继续拥有资格并在以后年份使用。市场开拓只在第4季度可以操作。

（二）选单规则

（1）投1万元广告有一次选单机会，每增加2万元多一次机会。如果投小于1万元广告，则无选单机会，但仍扣除广告费，对计算市场广告额有效。广告投放可以为1万元、3万元、5万元……

（2）投放广告，只规定最晚时间，没有最早时间，即当年结束后可以马上投放广告。

（3）根据本市场、本产品广告额投放大小依次选单。如果两队本市场、本产品广告额相同，则对比本市场广告投放总额；如果本市场广告投放总额也相同，则对比本市场销售总额；如仍无法决定，先投放广告者先选单。

（4）第一年无订单。选单时，两个市场同时开单，各队需要同时关注两个市场的选单进展，其中一个市场先结束，则第三个市场立即开单，即任何时候都会有两个市场同开，除非到最后只剩下一个市场选单未结束。例如，某年在本地、区域、国内、亚洲四个市场有选单，则系统将在本地、区域同时放单，各市场按P1、P2、P3、P4顺序独立放单；若本地市场选单结束，则国内市场立即开单，此时区域、国内两个市场保持同开，紧接着区域结束选单，则亚洲市场立即放单，即国内、亚洲两个市场同开。选单时各队需要选择相应的"市场"按钮，当前市场选单结束后，系统不会自动跳到其他市场。

（三）按订单交货

订单交货对话框中会显示年初订货会上取得的所有产品订单，该订单会提供订单销售收入总价、订单需交的产品种类和数量、交货期限、账期等信息。

（四）竞单会

中职创业者ERP沙盘模拟经营无竞单会。

运营流程

任务三　掌握企业运营流程

ERP沙盘模拟的运营流程分为基本流程和特殊流程，基本流程要求按照一定的顺序依次执行，不允许改变其执行的顺序。

项目二　企业经营规则与流程　027

ERP沙盘模拟的基本流程如图2-2所示。

年初运营 → 第1季度运营 → 第2季度运营 → 第3季度运营 → 第4季度运营 → 年末运营

图2-2　ERP沙盘模拟的基本流程图

1. 年初任务

年初任务主要包括召开年度规划会、投放广告、参加订货会选订单、制订新年度计划、支付所得税、申请长期贷款等任务，如图2-3所示。

2. 季度任务

季度任务主要包括贷款及采购、生产、交货以及开发等任务，详细内容如图2-4所示。

召开年度规划会 → 投放广告 → 参加订货会选订单 → 制订新年度计划 → 支付所得税 → 申请长期贷款

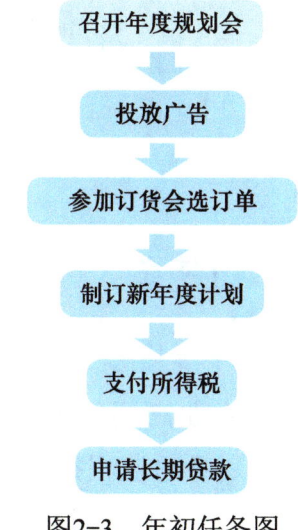

图2-3　年初任务图

当季开始 → 申请短期贷款 → 更新原料库 → 订购原料 → 购租厂房 → 新建生产线 → 在建生产线 → 生产线转产 → 出售生产线 → 开始生产 → 应收款更新

按订单交货 → 厂房处理 → 产品研发

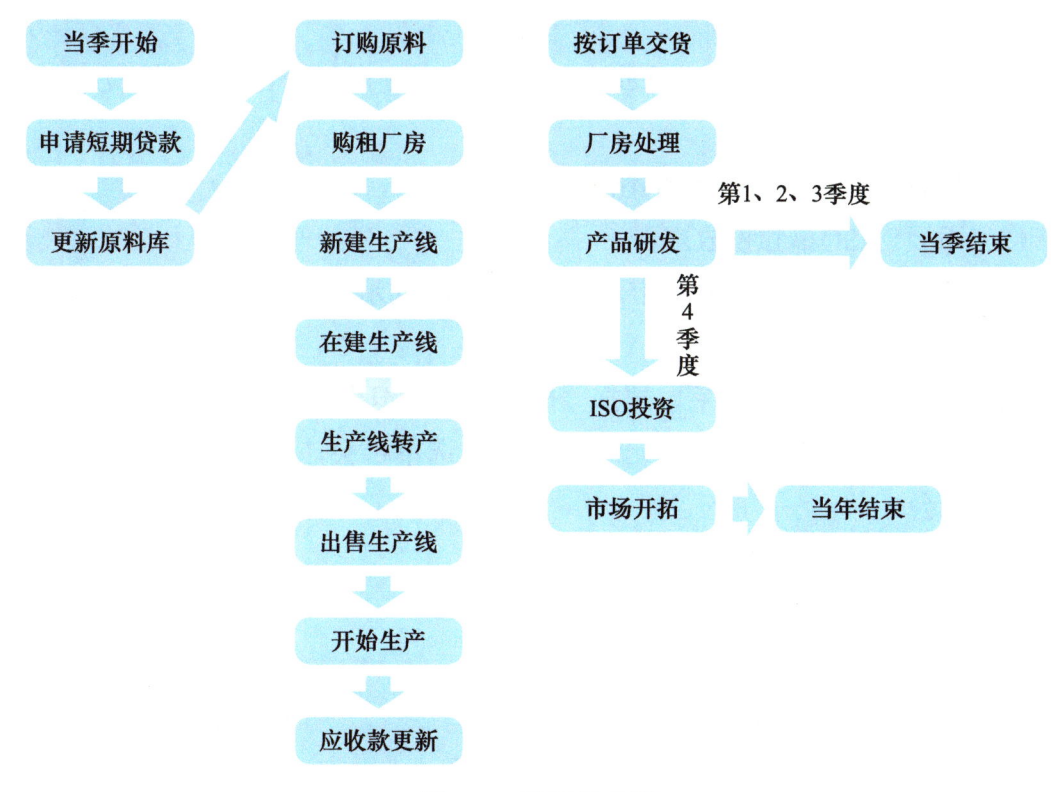

第1、2、3季度 → 当季结束

第4季度：ISO投资 → 市场开拓 → 当年结束

图2-4　季度任务图

3. 年末任务

年末任务主要包括编制报表等任务，如图2-5所示。

图2-5 年末任务图

一、年初任务

（一）召开年度规划会

每年年初企业高层召开新年度规划会，根据以往每年的数据确定新年度的经营方案。财务总监根据新年度规划会的讨论结果填写对应年度的现金预算表，以确定本年度内现金是否能够维持企业的正常运转。

（二）投放广告

单击系统中操作界面的"投放广告"按钮，可投放广告，同时需注意以下事项：

（1）没有任何市场准入证时不能投放广告。

（2）不要对ISO单独投放广告。

（3）在投放广告窗口中，市场名称为红色表示尚未开发完成，不可投放广告。

（4）完成所有市场投放后，选择"确认投放"退出，退出后不能返回更改。

（5）广告选单规则：投1万元广告有一次选单机会，此后每增加2万元，多一次选单机会。

系统自动依据以下规则确定选单顺序。

1）本市场、本产品广告额多的先选单。

2）本市场广告总额多的先选单。

3）本市场上年销售额排名靠前者先选单。

4）若仍不能确定，则先投放广告者先选单。

（6）广告投放确认后，长期贷款本息及税金同时自动扣除。

（三）参加订货会选订单

系统中将某市场某产品的选单过程称为回合（最多25回合），每回合选单可能有若干轮，每轮选单中，各队按照排定的顺序，依次选单，但只能选一张订单。当所有队都选完一次后，若再有订单，开始第二轮选单，各队行使第二轮选单机会，依此类推，直到所有订单被选完或所有队退出选单为止，本回合结束。当轮到某一公司选单时，"系统"以倒计时的形式给出本次选单的剩余时间，每次选单的时间上限为系统设置的选单时间，即在规定的时间内必须做出选择，否则系统自动视为放弃选择订单。无论是自动放弃还是系统超时放弃，都视为退出本回合选单。选单时需注意以下事项：

（1）系统自动传递选单权限。

（2）有权限的队伍必须在倒计时以内选单，否则系统视为放弃本回合。在10秒倒计时开始前选单，出现确认框后要在3秒内确认，否则选单无效。

（3）可借助右上角三个排序按钮辅助选单。

（4）系统自动判定是否有ISO资格。

（5）轮到选单时订单选单按钮点亮，变为可操控。

（6）不可选的订单显示为红色，即代表企业不满足资质。

（四）制订新年度计划

在年初规划会讨论结果的基础上，根据订货会选中的订单数，制订本年度的生产计划，财务总监根据讨论结果填写对应年度的现金预算表。

（五）申请长期贷款

（1）选单结束后直接操作，一年只有一次，但可以申请不同年份的若干笔。

（2）每次操作必须在"当季开始"之前，"当季开始"后将不可再操作。

（3）可选择贷款年限，确定后不可更改。

（4）不可超出最大贷款额度，即长短期贷款额度（已贷+欲贷）不可超过上年权益的倍数。

二、季度任务

（一）当季开始

当年初操作结束后，应单击系统界面的"当季开始"按钮，系统会自动完成还本付息、更新短期贷款、更新生产、完工入库、生产线完工和转产完工步骤。

(1) 选单结束或长期贷款后当季开始。

(2) 开始新一季经营需要当季开始。

(3) 系统自动扣除短期贷款本息。

(4) 系统自动完成更新生产、产品入库及转产操作。

（二）更新原料库

(1) 系统自动提示需要支付的现金（不可更改）。

(2) 只需要选择"确认更新"按钮即可。

(3) 系统自动扣除现金。

(4) 确认更新后，后续的操作权限方可开启（从下原料订单到更新应收款），前面的操作权限关闭。

(5) 一季只能操作一次。

（三）订购原料

(1) 输入所有需要的原料数量，然后单击"确认"按钮，一季只能操作一次。

(2) 确认订购后不可退订。

(3) 可以不下订单。

（四）购租厂房

厂房租入后，一年后可做租转买、退租处理，续租系统会自动处理。

(1) 要建生产线，必须购买或租用厂房，没有租用或购买厂房不能新建生产线。

(2) 厂房可买可租，租用或购买厂房可以在任何季度进行。如果决定租用厂房或厂房买转租，租金在开始租用的季度交付。

(3) 如果厂房中没有生产线，可以选择退租，系统将删除该厂房。

(4) 厂房租用数量上限根据系统规定执行。

（五）新建生产线

(1) 在系统中新建生产线，需先选择厂房、生产线类型和生产产品类型，特别是生产产品类型，生产产品一经确定，本生产线所生产的产品不能更换，如需更换，须在建成后进行转产处理。

（2）每次操作可建一条生产线，同一季度可以重复操作多次，直至生产线位置全部铺满。

（3）新建生产线一经确认，即可进入第一期在建，当季自动扣除现金；投资生产线的支付不一定要连续，可以中断，也可以中断后继续投资。系统中也可以不做生产线投资。

（六）在建生产线

（1）系统自动列出投资未完成的生产线。

（2）复选需要继续投资的生产线。

（3）可以不选——表示本季中断投资。

（4）一季只可操作一次。一条生产线待最后一期投资到位后，必须到下一季才算安装完成，允许使用。

（七）生产线转产

（1）系统自动列出符合转产要求的生产线。

（2）复选需要转产的生产线。

（3）选择转产指向的产品，然后确认，可多次操作。

（4）转产周期为0也需要操作，但不会停产。

（八）出售生产线

（1）系统自动列出可变卖的生产线（建成的空置的生产线可以出售，转产中的生产线不可出售）。

（2）复选要出售的生产线。

（3）变卖后，从净值中按残值收回现金，净值高于残值的部分计入当年费用的损失项。

（九）开始生产

（1）系统自动列出可以进行生产的生产线。

（2）自动检测原料、生产资格和加工费。

（3）复选要生产的生产线。

（4）系统自动扣除原料和加工费。

（十）应收款更新

（1）确认自动完成更新。

（2）此步操作后，前面的各项操作权限关闭（不能返回以前的操作任务），并开启以后的操作任务，即按订单交货、厂房处理、产品研发。

（十一）按订单交货

（1）系统自动列出当年未交且未过交货期的订单。

（2）自动检测成品库存是否足够，交货期是否过期。

（3）按下"确认交货"按钮，系统会自动增加应收款或现金。

（4）超过交货期的订单不能交货，系统在年底扣除违约金（计入损失）。

（十二）厂房处理

（1）本操作适用于已经在用的厂房，若要新置厂房，请操作"购租厂房"。

（2）如果拥有厂房但无生产线，可卖出，增加4个账期应收款，并删除厂房。

（3）如果拥有厂房且有生产线，卖出后增加4个账期应收款，自动转为租，并扣当年租金，记下租入时间。

（4）租入厂房可以转为购买，并立即扣除现金；如无生产线，可退租并删除厂房。

（5）租入厂房离上次付租金满一年，如果不执行本操作，视为续租，并在当季结束时自动扣下一年租金。

（十三）产品研发

（1）复选要开发的所有产品。

（2）一季只允许操作一次。

（3）当季结束，系统检测开发是否完成。

（十四）当季结束

（1）一季经营完成需要当季结束确认。

（2）系统自动扣除行政管理费用（1万元/季）及租金并检测产品开发完成情况。

（3）申请短期贷款。

（4）一季只能操作一次。

（5）长短期贷款总额（已贷+欲贷）不可超过上年权益的倍数。

（十五）市场开拓

（1）复选所要开发的市场，然后确认。

（2）只有第4季度可操作一次，可中断投资。

（3）当年结束系统自动检测市场开拓是否完成。第1年第4季度不操作市场开拓，第2年年初会因无市场资格而无法投放广告选单。

（十六）ISO投资

（1）复选所要投资的资格，然后确认。

（2）只有第4季度可操作一次，可中断投资。

（3）当年结束系统自动检测ISO资格是否完成。

三、年末任务

（1）第4季度经营结束，需要结束本年，确认一年经营完成。

（2）单击"当年结束"按钮后，系统自动处理以下任务：

1）支付第4季度管理费。

2）缴纳违约订单罚款。

3）支付设备维护费，年末时只要生产线安装完成，无论是否使用，必须当年缴纳维护费。

4）计提折旧。当年建成生产线当年不计提折旧，当净值等于残值时，生产线不再计提折旧，但可以继续使用。

5）系统会自动生成综合费用表、利润表和资产负债表，需要操作者填写这三个表，系统自动检测正确与否。检测结果如图2-6所示。

图2-6　报表提示

四、特殊运营任务

特殊运营任务不受运营流程的操作顺序限制，任意时间都可以操作。

（一）厂房贴现

（1）任意时间可操作。

（2）如无生产线，厂房按原值出售，售价按4季应收款全部贴现。

（3）如果有生产线，除按售价贴现外，还要再扣除租金。

（4）系统自动全部贴现，不允许部分贴现。

（二）紧急采购

（1）任意时间可操作（竞单时不允许）。

（2）单选需购买的原料或产品，填写数量后确认采购。

（3）原料及产品的价格直接列示。

（4）当场扣款到货。

（5）购买原料和产品均按照成本计算，高于成本部分计入综合费用表损失项。

（三）出售库存

（1）任意时间可操作。

（2）填入售出原料或产品的数量，然后确认。

（3）原料及产品按照系统设置的折扣率回收现金。

（4）售出后的损失部分计入费用表损失项。

（5）所得现金四舍五入。

（四）贴现

（1）1、2季度和3、4季度分开贴现。

（2）第1季度与第2季度应收款加总贴现，第3季度与第4季度应收款加总贴现。

（3）可在任意时间操作且次数不限。

（4）填入贴现金额应小于或等于应收款。

（5）贴现额乘以对应贴现率，求得贴现费用（向上取整），贴现费用计入财务费用，其他部分增加现金。

（五）商业情报

（1）任意时间可操作（竞单时不允许）。花费1万元（可变参数）可查看一家企业情况，包括资质、厂房、生产线、订单等（不包括报表）。

（2）以Excel表格形式提供相关信息。

（3）可以免费获得自己的相关信息。

（六）订单信息

（1）任意时间可操作。

（2）可以查看所有订单信息及状态（可以按年筛选）。

（七）市场预测

任意时间可查看，只包括均价、需求量、订单张数。

（八）破产检测

（1）广告投放完毕、当季（年）开始、当季（年）结束、更新原料库等处，系统自动检测已有现金加上最大贴现额及出售所有库存与厂房贴现，是否足够本次支出，如果不够，则破产退出系统。

（2）如需继续经营，联系管理员进行处理。

（3）当年结束，若权益为负，则破产退出系统；如需继续经营，联系管理员进行处理。

（九）其他

（1）需要付现时操作系统会自动检测是否有足够现金，如不够，则无法进行下去。

（2）注意更新原料及更新应收款两个操作，这是其他操作的"开关"。

（3）对操作顺序无严格要求，但建议按顺序操作。

（4）可通过侧边对话框与裁判联系。

（5）市场开拓与ISO投资仅第4季度可操作。

（6）广告投放完，可通过查看裁判发放的广告信息知道其他组广告投放情况。

（7）操作中发生显示不当，应立即按F5刷新或退出重新登录。

任务四　了解电子沙盘的应用环境

一、admin的任务

（一）登录系统

打开系统，在用户登录页面输入"用户名""密码"，单击用户登录。用户名为admin，初始密码为1，如图2-7所示。

图2-7　登录界面

登录后显示裁判端功能菜单，如图2-8所示。

图2-8　功能菜单

（二）创建教学班

在裁判端单击"初始化"图标，显示弹出框。在"队数"里输入想要开设的组数，"参数版本"选择"新创业者"，在"规则方案"和"订单方案"中选择想要的规则和方案，如图2-9所示。单击"初始化"，弹出提示框，单击"确定"。

图2-9 初始化

二、公司经营查询及操作

（一）公司资料

单击裁判端界面上方的学生组号，如BC01，在主页面中间区域可查看该组各项经营信息，包括公司资料、库存采购信息、研发认证信息、财务信息、厂房信息、生产信息，如图2-10所示。

图2-10 公司资料

1. 还原本年/季

单击公司资料中用户名右侧的"还原本年"或"还原本季"，弹出提示框，单击"确定"。"还原本年"会将该学生组的经营退回当年年初重新开始，"还原本季"会将该学生组的经营退回当年上一季度季初重新开始。

2. 修改密码

单击公司资料中密码右侧的"修改密码",在编辑框输入修改后的密码,单击"确认"即完成密码修改。

3. 用户融资

单击公司资料中现金右侧的"用户融资",可查看用户融资情况,在注入金额栏输入所需要注入的金额数字,选择注资类别为"特别贷款"或"股东注资",单击"确认"即完成用户融资,如图2-11所示。

图2-11　用户融资

4. 修改状态

单击公司资料中公司状态右侧的"修改状态",可查看该用户当前经营状态,可修改状态,选择"未运营""正在运营"或"已破产",单击"确认"即完成用户经营状态修改。

5. 综合财务信息

单击公司资料下方"综合财务信息",可查看该学生组当年经营的主要财务信息,如图2-12所示。

图2-12　综合财务信息

单击公司资料下方"综合费用表""利润表""资产负债表""现金流量表""订单列表""导出Excel",即可查看该学生组当年经营的相关信息。

(二)库存采购信息

单击学生组号(BC01)下的"库存采购信息",可查看该组学生的原料订购、原料库存、产品库存信息,如图2-13所示。

图2-13 库存采购信息

(三)研发认证信息

单击学生组号(BC01)下的"研发认证信息",可查看该组学生的市场开拓、产品研发、ISO认证信息,如图2-14所示。

图2-14 研发认证信息

(四)财务信息

单击学生组号(BC01)下的"财务信息",可查看该组学生的应收款、长期贷款、短期贷款、特别贷款信息,如图2-15所示。

图2-15 财务信息

(五)厂房信息

单击学生组号(BC01)下的"厂房信息",可查看该组学生的厂房信息,包括厂房状态、最后付租、置办时间等,如图2-16所示。

图2-16　厂房信息

（六）生产信息

单击学生组号（BC01）下的"生产信息"，可查看该组学生的生产线信息，包括生产线类型、生产状态、建成时间等，如图2-17所示。

图2-17　生产信息

三、裁判端操作

（一）选单与竞单

单击主页面下方的菜单"选单管理"，管理每组学生选取市场订单过程。

当教学班全部小组完成广告投放时，弹出框显示准备开始选单页面，如图2-18所示。

图2-18　开始选单

单击"开始选单"，弹出提示框，订货会正式开始，单击"确定"进入订货会管理页面，如图2-19所示。

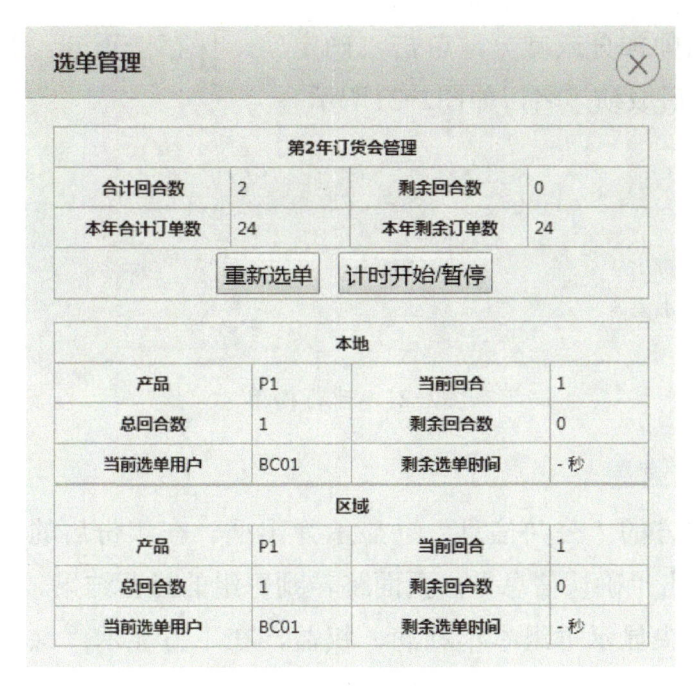

图2-19　选单管理

（二）组间交易

单击主页面下方的"组间交易"，显示弹出框。单击"选择出货方"和"选择进货方"的下拉框，选择买卖双方的组号，再选择要交易的产品，在下方编辑框内输入交易数量以及交易总价，单击"确认交易"，即完成了此次组间交易，如图2-20所示。

图2-20　组间交易

（三）排行榜单

单击主页面下方的"排行榜单"，显示弹出框，可以在系统数据基础上进行编辑，输入老师加分或减分，单击"确定"，保存修正分。此功能用来查询学生组经营的最后成绩排名，如图2-21所示。

图2-21　排行榜单

（四）公共信息

单击主页下方的"公共信息"，显示弹出框。在年份后的下拉框里选择要查询的年份，单击"确认信息"，页面跳转到每组的经营结果。

在弹出框中央显示每组本年利润、权益，在下方显示"综合费用表""利润表""资产负债表""下一年广告投放""广告投放格式2""导出Excel"，如图2-22所示。

图2-22　公共信息

（五）订单详情

单击主页面下方的"订单详情"，弹出框显示该教学班所有年份的市场订单明细，如图2-23所示。

图2-23　订单详情

（六）系统参数

单击主页面下方的"系统参数"，显示弹出框，这里包含该教学班初始化的参数设置，选择可修改的参数，在后面的下拉框或编辑框内可对系统参数进行修改。单击"确认"保存修改结果。其中，初始现金不可修改，如图2-24所示。

图2-24　系统参数

（七）备份还原

单击主页面下方的"备份还原"，将备份此操作前经营年份的数据，并可在之后经营年份还原，还可以管理备份文件（可选择删除），如图2-25所示。

图2-25　数据备份

（八）一键导出

单击主页面下方的"一键导出"，显示提示框，单击"开始导出"，系统将全部数据以压缩包形式直接下载，如图2-26所示。

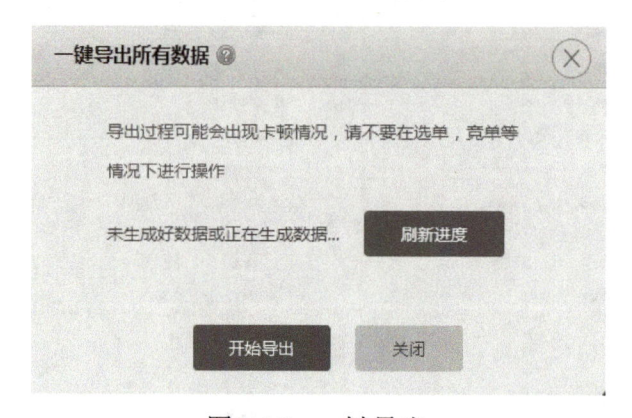

图2-26　一键导出

（九）巡盘发布

单击主页面下方的"巡盘发布"，如图2-27所示，显示弹出框，如图2-28所示。为方便教师教学，可通过单击"确认发布"按钮在每年结束时发送报表等信息，包括下发财务报表、生产线信息、间谍信息以及广告信息。

图2-27　巡盘发布

图2-28　确认发布

四、其他操作说明

（一）规则说明

单击主页面右上方的菜单"规则说明"，显示弹出框，即可查阅本场企业模拟经营的运营规则，如图2-29所示。该规则与初始化设置的系统参数一致，可根据每次参数设置不同而变动。

（二）市场预测

单击主页面右上方的菜单"市场预测"，显示弹出框，即可查阅本场企业模拟经营的市场预测信息，包含均价、需求量、订单数等，如图2-30所示。

经营规则说明

重要经营规则

总版本：20160108 主控版本：4.3.10.611
当前初始化规则方案名称：标准创业者规则

一、生产线

名称	投资总额	每季投资额	安装周期	生产周期	每季转产费	转产周期	维护费	残值	折旧费	折旧时间	分值
手工线	5 W	5 W	0 季	3 季	0 W	0 季	1 W/年	1 W	1 W	5 年	5
半自动	10 W	10 W	1 季	2 季	1 W	1 季	1 W/年	2 W	2 W	5 年	7
自动线	15 W	5 W	3 季	1 季	2 W	1 季	1 W/年	3 W	3 W	5 年	9
柔性线	20 W	5 W	4 季	1 季	0 W	0 季	1 W/年	4 W	4 W	5 年	10

安装周期为0，表示即买即用；
计算投资总额时，若安装周期为0，则按1算；
不论何时出售生产线，价格为残值，净值与残值之差计入损失；
只有空生产线方可转产；
当年建成生产线需要交维护费；
折旧(平均年限法)：建成当年不提折旧；
当生产线净值等于残值不再计提折旧，并满足：(折旧时间—1)*折旧费+残值=投资总额。

二、融资

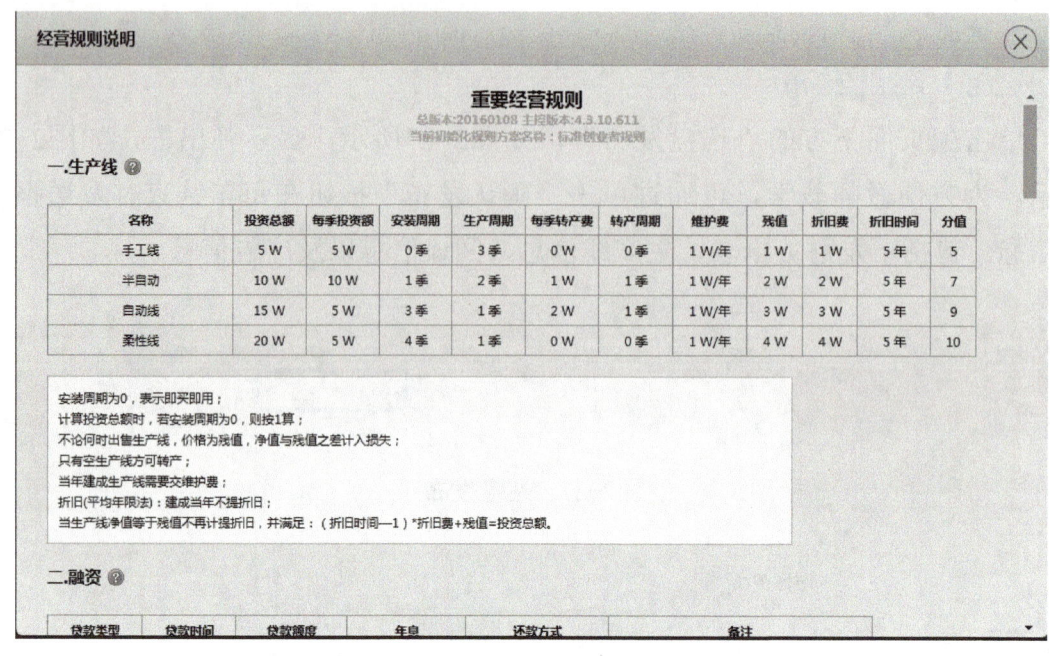

| 贷款类型 | 贷款时间 | 贷款额度 | 年息 | 还款方式 | 备注 |

图2-29 规则说明

市场预测

以下预测表只统计选单
当前初始化订单方案名称：创业者标准订单12-16组

市场预测表——均价

序号	年份	产品	本地	区域	国内	亚洲	国际
1	第2年	P1	4.19	4.35	0	0	0
2	第2年	P2	6.02	6.79	0	0	0
3	第2年	P3	9.22	8.65	0	0	0
4	第2年	P4	12.11	10.48	0	0	0
5	第3年	P1	4.5	4.36	4.54	0	0
6	第3年	P2	6.06	6.14	6.47	0	0
7	第3年	P3	8.17	8.05	8.29	0	0
8	第3年	P4	10.4	10.29	10.29	0	0
9	第4年	P1	4.86	4.75	4.42	5.22	0
10	第4年	P2	6.26	6.43	6.35	6.4	0
11	第4年	P3	8.22	7.79	8	8.35	0
12	第4年	P4	9.7	9.72	9.65	10.23	0
13	第5年	P1	5.78	5.43	5.38	5.76	5.87
14	第5年	P2	6.65	6.87	6.96	6.5	7.19
15	第5年	P3	7.84	8.03	7.73	7.95	8.19
16	第5年	P4	9.71	9.73	9.31	9.6	0
17	第6年	P1	5.54	5.95	5.62	6.03	5.79
18	第6年	P2	6.79	6.71	6.47	6.64	7.12

图2-30 市场预测

职业能力测评

一、单选题

1. 在ERP沙盘模拟经营中，编制财务报表是（　　）的岗位职责。

    A．总经理 B．财务总监

    C．运营总监 D．营销总监

2. 在ERP沙盘模拟经营中，生产线折旧计提采用（　　）。

    A．平均年限法 B．工作量法

    C．年数总和法 D．双倍余额递减法

3. 长期贷款一般在（　　）进行申请。

    A．每年年初　　B．每年年末　　C．每季季初　　D．任意时间

4. 若长期贷款利率为10%，短期贷款利率为5%，贷款额度为上一年权益的3倍。已知上一年权益为60万元，且之前已有54万元长期贷款，则今年的最大贷款额度为（　　）万元。

    A．180　　B．234　　C．175　　D．126

5. 在填写资产负债表时，初始资金填在（　　）。

    A．现金 B．利润留存

    C．股东资本 D．资产总计

6. 已知某公司在第二年第一季度时建成3条自动，每条投资15万元，净残值为3万元，折旧时间4年。假设无其他生产线，这3条自动线在第三年需提折旧（　　）万元。

    A．0　　B．9　　C．3　　D．11

7. 已知某公司在第二年第四季度时建成3条柔性线，每条投资20万元，净残值为5万元，折旧时间5年，每年维修费需5万元。假设无其他生产线，这3条柔性线在第二年需缴纳维修费（　　）万元。

    A．0　　B．9　　C．12　　D．15

8. （   ）年内发生的亏损可以用税前利润来弥补，不需要交所得税。

  A．2   B．3   C．4   D．5

9. 在第三年第一季度，公司因资金周转困难将一笔"金额20万元，账期2季"的应收账款进行紧急贴现。已知贴现率为"1、2季，10%；3、4季，12.5%"，贴现费用为向上取整。公司能拿到（   ）万元现金。

  A．19   B．17   C．20   D．18

10. 在中职ERP沙盘模拟经营中，一般经营（   ）年。

  A．4   B．5   C．6   D．7

二、多选题

1. 在中职ERP沙盘模拟经营中，一般有（   ）等岗位。

  A．总经理   B．财务总监

  C．运营总监   D．营销总监

2. 在每年年末需要填写的报表有（   ）。

  A．现金流量表   B．综合费用表

  C．利润表   D．资产负债表

3. 利润表中"财务费用"项目需要根据（   ）计算填列。

  A．长贷利息   B．短贷利息

  C．广告费用   D．贴现费用

4. 以下应计入"综合费用"的有（   ）。

  A．管理费用   B．所得税费

  C．产品研发费   D．设备维护费

5. 年初任务一般有（   ）。

  A．召开年度规划会   B．投放广告

  C．申请长期贷款   D．市场开拓

6. 已知某公司在第二年第一季度时建成3条自动线，每条投资15万元，净残值为3万元，折旧时间4年。假设无其他生产线，问这3条自动线在第二、三年分别需提折旧（   ）万元。

  A．0   B．9   C．3   D．11

7. 系统检测破产的标准有（　　　）。

   A. 当年亏损大于25万元　　　　　　B. 现金断流

   C. 累计亏损超过50万元　　　　　　D. 权益为负

8. 允许紧急采购的有（　　　）。

   A. 原料　　　　　　　　　　　　　　B. 产品

   C. 厂房　　　　　　　　　　　　　　D. 生产线

9. 在中职ERP沙盘模拟经营中，关于折旧说法正确的有（　　　）。

   A. 折旧采用平均年限法

   B. 当年建成的生产线当年需提折旧

   C. 提足折旧的生产线可继续使用

   D. 折旧会影响最终权益

10. 在中职ERP沙盘模拟经营中，关于经营规则说法不正确的有（　　　）。

   A. 经营规则都是统一的，不会改变

   B. 所有生产线均可租赁

   C. 订单违约不需要缴纳违约金

   D. 每季度的管理费是固定不变的

三、判断题

1. 厂房既可以选择租，也可以选择购买。（　　）
2. 生产线建成当年就需要计提折旧。（　　）
3. 产品研发不允许中断。（　　）
4. 短期贷款随时可以进行，因此无须提前做好资金规划。（　　）
5. 应收账款进行贴现所产生的费用应计入"财务费用"。（　　）
6. 折旧既会影响现金流，又会影响权益。（　　）
7. 若税前利润为正，则需要交纳所得税。（　　）
8. ISO认证开发费用在年末平均支付，不允许加速投资，但可以中断投资。（　　）
9. 市场系统会自动开放，无须主动开发。（　　）
10. 资金贴现可以在任意时间进行。（　　）

项 目 小 结

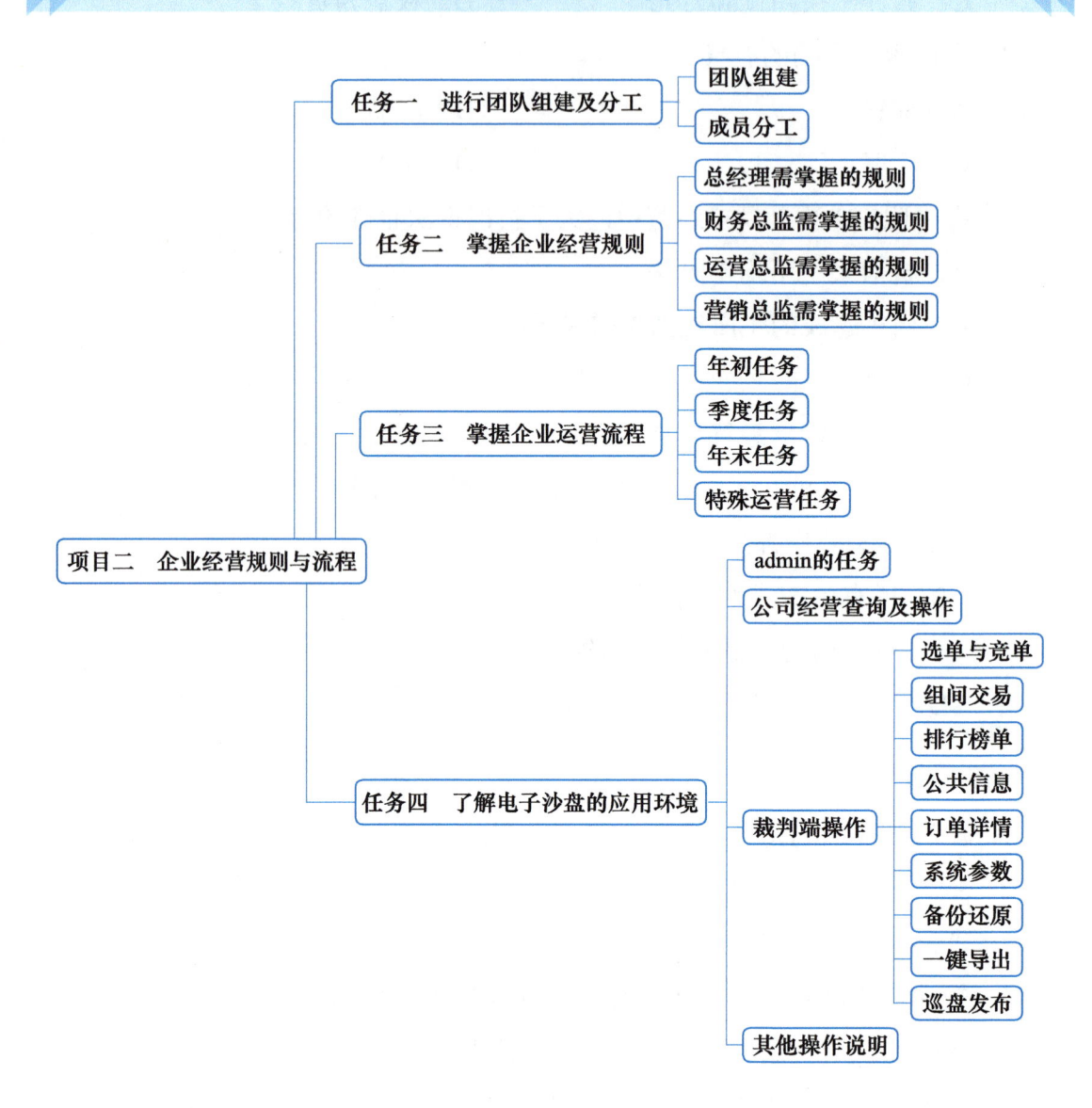

- 项目二 企业经营规则与流程
  - 任务一 进行团队组建及分工
    - 团队组建
    - 成员分工
  - 任务二 掌握企业经营规则
    - 总经理需掌握的规则
    - 财务总监需掌握的规则
    - 运营总监需掌握的规则
    - 营销总监需掌握的规则
  - 任务三 掌握企业运营流程
    - 年初任务
    - 季度任务
    - 年末任务
    - 特殊运营任务
  - 任务四 了解电子沙盘的应用环境
    - admin的任务
    - 公司经营查询及操作
    - 裁判端操作
      - 选单与竞单
      - 组间交易
      - 排行榜单
      - 公共信息
      - 订单详情
      - 系统参数
      - 备份还原
      - 一键导出
      - 巡盘发布
    - 其他操作说明

项目三

企业经营工具制作

项目综述

学习企业ERP沙盘模拟经营的规则与流程后，根据规则说明制作预算是最重要的环节。本项目主要介绍如何利用Excel的计算功能，运用各类函数，制作预算表。学习该项目有助于在后续竞赛中提升财务预算能力。

学习目标

1. 了解Excel在沙盘中的作用。
2. 掌握Excel中各常用函数的运用。
3. 掌握Excel中数据透视表的制作。
4. 掌握预算表的制作。

重点难点

函数的运用、数据透视表的制作、预算表的制作。

任务一　其他工具表制作

一、经营规则表制作

企业经营管理过程中，经常要进行大量复杂的计算，虽然这些计算中有部分数据在不停地变化，但这些数据之间的关系是确定的，这样就可以利用Excel建立这些数据之间的关系，在需要计算时，只要输入变量，Excel就会自动计算出相应的结果。以沙盘规则中给出的参数为基础，建立Excel模型，可以减少重复劳动，提高效率，也可以预测企业未来的经营状况，并且制定适合企业自身发展的决策。

进入电子沙盘系统学生操作端，找到右上角的规则说明，如图3-1所示，再根据规则通过Excel建立模型。

图3-1　学生操作端　规则说明

打开Excel，新建工作表，把系统中规则说明的内容全部选中，复制到Excel中，进行格式更改，可将重要的参数特别注明，见表3-1。

项目三　企业经营工具制作

表3-1　规则工作表

	A	B	C	D	E	F	G	H	I	J	K	L
1	50108 主控版本:4.3.10.611											
2	副方案名称：标准创业者规则											
3	一、生产线											
4	名称	投资总额	每季投资额	安装周期	生产周期	每季转产费	转产周期	维护费	残值	折旧费	折旧时间	分值
5	手工线	5 W	5 W	0季	3季	0 W	0季	1 W/年	1 W	1 W	5年	5
6	半自动	10 W	10 W	1季	2季	1 W	1季	1 W/年	2 W	2 W	5年	7
7	自动线	15 W	5 W	3季	1季	2 W	1季	1 W/年	3 W	3 W	5年	9
8	柔性线	20 W	5 W	4季	1季	0 W	0季	1 W/年	4 W	4 W	5年	10
10	安装周期为0，表示部买即用；											
11	计算投资总额时，若安装周期为0，则按1算；											
12	不论何时出售生产线，价格为残值，净值与残值之差计入损失；											
13	只有空生产线方可转产；											
14	当年建成生产线需要交维护费；											
15	折旧(平均年限法)：建成当年不提折旧；											
16	当生产线净值等于残值不再计提折旧，并满足：（折旧时间—1）*折旧费+残值=投资总额。											
17	二、融资											
18	贷款类型	贷款时间	贷款额度	年息	还款方式	备注						
19	长期贷款	每年年初	所有长短贷	10 %	年初付息	不小于10W						
20	短期贷款	每季度初		5 %	到期一次还							
21	资金贴现	任何时间	视应收款	1季，2季	变现时贴现	2期联合贴现						
22				3季，4季		（3，4期同理）						

二、利息计算表制作

在企业经营过程中，资金是最重要的。如果资金链断裂，则公司会无法经营，而资金的来源除了投资就是融资，投资与融资最大的区别在于利息的偿付。电子沙盘系统一般都提供了四种融资方式，分别是短期贷款、长期贷款、资金贴现和库存拍卖，其中库存拍卖是不涉及利息偿付的。每个比赛规则中对于融资的要求并不一样，应根据系统规则，进行有关利息的计算，如图3-2所示。

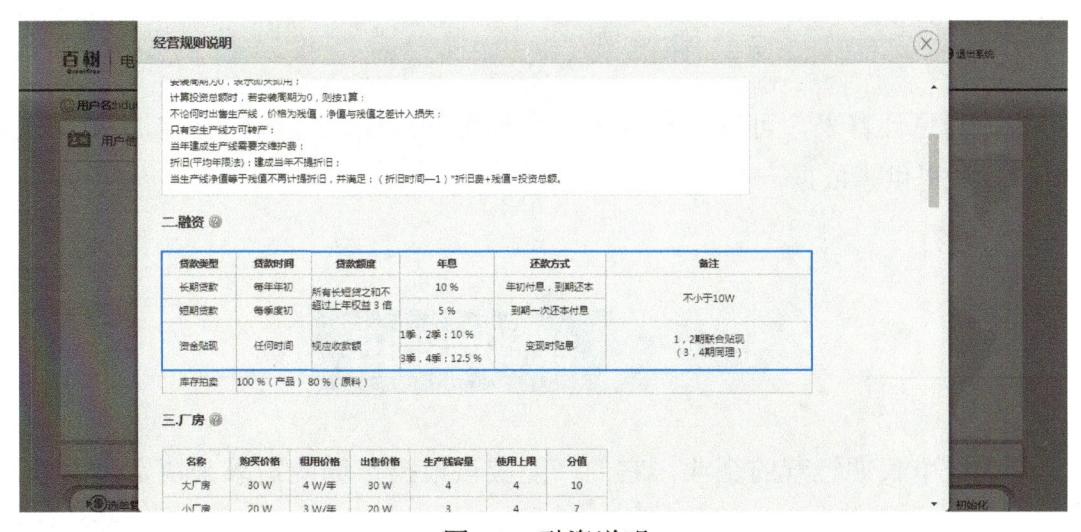

图3-2　融资说明

新建工作表，命名为利息计算表，根据系统规则说明，利息计算公式为贷款金额或贴现金额×利率。由于贷款利率和贴现率不同，所以在设计利息计算表时，需要分别设置长期贷款利息，短期贷款利息，1、2季贴现利息和3、4季贴现利息等四个方面，表3-2中A列、E列、I列、M列均为融资金额，B列、F列、J列、N列则是根据系统规则输入的利率，而C列、G列、K列、O列的内容则是根据利息公式（利息=贷款金额或贴现金额×利率）进行计算所得。

表3-2　利息计算表

长贷金额	利率	利息	短贷金额	利率	利息	1、2季贴现金额	利率	贴现息	3、4季贴现金额	利率	贴现息
1	10%	0.1	1	5%	0.05	1	10%	0.1	1	12.50%	0.125
2	10%	0.2	2	5%	0.1	2	10%	0.2	2	12.50%	0.25
3	10%	0.3	3	5%	0.15	3	10%	0.3	3	12.50%	0.375
4	10%	0.4	4	5%	0.2	4	10%	0.4	4	12.50%	0.5
5	10%	0.5	5	5%	0.25	5	10%	0.5	5	12.50%	0.625
6	10%	0.6	6	5%	0.3	6	10%	0.6	6	12.50%	0.75
7	10%	0.7	7	5%	0.35	7	10%	0.7	7	12.50%	0.875
8	10%	0.8	8	5%	0.4	8	10%	0.8	8	12.50%	1
9	10%	0.9	9	5%	0.45	9	10%	0.9	9	12.50%	1.125
10	10%	1	10	5%	0.5	10	10%	1	10	12.50%	1.25
11	10%	1.1	11	5%	0.55	11	10%	1.1	11	12.50%	1.375
12	10%	1.2	12	5%	0.6	12	10%	1.2	12	12.50%	1.5
13	10%	1.3	13	5%	0.65	13	10%	1.3	13	12.50%	1.625
14	10%	1.4	14	5%	0.7	14	10%	1.4	14	12.50%	1.75
15	10%	1.5	15	5%	0.75	15	10%	1.5	15	12.50%	1.875
16	10%	1.6	16	5%	0.8	16	10%	1.6	16	12.50%	2
17	10%	1.7	17	5%	0.85	17	10%	1.7	17	12.50%	2.125
18	10%	1.8	18	5%	0.9	18	10%	1.8	18	12.50%	2.25
19	10%	1.9	19	5%	0.95	19	10%	1.9	19	12.50%	2.375
20	10%	2	20	5%	1	20	10%	2	20	12.50%	2.5
21	10%	2.1	21	5%	1.05	21	10%	2.1	21	12.50%	2.625
22	10%	2.2	22	5%	1.1	22	10%	2.2	22	12.50%	2.75
23	10%	2.3	23	5%	1.15	23	10%	2.3	23	12.50%	2.875
24	10%	2.4	24	5%	1.2	24	10%	2.4	24	12.50%	3
25	10%	2.5	25	5%	1.25	25	10%	2.5	25	12.50%	3.125
26	10%	2.6	26	5%	1.3	26	10%	2.6	26	12.50%	3.25
27	10%	2.7	27	5%	1.35	27	10%	2.7	27	12.50%	3.375
28	10%	2.8	28	5%	1.4	28	10%	2.8	28	12.50%	3.5
29	10%	2.9	29	5%	1.45	29	10%	2.9	29	12.50%	3.625
30	10%	3	30	5%	1.5	30	10%	3	30	12.50%	3.75
31	10%	3.1	31	5%	1.55	31	10%	3.1	31	12.50%	3.875
32	10%	3.2	32	5%	1.6	32	10%	3.2	32	12.50%	4
33	10%	3.3	33	5%	1.65	33	10%	3.3	33	12.50%	4.125

根据利息计算表，可以精准地进行贷款金额或贴现金额的确定，从而为企业经营决策提供了依据。

任务二　采购表制作

对于一个长期经营的企业，它的产能应该根据市场的需求来决定，即以需定产。然而，由于市场的不确定性及一些经营状况的限制（如必须提前订购原料等），通常就需要提前制订生产计划。因此，从企业短期规划来看，则是根据制订好的生产计划来调整广告策略，即以产定销。

在建立采购模型时，需要确定生产线的种类、季度和转产周期，然后在每条生产线上输入各季度生产产品的名称（手动输入P1、P2、P3、P4），这样就可以计算出需要采购原料的数量。

表3-3就是根据规则设计出来的采购表，该表左侧A列、B列代表的是年份以及时间，中间主体部分就是生产线（根据拥有厂房数量以及每个厂房可上线数量来确定生产线的数量），右侧部分依次是原料费用、原料订购以及工人工资，该部分需要根据不同的规则进行公式的修改。

表3-3 采购表

年份/时间	小 1线	中 2线	3线	大 4线	原料费用	原料订购 R1	R2	R3	R4	工人工资
一年.1						0	0	0	0	
一年.2					0	0	0	0	0	0
一年.3					0	0	0	0	0	0
一年.4					0	0	0	0	0	0
二年.1					0	0	0	0	0	0
二年.2					0	0	0	0	0	0
二年.3					0	0	0	0	0	0
二年.4					0	0	0	0	0	0
三年.1					0	0	0	0	0	0
三年.2					0	0	0	0	0	0
三年.3					0	0	0	0	0	0
三年.4					0	0	0	0	0	0
四年.1					0	0	0	0	0	0
四年.2					0	0	0	0	0	0
四年.3					0	0	0	0	0	0
四年.4					0	0	0	0	0	0

一、原料订购公式设置

某一产品组成不一定只有一种原料，这就可能导致产品间原料重复。在这种情况下就可以利用COUNTIF函数，该函数是计算区域中满足给定条件的单元格的个数，函数公式中主要参数就是"区域"和"条件"。

根据规则所示，使用R1原料的产品有P1和P3，而R1原料需提前一季度预订，如图3-3和图3-4所示。

六.产品研发

名称	加工费	每季开发费	开发时间	直接成本	分值	产品组成
P1	1 W	1 W	2 季	2 W	7	R1
P2	1 W	1 W	3 季	3 W	8	R2 R3
P3	1 W	1 W	4 季	4 W	9	R1 R3 R4
P4	1 W	1 W	5 季	5 W	10	R2 R2 R3 R4

图3-3　产品研发表

七.原料设置

名称	购买单价	提前期
R1	1 W	1 季
R2	1 W	1 季
R3	1 W	2 季
R4	1 W	2 季

图3-4　原料设置表

在单元格I3中输入公式："=COUNTIF(C4:G4,"=p1")+COUNTIF(C4:G4,"=p3")"，按<Enter>键，即可得到第一年第一季度R1原料订购公式，同理可得R3、R4原料订购公式，见表3-4。

表3-4　第一年第一季度R1原料订购公式

年份/时间	小 1线	中 2线	3线	大 4线	原料费用	原料订购 R1	R2	R3	R4	工人工资
一年.1						0	0	0	0	
一年.2					0	0	0	0	0	0
一年.3					0	0	0	0	0	0
一年.4					0	0	0	0	0	0
二年.1					0	0	0	0	0	0
二年.2					0	0	0	0	0	0
二年.3					0	0	0	0	0	0
二年.4					0	0	0	0	0	0
三年.1					0	0	0	0	0	0
三年.2					0	0	0	0	0	0
三年.3					0	0	0	0	0	0
三年.4					0	0	0	0	0	0
四年.1					0	0	0	0	0	0
四年.2					0	0	0	0	0	0
四年.3					0	0	0	0	0	0
四年.4					0	0	0	0	0	0

在设置R2原料订购公式时，需要考虑P4产品需要2个R2原料。在R1原料订购公式的基础上，对R2原料订购公式进行更改，在单元格J3中输入公式"=COUNTIF(C4:G4,"=p2")+COUNTIF(C4:G4,"=p4")*2"，即可得到R2原料订购公式。

二、原料费用公式设置

在得到原料订购公式之后，需要根据原料订购情况，计算得出某年某季度的具体原料费用。原料费用的确定既会影响企业现金流量，也会影响产品成本。

计算原料费用时企业可以利用SUM函数，该函数的作用是计算返回某一单元格区域中数字、逻辑值及数字的文本表达式之和，如果参数中有错误值或为不能转换成数字的文本，将会导致错误，整个函数分解一下就是："=SUM(number1, [number2],...)"。

根据规则所示，四种原料购买单价全部为1万元，如图3-4所示。

在单元格H4中输入公式："=SUM(I3)*1+SUM(J3)*1+SUM(K2)*1+SUM(L2)*1"，按<Enter>键，即可得到第一年第二季度原料费用公式，同理可得另外年度各季的原料费用公式，见表3-5。

表3-5 第一年第二季度原料费用公式

年份/时间	1线	小 2线	中 3线	大 4线	原料费用	原料订购 R1	R2	R3	R4	工人工资
一年.1						0	0	0	0	
一年.2					0	0	0	0	0	0
一年.3					0	0	0	0	0	0
一年.4					0	0	0	0	0	0
二年.1					0	0	0	0	0	0
二年.2					0	0	0	0	0	0
二年.3					0	0	0	0	0	0
二年.4					0	0	0	0	0	0
三年.1					0	0	0	0	0	0
三年.2					0	0	0	0	0	0
三年.3					0	0	0	0	0	0
三年.4					0	0	0	0	0	0
四年.1					0	0	0	0	0	0
四年.2					0	0	0	0	0	0
四年.3					0	0	0	0	0	0
四年.4					0	0	0	0	0	0

三、工人工资公式设置

一个产品的直接成本除原料费用还有人工费用，这时可以再次利用COUNTIF函数来计算某产品的人工费用。

根据规则所示，每种产品加工费均为1万元，如图3-3所示。

在单元格M4中输入公式："=COUNTIF(C4:G4,"=p1")*1+COUNTIF(C4:G4,"=p2")*1+COUNTIF(C4:G4,"=p3")*1+COUNTIF(C4:G4,"=p4")*1"，按<Enter>键，即可得到第一年第二季度工人工资公式，同理可得另外季度的工人工资公式，见表3-6。

表3-6　第一年第二季度工人工资公式

任务三　市场分析表制作

根据电子沙盘系统里面的市场预测情况（如图3-5和图3-6所示），通过Excel建模，可以得出许多有利于经营决策的市场数据。

项目三 企业经营工具制作 | 059

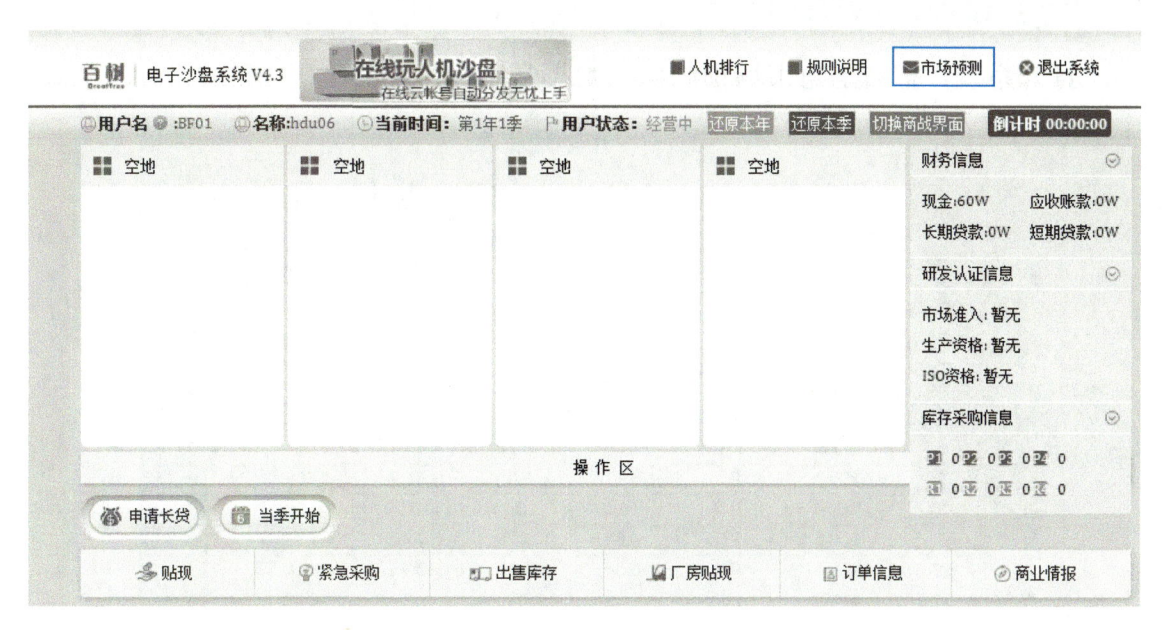

图3-5 学生操作端 市场预测

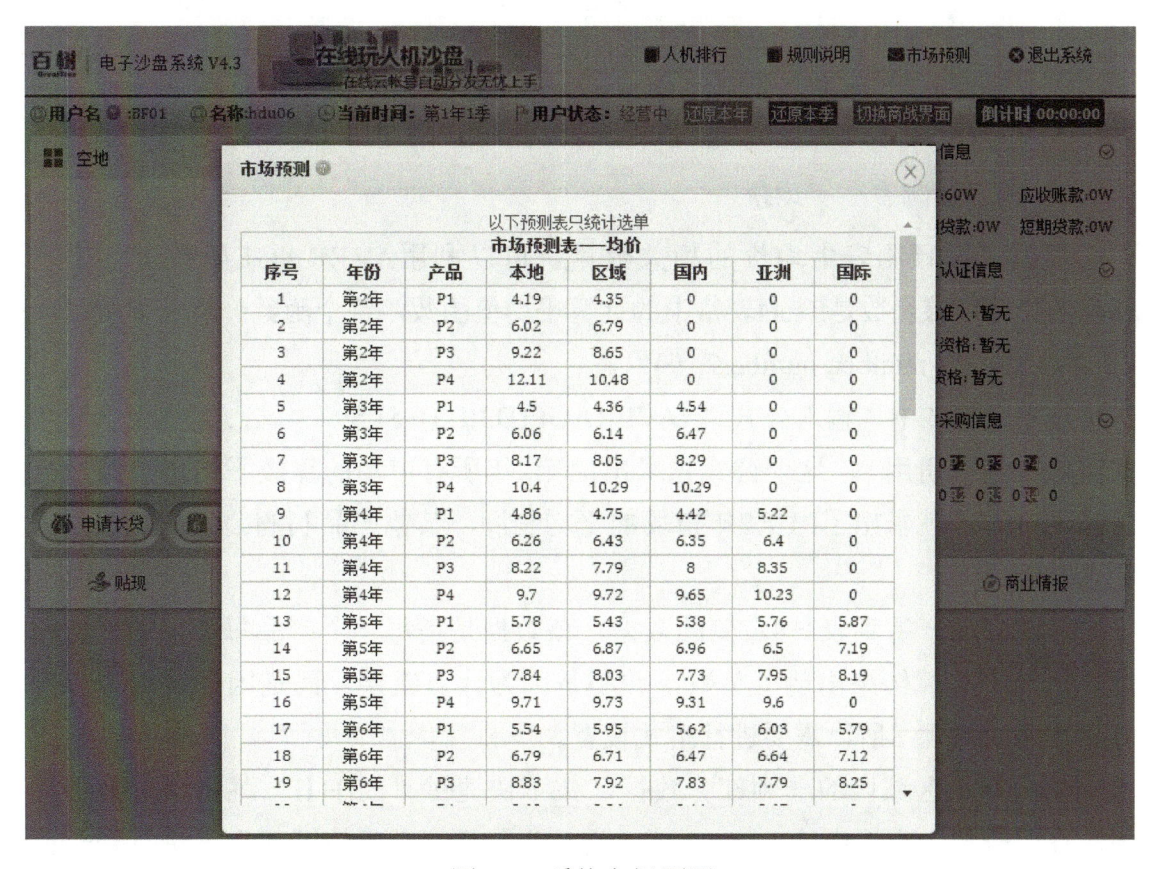

图3-6 系统市场预测

一、市场预测表制作

打开系统，把右上角市场预测内的数据复制到Excel中，见表3-7。

表3-7　市场预测表

序号	年份	产品	本地	区域	国内	亚洲	国际
1	第2年	P1	4.19	4.35	0	0	0
2	第2年	P2	6.02	6.79	0	0	0
3	第2年	P3	9.22	8.65	0	0	0
4	第2年	P4	12.11	10.48	0	0	0
5	第3年	P1	4.5	4.36	4.54	0	0
6	第3年	P2	6.06	6.14	6.47	0	0
7	第3年	P3	8.17	8.05	8.29	0	0
8	第3年	P4	10.4	10.29	10.29	0	0
9	第4年	P1	4.86	4.75	4.42	5.22	0
10	第4年	P2	6.26	6.43	6.35	6.4	0
11	第4年	P3	8.22	7.79	8	8.35	0
12	第4年	P4	9.7	9.72	9.65	10.23	0
13	第5年	P1	5.78	5.43	5.38	5.76	5.87
14	第5年	P2	6.65	6.87	6.96	6.5	7.19
15	第5年	P3	7.84	8.03	7.73	7.95	8.19
16	第5年	P4	9.71	9.73	9.31	9.6	0
17	第6年	P1	5.54	5.95	5.62	6.03	5.79
18	第6年	P2	6.79	6.71	6.47	6.64	7.12

1. 市场预测表——均价

根据市场预测表中均价的相关数据，可以利用AVERAGE函数进行平均利润的计算。该函数是Excel表格中的计算平均值函数，整个函数分解一下就是："=AVERAGE(number, number2,…)"。

在单元格J2中，输入公式"=AVERAGE(D3:H3)-$L$9"（公式中$表示对数据区域的绝对引用），这个公式先求出P1第2年所有市场的算数平均值，然后减去P1的成本，就求出了P1第2年市场的平均利润，其他产品利润公式依此类推，见表3-8。

计算之后，得到表3-8右侧的数据，该数据是指每一个产品每一年的平均利润，但这个计算结果出现了负数，并不是因为计算错误，而是因为数据中有部分存在格式问题，所以需要进行格式设置。

选中均价区域内的金额部分数据，按下快捷键"Ctrl+H"跳出"替换"界面，在"查找内容"中输入"0"，"选项"勾选"单元格匹配"，进行全部替换，这样就可以得到准确的平均利润，分别见表3-9和表3-10。

项目三 企业经营工具制作

表3-8 市场预测表——均价①

序号	年份	产品	本地	区域	国内	亚洲	国际		产品	第二年	第三年	第四年	第五年	第六年
			市场预测表——均价						P1	-0.292	0.68	1.85	3.644	3.786
1	第2年	P1	4.19	4.35	0	0	0		P2	-0.438	0.734	2.088	3.834	3.746
2	第2年	P2	6.02	6.79	0	0	0		P3	-0.426	0.902	2.472	3.948	4.124
3	第2年	P3	9.22	8.65	0	0	0		P4	-0.482	1.196	2.86	2.67	2.732
4	第2年	P4	12.11	10.48	0	0	0							
5	第3年	P1	4.5	4.36	4.54	0	0							
6	第3年	P2	6.06	6.14	6.47	0	0		组数	6		产品	成本	
7	第3年	P3	8.17	8.05	8.29	0	0					P1	2	
8	第3年	P4	10.4	10.29	10.29	0	0					P2	3	
9	第4年	P1	4.86	4.75	4.42	5.22	0					P3	4	
10	第4年	P2	6.26	6.43	6.35	6.4	0					P4	5	
11	第4年	P3	8.22	7.79	8	8.35	0							
12	第4年	P4	9.7	9.72	9.65	10.23	0							
13	第5年	P1	5.78	5.43	5.38	5.76	5.87							
14	第5年	P2	6.65	6.87	6.96	6.5	7.19							
15	第5年	P3	7.84	8.03	7.73	7.95	8.19							
16	第5年	P4	9.71	9.73	9.31	9.6	0							
17	第6年	P1	5.54	5.95	5.62	6.03	5.79							
18	第6年	P2	6.79	6.71	6.47	6.64	7.12							
19	第6年	P3	8.83	7.92	7.83	7.79	8.25							
20	第6年	P4	9.69	9.86	9.44	9.67	0							

J2 单元格公式：=AVERAGE(D3:H3)-$L$9

表3-9 市场预测表——均价②

（"替换"对话框：查找内容：0；替换为：空；范围：工作表；搜索：按行；查找范围：公式；勾选"单元格匹配"）

表3-10 市场预测表——均价③

序号	年份	产品	本地	区域	国内	亚洲	国际		产品	第二年	第三年	第四年	第五年	第六年
1	第2年	P1	4.19	4.35					P1	2.27	2.466667	1.85	3.644	3.786
2	第2年	P2	6.02	6.79					P2	3.405	3.223333	2.088	3.834	3.746
3	第2年	P3	9.22	8.65					P3	4.935	4.17	2.472	3.948	4.124
4	第2年	P4	12.11	10.48					P4	6.295	5.326667	2.86	2.67	2.732
5	第3年	P1	4.5	4.36	4.54									
6	第3年	P2	6.06	6.14	6.47				组数	6	产品	成本		
7	第3年	P3	8.17	8.05	8.29						P1	2		
8	第3年	P4	10.4	10.29	10.29						P2	3		
9	第4年	P1	4.86	4.75	4.42	5.22	0				P3	4		
10	第4年	P2	6.26	6.43	6.35	6.4	0				P4	5		
11	第4年	P3	8.22	7.79	8	8.35	0							
12	第4年	P4	9.7	9.72	9.65	10.23	0							
13	第5年	P1	5.78	5.43	5.38	5.76	5.87							
14	第5年	P2	6.65	6.87	6.96	6.5	7.19							
15	第5年	P3	7.84	8.03	7.73	7.95	8.19							
16	第5年	P4	9.71	9.73	9.31	9.6	0							
17	第6年	P1	5.54	5.95	5.62	6.03	5.79							
18	第6年	P2	6.79	6.71	6.47	6.64	7.12							
19	第6年	P3	8.83	7.92	7.83	7.79	8.25							
20	第6年	P4	9.69	9.86	9.44	9.67	0							

2. 市场预测表——需求量

根据市场预测表中需求量的相关数据，可以分析计算得出某年某产品总需求量和每组平均需求量等相关数据。

在市场预测表单元格I25中设置公式"=SUM(D25:H25)"，该公式可计算出第2年P1产品的总需求量，其余年度某产品总需求量按此公式设置，见表3-11。

表3-11 市场预测表——需求量①

序号	年份	产品	本地	区域	国内	亚洲	国际	总量	平均量		
1	第2年	P1	43	40	0	0	0	83.00	13.83		
2	第2年	P2	40	28	0	0	0	68.00	11.33		
3	第2年	P3	18	17	0	0	0	35.00	5.83	总量	总/组数
4	第2年	P4	28	27	0	0	0	55.00	9.17	241.00	40.17
5	第3年	P1	36	25	24	0	0	85.00	14.17		
6	第3年	P2	31	21	34	0	0	86.00	14.33		
7	第3年	P3	24	20	14	0	0	58.00	9.67		
8	第3年	P4	30	28	21	0	0	79.00	13.17	308.00	51.33
9	第4年	P1	28	28	24	27	0	107.00	17.83		
10	第4年	P2	27	28	26	25	0	106.00	17.67		
11	第4年	P3	23	24	24	20	0	91.00	15.17		
12	第4年	P4	28	24	20	14	0	86.00	14.33	390.00	65.00
13	第5年	P1	32	23	34	21	31	141.00	23.50		
14	第5年	P2	26	30	26	20	21	123.00	20.50		
15	第5年	P3	25	29	26	21	21	122.00	20.33		
16	第5年	P4	17	15	16	20	0	68.00	11.33	454.00	75.67
17	第6年	P1	39	40	39	34	48	200.00	33.33		
18	第6年	P2	33	35	30	28	33	159.00	26.50		
19	第6年	P3	30	26	24	33	20	133.00	22.17		
20	第6年	P4	16	14	18	24	0	72.00	12.00	564.00	94.00

在单元格J25中设置公式"=I25/$J$8"，该公式可计算出第2年P1产品的组均数量，其余年度每组大概可以得到的需求量按此公式设置，见表3-12。

表3-12　市场预测表——需求量②

	A	B	C	D	E	F	G	H	I	J	K	L
23				市场预测表——需求量								
24	序号	年份	产品	本地	区域	国内	亚洲	国际	总量	平均量		
25	1	第2年	P1	43	40	0	0	0	83.00	13.83		
26	2	第2年	P2	40	28	0	0	0	68.00	11.33		
27	3	第2年	P3	18	17	0	0	0	35.00	5.83	总量	总/组数
28	4	第2年	P4	28	27	0	0	0	55.00	9.17	241.00	40.17
29	5	第3年	P1	36	25	24	0	0	85.00	14.17		
30	6	第3年	P2	31	21	34	0	0	86.00	14.33		
31	7	第3年	P3	24	20	14	0	0	58.00	9.67		
32	8	第3年	P4	30	28	21	0	0	79.00	13.17	308.00	51.33
33	9	第4年	P1	28	28	24	27	0	107.00	17.83		
34	10	第4年	P2	27	28	26	25	0	106.00	17.67		
35	11	第4年	P3	23	24	24	20	0	91.00	15.17		
36	12	第4年	P4	23	18	23	22	0	86.00	14.33	390.00	65.00
37	13	第5年	P1	32	23	34	21	31	141.00	23.50		
38	14	第5年	P2	26	30	26	20	21	123.00	20.50		
39	15	第5年	P3	25	29	26	21	21	122.00	20.33		
40	16	第5年	P4	17	15	16	20	0	68.00	11.33	454.00	75.67
41	17	第6年	P1	39	40	39	34	48	200.00	33.33		
42	18	第6年	P2	33	35	30	28	33	159.00	26.50		
43	19	第6年	P3	30	26	24	33	20	133.00	22.17		
44	20	第6年	P4	16	14	18	24	0	72.00	12.00	564.00	94.00

在单元格K28中设置公式"=SUM(I25:I28)"，该公式可计算出第2年全部产品的总需求量，其余年度总需求量按此公式设置，见表3-13。

表3-13　市场预测表——需求量③

	A	B	C	D	E	F	G	H	I	J	K	L
23				市场预测表——需求量								
24	序号	年份	产品	本地	区域	国内	亚洲	国际	总量	平均量		
25	1	第2年	P1	43	40	0	0	0	83.00	13.83		
26	2	第2年	P2	40	28	0	0	0	68.00	11.33		
27	3	第2年	P3	18	17	0	0	0	35.00	5.83	总量	总/组数
28	4	第2年	P4	28	27	0	0	0	55.00	9.17	241.00	40.17
29	5	第3年	P1	36	25	24	0	0	85.00	14.17		
30	6	第3年	P2	31	21	34	0	0	86.00	14.33		
31	7	第3年	P3	24	20	14	0	0	58.00	9.67		
32	8	第3年	P4	30	28	21	0	0	79.00	13.17	308.00	51.33
33	9	第4年	P1	28	28	24	27	0	107.00	17.83		
34	10	第4年	P2	27	28	26	25	0	106.00	17.67		
35	11	第4年	P3	23	24	24	20	0	91.00	15.17		
36	12	第4年	P4	23	18	23	22	0	86.00	14.33	390.00	65.00
37	13	第5年	P1	32	23	34	21	31	141.00	23.50		
38	14	第5年	P2	26	30	26	20	21	123.00	20.50		
39	15	第5年	P3	25	29	26	21	21	122.00	20.33		
40	16	第5年	P4	17	15	16	20	0	68.00	11.33	454.00	75.67
41	17	第6年	P1	39	40	39	34	48	200.00	33.33		
42	18	第6年	P2	33	35	30	28	33	159.00	26.50		
43	19	第6年	P3	30	26	24	33	20	133.00	22.17		
44	20	第6年	P4	16	14	18	24	0	72.00	12.00	564.00	94.00

在单元格L28中设置公式"=K28/$J$8"，该公式可计算出第2年每组大概可以得到的需求量，其余年度大概可以得到的需求量按此公式设置，见表3-14。

表3-14 市场预测表——需求量④

	A	B	C	D	E	F	G	H	I	J	K	L
23				市场预测表——需求量								
24	序号	年份	产品	本地	区域	国内	亚洲	国际	总量	平均量		
25	1	第2年	P1	43	40	0	0	0	83.00	13.83		
26	2	第2年	P2	40	28	0	0	0	68.00	11.33		
27	3	第2年	P3	18	17	0	0	0	35.00	5.83	总量	总/组数
28	4	第2年	P4	28	27	0	0	0	55.00	9.17	241.00	40.17
29	5	第3年	P1	36	25	24	0	0	85.00	14.17		
30	6	第3年	P2	31	21	34	0	0	86.00	14.33		
31	7	第3年	P3	24	20	14	0	0	58.00	9.67		
32	8	第3年	P4	30	28	21	0	0	79.00	13.17	308.00	51.33
33	9	第4年	P1	28	25	28	27	0	107.00	17.83		
34	10	第4年	P2	27	28	26	25	0	106.00	17.67		
35	11	第4年	P3	23	24	24	20	0	91.00	15.17		
36	12	第4年	P4	23	18	23	22	0	86.00	14.33	390.00	65.00
37	13	第5年	P1	32	23	34	21	31	141.00	23.50		
38	14	第5年	P2	26	30	26	20	21	123.00	20.50		
39	15	第5年	P3	25	29	26	21	21	122.00	20.33		
40	16	第5年	P4	17	15	16	20	0	68.00	11.33	454.00	75.67
41	17	第6年	P1	39	40	39	34	48	200.00	33.33		
42	18	第6年	P2	33	35	30	28	33	159.00	26.50		
43	19	第6年	P3	30	26	24	33	20	133.00	22.17		
44	20	第6年	P4	16	14	18	24	0	72.00	12.00	564.00	94.00

3. 市场预测表——订单张数

根据市场预测表中订单张数的相关数据，可以计算分析得到订单张数，这有利于判断是否可以轮单。

在市场预测表单元格I47中设置公式"=D25/D47"，该公式可计算出第2年P1产品在本地可以分到的订单张数，其余年份及产品的订单张数按此公式设置，见表3-15。

表3-15 市场预测表——订单张数

	A	B	C	D	E	F	G	H	I	J	K	L	M
45				市场预测表——订单张数									
46	序号	年份	产品	本地	区域	国内	亚洲	国际	本地	区域	国内	亚洲	国际
47	1	第2年	P1	12	12	0	0	0	3.58	3.33	#DIV/0!	#DIV/0!	#DIV/0!
48	2	第2年	P2	9	7	0	0	0	4.44	4.00	#DIV/0!	#DIV/0!	#DIV/0!
49	3	第2年	P3	7	6	0	0	0	2.57	2.83	#DIV/0!	#DIV/0!	#DIV/0!
50	4	第2年	P4	9	10	0	0	0	3.11	2.70	#DIV/0!	#DIV/0!	#DIV/0!
51	5	第3年	P1	11	7	7	0	0	3.27	3.57	3.43	#DIV/0!	#DIV/0!
52	6	第3年	P2	8	6	7	0	0	3.88	3.50	4.86	#DIV/0!	#DIV/0!
53	7	第3年	P3	7	6	6	0	0	3.43	3.33	2.33	#DIV/0!	#DIV/0!
54	8	第3年	P4	7	7	5	0	0	4.29	4.00	4.20	#DIV/0!	#DIV/0!
55	9	第4年	P1	7	7	7	7	0	4.00	4.00	3.43	3.86	#DIV/0!
56	10	第4年	P2	8	7	7	6	0	3.38	4.00	3.71	4.17	#DIV/0!
57	11	第4年	P3	7	9	8	6	0	3.00	2.67	3.00	3.33	#DIV/0!
58	12	第4年	P4	6	6	6	6	0	3.83	3.00	3.83	3.67	#DIV/0!
59	13	第5年	P1	6	5	7	5	7	5.33	4.60	4.86	4.20	4.43
60	14	第5年	P2	6	9	6	6	6	4.33	3.33	4.33	3.33	4.20
61	15	第5年	P3	7	7	7	6	6	3.57	4.14	3.71	3.50	3.50
62	16	第5年	P4	4	3	4	4	0	4.25	5.00	4.00	5.00	#DIV/0!
63	17	第6年	P1	7	7	7	7	9	5.57	5.71	5.57	4.86	5.33
64	18	第6年	P2	6	8	8	7	6	5.50	4.38	3.75	4.00	5.50
65	19	第6年	P3	6	6	7	8	6	5.00	4.33	3.43	4.13	3.33
66	20	第6年	P4	5	4	4	5	0	3.20	3.50	4.50	4.80	#DIV/0!

二、数据透视分析

详单分析是通过数据透视表计算产品每年的组均、交货期、账期和利润，以折线图或者表格的形式展现在Excel表格中，可以较为清晰地观察每年产品组均、交货期、账期和利润的变化趋势，有利于对产品和生产线进行选择。

将裁判端下发的订单详情（详单）复制到Excel，见表3-16。

表3-16　订单详情①

	A	B	C	D	E	F	G	H	I	J	K	L
1	订单详情											
2	订单编号	类型	年份	市场	产品	数量	总价	交货期	账期	ISO	所属用户	状态
3	X21-0001	选单	2	本地	P1	3	12	4	0	-	-	4
4	X21-0002	选单	2	本地	P1	4	15	4	2	-	-	3.75
5	X21-0003	选单	2	本地	P1	4	17	4	1	-	-	4.25
6	X21-0004	选单	2	本地	P1	2	9	4	3	-	-	4.5
7	X21-0005	选单	2	本地	P1	7	29	4	2	-	-	4.14286
8	X21-0006	选单	2	本地	P1	2	8	4	2	-	-	4
9	X21-0007	选单	2	本地	P1	3	13	4	3	-	-	4.33333
10	X21-0008	选单	2	本地	P1	3	13	4	3	-	-	4.33333
11	X21-0009	选单	2	本地	P1	5	20	4	4	-	-	4
12	X21-0010	选单	2	本地	P1	3	13	4	2	-	-	4.33333
13	X21-0011	选单	2	本地	P1	3	14	4	4	-	-	4.66667
14	X21-0012	选单	2	本地	P1	4	17	4	2	-	-	4.25
15	X21-0013	选单	2	本地	P2	6	36	4	3	-	-	6
16	X21-0014	选单	2	本地	P2	3	17	4	1	-	-	5.66667
17	X21-0015	选单	2	本地	P2	5	31	4	3	-	-	6.2
18	X21-0016	选单	2	本地	P2	2	12	4	3	-	-	6
19	X21-0017	选单	2	本地	P2	2	12	4	1	-	-	6
20	X21-0018	选单	2	本地	P2	5	30	4	2	-	-	6
21	X21-0019	选单	2	本地	P2	6	36	4	2	-	-	6
22	X21-0020	选单	2	本地	P2	4	26	4	1	-	-	6.5
23	X21-0021	选单	2	本地	P2	7	41	4	2	-	-	5.85714
24	X21-0022	选单	2	本地	P3	3	27	4	2	-	-	9
25	X21-0023	选单	2	本地	P3	3	27	4	2	-	-	9
26	X21-0024	选单	2	本地	P3	3	27	4	2	-	-	9
27	X21-0025	选单	2	本地	P3	4	27	4				9.25

规则　利息表　采购表　市场预测表　详单　+

1. 组均分析

在裁判端下发的详单中，插入"序号"列，并把"年份"列进行格式更改，把"年份"列中数字2更改成第2年，其余年份依此类推，见表3-17。

打开详单，任意选中详单中的一个数据，单击"插入"栏里的"数据透视表"，单击"确定"，见表3-18，之后将生成的新表命名为"数量和总价数据透视表"。

在数量和总价数据透视表"字段列表"中，选择"年份""产品""数量""总价"，将"年份"拖入"列"字段，将"产品"拖入"行"字段，形成表3-19左侧的数据。

表3-17　订单详情②

序号	订单编号	类型	年份	市场	产品	数量	总价	交货期	账期	ISO	所属用户	状态
1	X21-0001	选单	第2年	本地	P1	3	12	4	0	-	-	4
2	X21-0002	选单	第2年	本地	P1	4	15	4	2	-	-	3.75
3	X21-0003	选单	第2年	本地	P1	4	17	4	1	-	-	4.25
4	X21-0004	选单	第2年	本地	P1	2	9	4	3	-	-	4.5
5	X21-0005	选单	第2年	本地	P1	7	29	4	2	-	-	4.142857143
6	X21-0006	选单	第2年	本地	P1	2	8	4	2	-	-	4
7	X21-0007	选单	第2年	本地	P1	3	13	4	3	-	-	4.333333333
8	X21-0008	选单	第2年	本地	P1	3	13	4	3	-	-	4.333333333
9	X21-0009	选单	第2年	本地	P1	5	20	4	4	-	-	4
10	X21-0010	选单	第2年	本地	P1	3	13	4	2	-	-	4.333333333
11	X21-0011	选单	第2年	本地	P1	3	14	4	4	-	-	4.666666667
12	X21-0012	选单	第2年	本地	P1	4	17	4	2	-	-	4.25
13	X21-0013	选单	第2年	本地	P2	6	36	4	3	-	-	6
14	X21-0014	选单	第2年	本地	P2	3	17	4	1	-	-	5.666666667
15	X21-0015	选单	第2年	本地	P2	5	31	4	3	-	-	6.2
16	X21-0016	选单	第2年	本地	P2	2	12	4	2	-	-	6
17	X21-0017	选单	第2年	本地	P2	2	12	4	1	-	-	6
18	X21-0018	选单	第2年	本地	P2	5	30	4	2	-	-	6
19	X21-0019	选单	第2年	本地	P2	6	36	4	2	-	-	6
20	X21-0020	选单	第2年	本地	P2	4	26	4	1	-	-	6.5
21	X21-0021	选单	第2年	本地	P2	7	41	4	2	-	-	5.857142857
22	X21-0022	选单	第2年	本地	P3	3	27	4	2	-	-	9
23	X21-0023	选单	第2年	本地	P3	3	27	4	2	-	-	9
24	X21-0024	选单	第2年	本地	P3	3	27	4	2	-	-	9
25	X21-0025	选单	第2年	本地	P3	4	37	4	2	-	-	9.25

表3-18　订单详情③

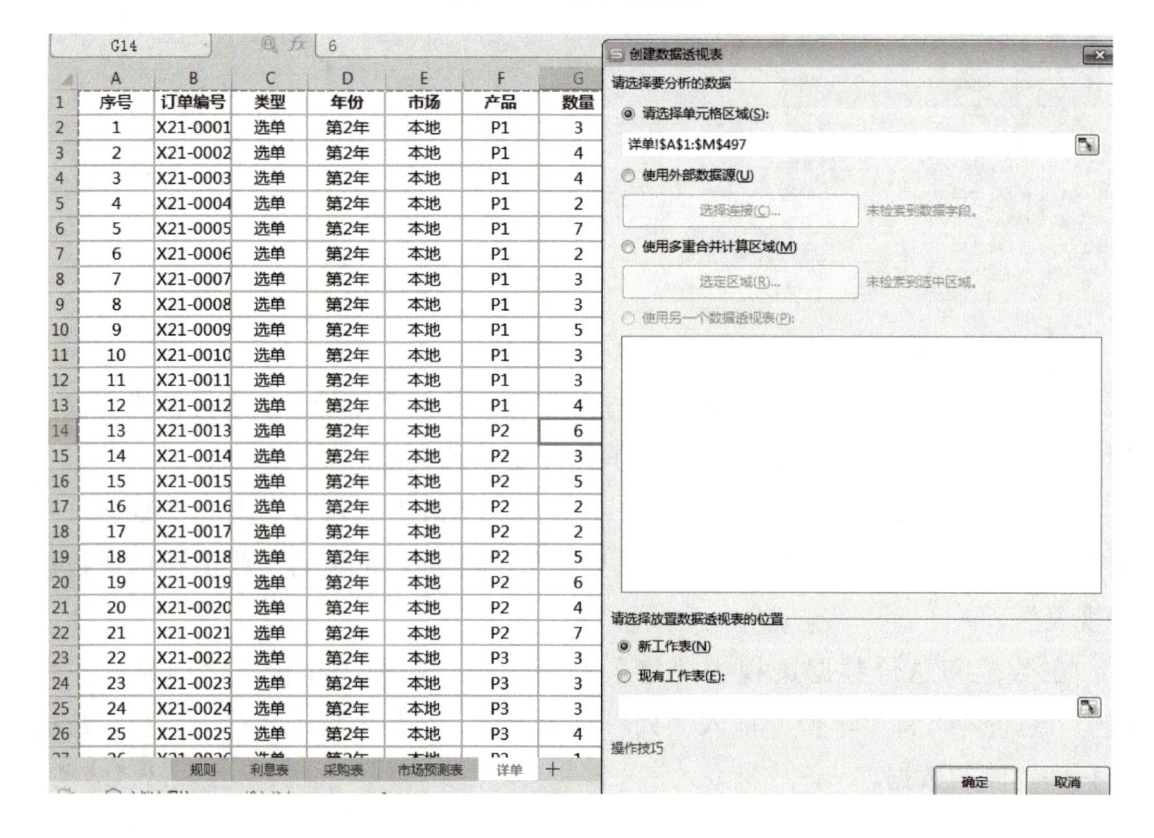

表3-19　数量和总价数据透视表

		求和项:数量					求和项:总价			
产品	第2年	第3年	第4年	第5年	第6年	第2年	第3年	第4年	第5年	第6年
P1	83	85	107	141	200	354	380	516	796	1150
P2	68	86	106	123	159	431	537	674	841	1074
P3	35	58	91	122	133	313	473	735	969	1083
P4	55	79	86	68	72	622	816	845	652	695
总计	241	308	390	454	564	1720	2206	2770	3258	4002

复制、粘贴"数量和总价数据透视表"中的产品和数量，将每一年所有产品的需求量求和，根据6组的比赛队伍数计算组均（产品总数量除以比赛队伍数量），计算结果见表3-20。

表3-20　订单详情④

产品	第2年	第3年	第4年	第5年	第6年
P1	83	85	107	141	200
P2	68	86	106	123	159
P3	35	58	91	122	133
P4	55	79	86	68	72
总计	241	308	390	454	564
组均（6组）	40.167	51.333	65	75.667	94

计算组均，主要是为了确定生产线和产能。组均较大时，意味着产能也较大；反之，则意味着产能较小。同时，还要考虑组均是呈现递增变化，还是递减变化。当呈现递增变化时，需要逐年扩线；反之，生产线不宜扩得太多，应维持一定的数量，甚至要考虑拆除生产线的可能。

2. 交货期分析

在"详单"界面插入"数据透视表",命名为"交货期数据透视表"。在"字段列表"中选择"序号""年份""市场""产品""交货期",将"交货期"拖入"列"字段,将"年份""市场""产品"拖入"行"字段,将"序号"拖入"值"字段,见表3-21,并设置值字段计算类型为计数,见表3-22和表3-23,形成表3-24左侧的数据。

表3-21 交货期数据透视表①

表3-22 交货期数据透视表②

表3-23　交货期数据透视表③

表3-24　交货期数据透视表④

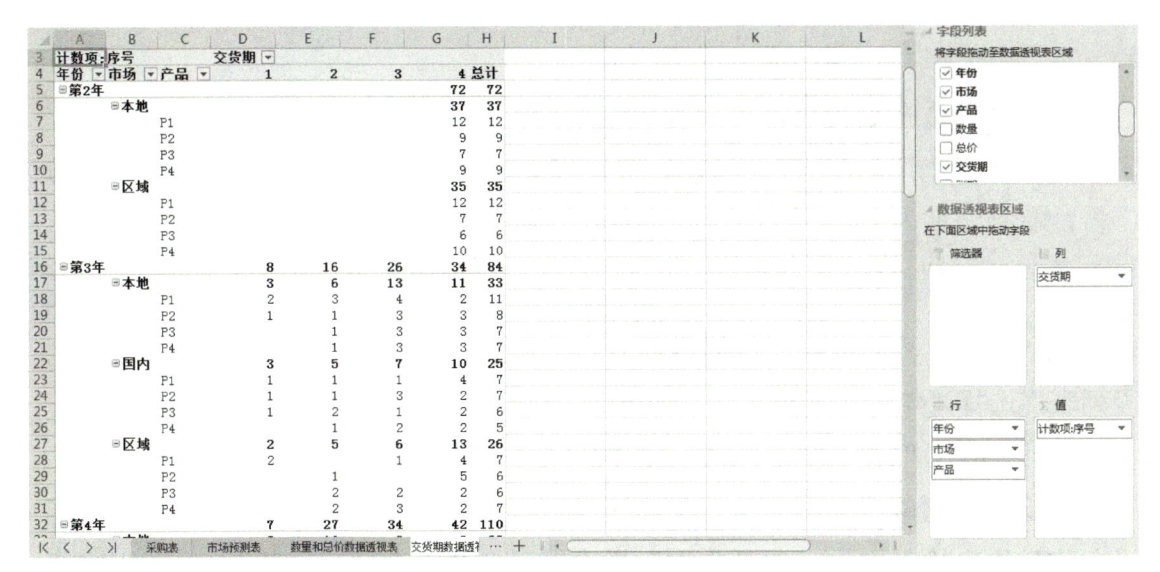

根据交货期数据透视表，可以看出交货期分别为1、2、3、4季度时交的订单有多少张，根据不同交货期的订单数量来合理选择生产线。交货期为1、3季度时，交的订单数量较多，可以考虑多使用手工线，避免交货期为4季度时的交货压力。

3. 账期分析

在"详单"界面插入"数据透视表"，命名为"账期数据透视表"。在"字段列表"中，选择"序号""年份""市场""产品""账期"，将"交货期"拖入"列"字段，将"年份""市场""产品"拖入"行"字段，将"序号"拖入"值"字段，并设置值字段计算类型为求和，形成表3-25左侧的数据。

表3-25 账期数据透视表

根据账期数据透视表，可以看出账期为0、1、2、3、4个季度的订单分别有多少张，如果账期为0个季度的订单数量较多，那么可以考虑在该市场中多投放广告，拿到账期为0个季度的订单，减少资金压力，有利于企业后期的发展。

4. 利润分析

在"详单"界面插入"数据透视表"，命名为"利润数据透视表"。在"字段列表"选择"年份""产品""数量""总价"，将"年份"插入"列"字段，将"产品"拖入"行"字段，形成表3-26左侧的数据。

选择数据透视表工具栏，单击"字段、项目和集"中的"计算字段"，在"名称"栏内输入均价，在"公式"栏内输入公式"=总价/数量"，在"字段"中选择数量，见表3-27和表3-28。

将"均价"复制、粘贴到详单工作表中，并输入"直接成本"列，见表3-29。

复制"直接成本"，选中所有"均价"，右键单击"选择性粘贴"，选择"数值"和"减"，单击"确定"，如图3-7所示。

选中所有"年份""产品""利润"，选择"插入"中的"二维折线图"，形成"利润分析图"，如图3-8所示。

项目三　企业经营工具制作

表3-26　利润数据透视表①

表3-27　利润数据透视表②

表3-28　利润数据透视表③

表3-29　均价与直接成本

产品	第2年	第3年	第4年	第5年	第6年	直接成本
P1	4.2651	4.4706	4.8224	5.6454	5.78	2
P2	6.3382	6.2442	6.3585	6.8374	6.7547	3
P3	8.9429	8.1552	8.0769	7.9426	8.1278	4
P4	11.309	10.329	9.8256	9.5882	9.6528	5

图3-7　减去直接成本

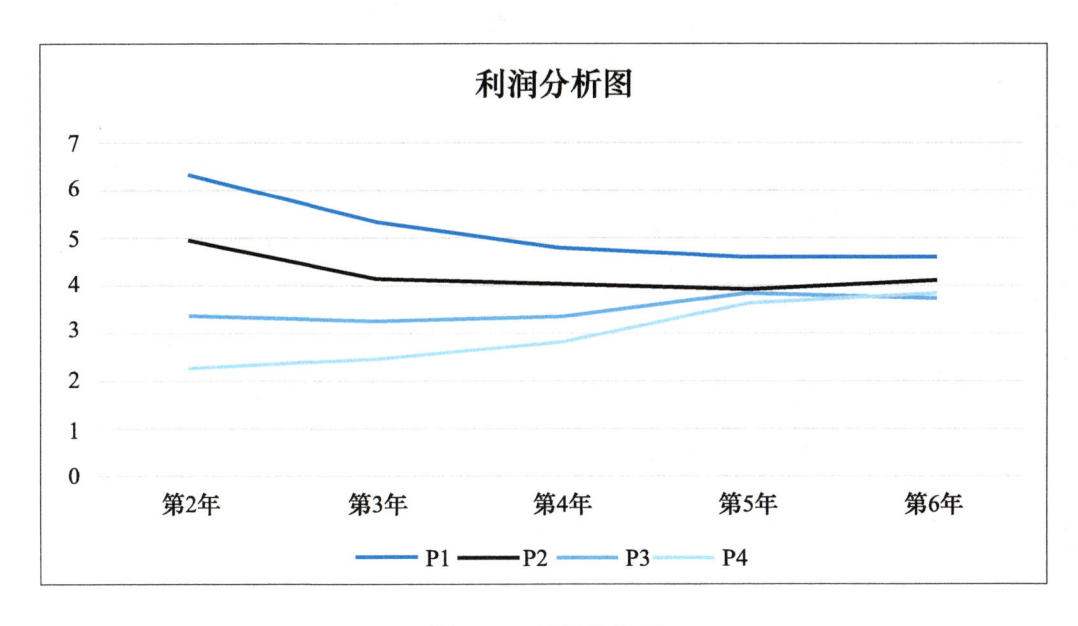

图3-8　利润分析图

任务四　第一年预算表制作

企业的所有经营活动都需要资金来支持，在沙盘模拟经营中，一旦资金链断裂或者是所有者权益为负，就认定为破产，因此对财务风险的防范在企业经营过程中是一项非常重要的事情。我们通过建立Excel模型，可以模拟出维持企业经营所需的现金流，并且可以在一定程度上"预测"企业在年末的财务状况，进而提前做出相应的决策，避免可能出现的财务风险。

深入推进预算管理
全面提升治理能力

一个企业的经营情况一般可以从财务三大报表中看出，这三大报表分别是资产负债表、利润表、现金流量表，而沙盘模拟经营中也利用了这三个表，在这三个表的基础上建立Excel模型，具体见表3-30。

表3-30　第一年预算表①

一、现金流量表制作

企业在经营过程中，常常出现现金短缺的"意外"情况，正常经营不得不中断，其实如果仔细分析，就会发现这种"意外"情况的发生不外乎两方面的原因：第一，企业没有正确编制预算，导致预算与实际严重脱节；第二，企业没有严格按照计划进行经营，导致实际严重脱离预算。为了合理安排和筹集资金，企业在经营之前应当根据新年计划编制现金流量表。

现金流量表是反映一定时期内（如季度或年度）企业经营活动、投资活动和筹资活动对其现金及现金等价物所产生影响的财务报表，现金流量表可用于分析一家机构在短期内有没有足够现金去应付开销，而在沙盘模拟经营中，把财务上的现金流量表根据比赛规则进行具体化，按企业经营流程进行设置，见表3-31。

单元格B4：直接输入年初现金即可。

单元格B12：年初现金扣除支付相关款项后加上贷款后的余额，公式为"=B4−B5−B6−B7−B8+B9+B10−B11"。

单元格C12：第1季度末的金额扣除第2季度初需要支付的相关费用后的余额，公式为"=B34+C10−C11"，后面每季度依此类推。

单元格B16：根据前期做的采购表中费用的数据进行自动录入，公式为"=采购表!H3"，后面每季度依此类推。

单元格B22：根据前期做的采购表中工人工资的数据进行自动录入，公式为"=采购表!R3"，后面每季度依此类推。

单元格B23：本季度中期现金盘点，公式为"=B12-B13-B14+B15-B16-B17-B18-B19-B20+B21-B22"，后面每季度依此类推。

单元格B32：用来核算本季度的所有现金收入，公式为"=B12+B15+B21+B24+B30+B31"，后面每季度依此类推。

单元格B33：本季度所有现金支出，公式为"=B13+B14+B16+B17+B18+B19+B20+B22+B25+B26+B27+B28+B29"，后面每季度依此类推。

单元格B34：第一季度结束时剩余现金，公式为"=B32-B33"，后面每季度依此类推。

单元格E40：第一年结束时剩余现金，公式为"=E34-E35-E36-E38-E39"，后面每季度依此类推。

表3-31　现金流量表

二、综合费用表制作

综合费用表是反映企业财务情况和产品成本水平的综合性报表，主要用来及时反映企业某些重要财务、成本指标的实现情况，见表3-32。

单元格H4：现金流量表中每季度管理费用之和，公式为"=SUM(B29:E29)"。

单元格H5：现金流量表中B5广告费用，公式为"=B5"。

表3-32　综合费用表

单元格H6：现金流量表中E36维护费，公式为"=E36"。

单元格H7：现金流量表中租用厂房和厂房租金之和，公式为"=SUM(B18:E18,B27:E27)"。

单元格H8：现金流量表中每季度生产线转产费用之和，公式为"=SUM(B20:E20)"。

单元格H9：现金流量表中E38市场开拓，公式为"=E38"。

单元格H10：现金流量表中E39 ISO认证，公式为"=E39"。

单元格H11：现金流量表中每季度产品研发费用之和，公式为"=SUM(B26:E26)"。

单元格H12：根据当年情况计算所得。

单元格H13：综合费用之和，公式为"=SUM(H4:H12)"。

三、利润表制作

利润表是反映企业一定会计期间（如月度、季度、半年度或年度）生产经营成果的财务报表，见表3-33。企业一定会计期间的经营成果既可能表现为盈利，也可能表现为亏损，该报表全面揭示了企业在某一特定时期实现的各种收入、发生的各种费用、成本或支出，以及企业实现的利润或发生的亏损情况。

表3-33 利润表

项目	金额
销售收入	
直接成本	
毛利	
综合费用	
折旧前利润	
折旧	
利息前利润	
财务支出	
税前利润	
所得税	
净利润	

沙盘经营中的利润表是简易的利润表，它是根据系统的利润表来进行编制的，并不是很复杂。由于经营第一年时企业刚成立，并未经营过，有部分销售数据是没有的，如销售收入、直接成本等。

单元格K6：根据毛利的财务公式所得，公式为"=K4-K5"。

单元格K7：来源于综合费用表中H13，公式为"=H13"。

单元格K8：毛利扣除综合费用后剩余的利润，公式为"=K6-K7"。

单元格K9：来源于现金流量表中E37，公式为"=E37"。

单元格K10：支付利息之前的利润，公式为"=K8-K9"。

单元格K11：财务支出在沙盘经营中是指因融资而产生的利息支出，包括长期贷款、短期贷款、应收款贴现的利息，公式为"=SUM(B7,B11:E11,B13:E13)"。

单元格K12：缴纳所得税之前的利润，又称利润总额，公式为"=K10–K11"。

单元格K13：根据规则所示，所得税只考虑年初未分配利润及当年产生的税前利润，如果年初未分配利润大于零，则只需要根据当期税前利润乘以所得税税率即可；如果年初未分配利润小于零，则需要先弥补亏损再考虑所得税，公式为"=ROUND(IF(AND(K12>=0,R13>=0),K12*0.25,IF(AND(K12>0,R13<0,K12+R13>0),(K12+R13)*0.25,0)),0)"，见表3-34。

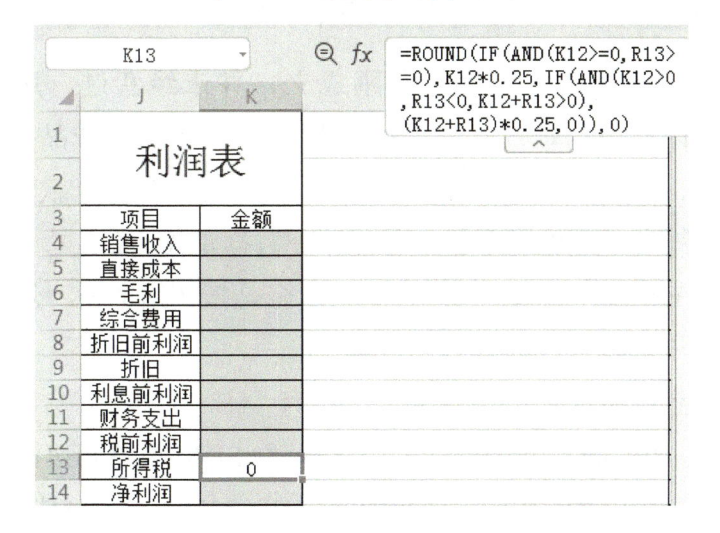

表3-34　所得税计算公式

单元格K14：企业扣除所得税后的净利润，也称为税后利润，公式为"=K12–K13"。

四、资产负债表制作

资产负债表是反映企业在某一特定日期（如月末、季末、年末）全部资产、负债和所有者权益情况的财务报表，是企业经营活动的静态体现，根据"资产=负债+所有者权益"这一平衡公式，依照一定的分类标准和一定的次序，将某一特定日期的资产、负债、所有者权益的具体项目予以适当地排列编制而成，见表3-35。它表明企业在某一特定日期所拥有或控制的经济资源、所承担的现有义务和所有者对净资产的要求权。

表3-35　资产负债表

	M	N	O	P	Q	R
1				资产负债表		
2						
3	项目	期初	期末		期初	期末
4	流动资产：			负债：		
5	现金			长期负债		
6	应收款			短期负债		
7	在制品			应付账款		
8	成品			应交税费		
9	原料			一年内到期的长期负债		
10	流动资产合计			负债合计		
11	固定资产：			所有者权益：		
12	土地建筑			股东资本		
13	机器与设备			利润留存		
14	在建工程			年度净利		
15	固定资产合计			所有者权益合计		
16	资产总额			负债及所有者权益合计		

在沙盘经营第一年时，因为企业刚成立，并未经营过，所以在资产负债表期初列中，有许多数据是没有的，如应收款、在制品、成品、原料、土地建筑、机器与设备、在建工程、长期负债、短期负债、应付账款、应交税费、利润留存、年度净利等。而期末列中，也有部分数据是没有的。

单元格N5：在沙盘经营第一年时，期初现金是指初始资金，公式为"=B4"。

单元格O5：年末现金，公式为"=E40"。

单元格N10：企业期初流动资产合计，公式为"=SUM(N5:N9)"，O10依此类推。

单元格O15：期末固定资产合计，公式为"=SUM(O12:O14)"。

单元格N16：期初资产总额，公式为"=N10+N15"，O16依此类推。

单元格R5：现金流量表中B9，公式为"=B9"。

单元格R6：现金流量表各季度短期贷款之和，公式为"=SUM(B15:E15)"。

单元格R8：利润表中K13，公式为"=K13"。

单元格R10：期末负债之和，公式为"=SUM(R5:R9)"。

单元格Q12：在沙盘经营中，第一年年初股东资本，即第一年年初现金B4，公式为"=B4"。

单元格R12：根据规则规定，不存在注资行为，故期末股东资本与期初股东资本一致，公式为"=Q12"。

单元格R13：期初利润留存与年度净利之和，公式为"=Q13+Q14"。

单元格R14：期末年度净利润来源于利润表中K14，公式为"=K14"。

单元格R15：期末所有者权益，公式为"=SUM(R12:R14)"。

五、其他辅助表制作

以上报表中，三大报表是每年比赛结束时，需要录入系统里的，但除了以上报表外，我们还可以制作其他辅助表，用来帮助我们更好地经营企业。

根据系统规则，为了能够更好地进行资金的计算，可在预算表的基础上制作其他可以辅助预算的表格，见表3-36。

表3-36　其他辅助表

单元格P19：当年3倍所有者权益扣除当年长短期贷款金额，公式为"=R15*\$I\$18-R5-R6"，见表3-37。

表3-37　下年能贷款最大值计算公式

单元格P21：本年度可贷款总额减去已贷金额，公式为"=Q12*\$I\$18-R5-R6"，见表3-38。

表3-38　当年能贷款剩余计算公式

单元格H35：第一年第一季度剩余应收款，公式为"=H29+H30-H31-H32-H33-H34"，后面每季度依此类推，见表3-39。

表3-39　第一年第一季度剩余应收款计算公式

	G	H	I	J	K	L	M	N	O	P
		fx	=H29+H30-H31-H32-H33-H34							
28	应收款	第一季	第二季	第三季	第四季		下年一季	下年二季	下年三季	下年四季
29	上年未收					应收				
30	当季增加					一次贴现				
31	一次贴现					二次贴现				
32	二次贴现					三次贴现				
33	三次贴现					四次贴现				
34	四次贴现					当季剩余	0	0	0	0
35	当季剩余	0	0	0	0					

单元格M34：下一年第一季度剩余应收款，公式为"=M29-M30-M31-M32-M33"，后面每季度依此类推。

单元格P39：贴现费=贴现金额×适用贴现利率，公式为"=N39*I24"，P40单元格依此类推，见表3-40。

表3-40　贴现费计算公式

	P39		fx	=N39*I24
	M	N	O	P
38			得到	贴现费
39	贴一二期		0	0
40	贴三四期		0	0
41			0	0

单元格O39：贴现所得，公式为"=N39-P39"，O40单元格依此类推，见表3-41。

表3-41　贴现所得计算公式

	O39		fx	=N39-P39
	M	N	O	P
38			得到	贴现费
39	贴一二期		0	0
40	贴三四期		0	0
41			0	0

任务五　第二～四年预算表制作

第二～四年与第一年最大的区别就是销售，第一年是经营的准备阶段，而二～四年是经营阶段，一个企业最终的目的是盈利，能否盈利主要看企业的销售量。所以二～四年的预算表在第一年的基础上需要更改部分公式。

把第一年的预算复制到新的工作页上，进行部分公式的更改及设置部分新的公式，见表3-42。

表3-42 预算表②

一、现金流量表制作

单元格B4：年初现金即上年末现金，公式为"=第一年!E40"。

单元格B5：当年广告投入需要根据市场预测表计算得出，公式为"=L42"。

单元格B6：应该交纳的税费，在沙盘经营中，仅指企业所得税，公式为"=Q8"。

单元格B7：根据上年度长期贷款金额乘以利率计算，公式为"=ROUND(Q5*第一年!I19,0)"，见表3-43。

单元格B13：支付第一年第一季短贷利息，公式为"=ROUND(B14*第一年!$I$20,0)"，C13、D13、E13单元格依此类推，见表3-44。

单元格B14：归还第一年第一季短贷本金，公式为"=第一年!B15"，C14、D14、E14单元格依此类推。

单元格B24：是指到期的应收款，公式为"=H36"，C24、D24、E24依此类推。

单元格B29：参照上一年第4季度的管理费用，公式为"=第一年!E29"，C29、D29、E29参照本年第1季度。

表3-43　长贷还息计算公式

表3-44　短贷还息计算公式

二、综合费用表制作

第二～四年综合费用表的制作与第一年的是一致的，不需要进行更改，直接把第一年的复制过来即可。

三、利润表制作

由于第二~四年企业开始有销售额了，所以在第一年的基础上，对销售收入及直接成本的公式进行设置，其余公式没有变化。

单元格K4：销售统计表里所有产品销售额之和，公式为"=SUM(H24:K24)"，见表3-45。

单元格K5：销售统计表里所有产品直接成本之和，公式为"=SUM(H25:K25)"，见表3-46。

表3-45　销售收入计算公式

表3-46　直接成本计算公式

四、资产负债表制作

由于第二~四年企业开始经营了，有了收入和成本，所以在第一年的基础上，对资产负债表中部分公式进行设置。

单元格N6：当年的期初余额来源于上年度的期末余额，公式为"=第一年!O6"，其余期初余额依此类推，见表3-47。

单元格O6：来源于应收账款表，公式为"=SUM(M35:P35)"，见表3-48。

单元格R5：在第一年长期贷款的基础上减去本年度已还贷款加本年度增加的长期贷款，公式为"=Q5-B8+B9"，见表3-49。

单元格Q12：根据第一年的期末余额填列，公式为"=第一年!$Q$12"，见表3-50。

表3-47　期初应收款计算公式

	M	N	O	P	Q	R
		N6		fx =第一年!O6		
				资产负债表		
1						
2						
3	项目	期初	期末		期初	期末
4	流动资产:			负债:		
5	现金	0	0	长期负债	0	0
6	应收款	0	0	短期负债	0	0
7	在制品			应付账款		
8	成品			应交税费	0	0
9	原料			一年内到期的长期负债		
10	流动资产合计	0	0	负债合计	0	0
11	固定资产:			所有者权益:		
12	土地建筑	0		股东资本	0	0
13	机器与设备	0		利润留存	0	0
14	在建工程	0		年度净利		
15	固定资产合计	0	0	所有者权益合计	0	0
16	资产总额	0	0	负债及所有者权益合计	0	0

表3-48　期末应收款计算公式

	M	N	O	P	Q	R
		O6		fx =SUM(M35:P35)		
				资产负债表		
1						
2						
3	项目	期初	期末		期初	期末
4	流动资产:			负债:		
5	现金	0	0	长期负债	0	0
6	应收款	0	0	短期负债	0	0
7	在制品			应付账款		
8	成品			应交税费	0	0
9	原料			一年内到期的长期负债		
10	流动资产合计	0	0	负债合计	0	0
11	固定资产:			所有者权益:		
12	土地建筑	0		股东资本	0	0
13	机器与设备	0		利润留存	0	0
14	在建工程	0		年度净利		
15	固定资产合计	0	0	所有者权益合计	0	0
16	资产总额	0	0	负债及所有者权益合计	0	0

表3-49　期末长期负债计算公式

	M	N	O	P	Q	R
		R5		fx =Q5-B8+B9		
				资产负债表		
1						
2						
3	项目	期初	期末		期初	期末
4	流动资产:			负债:		
5	现金	0	0	长期负债	0	0
6	应收款	0	0	短期负债	0	0
7	在制品			应付账款		
8	成品			应交税费	0	0
9	原料			一年内到期的长期负债		
10	流动资产合计	0	0	负债合计	0	0
11	固定资产:			所有者权益:		
12	土地建筑	0		股东资本	0	0
13	机器与设备	0		利润留存	0	0
14	在建工程	0		年度净利		
15	固定资产合计	0	0	所有者权益合计	0	0
16	资产总额	0	0	负债及所有者权益合计	0	0

表3-50　期初股东资本计算公式

	M	N	O	P	Q	R
1				资产负债表		
2						
3	项目	期初	期末		期初	期末
4	流动资产：			负债：		
5	现金	0	0	长期负债	0	0
6	应收款	0	0	短期负债	0	0
7	在制品			应付账款		
8	成品			应交税费	0	0
9	原料			一年内到期的长期负债		
10	流动资产合计	0	0	负债合计	0	0
11	固定资产：			所有者权益：		
12	土地建筑	0	0	股东资本	0	0
13	机器与设备			利润留存	0	0
14	在建工程			年度净利	0	0
15	固定资产合计	0	0	所有者权益合计	0	0
16	资产总额	0	0	负债及所有者权益合计	0	0

单元格Q12：=第一年!$Q$12

五、其他辅助表制作

在第一年其他辅助表的基础上更改二～四年其他辅助表中部分公式，具体如下：

单元格G18：本年度贷款额度考虑期初所有者权益3倍、已有贷款和归还贷款数，公式为"=Q15*第一年!$I$18-Q5-Q6+B8"，见表3-51。

表3-51　可贷额度计算公式

	G	H	I	J	K	L	M
17	可贷额度	第1季	第2季	第3季	第4季		
18	0	0	0	0	0		

单元格G18：=Q15*第一年!$I$18-Q5-Q6+B8

单元格H18：根据本年度可贷额度考虑已有贷款和归还贷款数，公式为"=G18-B9+B14"，其余季度依此类推，见表3-52。

表3-52　第1季度可贷额度计算公式

	G	H	I	J	K	L	M
17	可贷额度	第1季	第2季	第3季	第4季		
18	0	0	0	0	0		

单元格H18：=G18-B9+B14

单元格H25：P1销售成本等于销售数量乘以单位成本，公式为"=H23*第一年!M25"，I25、J25、K25依此类推，见表3-53。

表3-53　P1销售成本计算公式

	G	H	I	J	K	L	M
20		销售统计表					
21							
22		P1	P2	P3	P4		
23	数量						
24	销售额						
25	成本	0	0	0	0		
26	毛利	0	0	0	0		

H25 =H23*第一年!M25

单元格H26：P1毛利等于销售额减去销售成本，公式为"=H24-H25"，I26、J26、K26依此类推，见表3-54。

表3-54　P1毛利计算公式

	G	H	I	J	K	L	M
20		销售统计表					
21							
22		P1	P2	P3	P4		
23	数量						
24	销售额						
25	成本	0	0	0	0		
26	毛利	0	0	0	0		

H26 =H24-H25

单元格H30：上年未收的应收款，公式为"=第一年!M34"，I30、J30、K30依此类推，见表3-55。

表3-55　上年未收应收款计算公式

	G	H	I	J	K	L	M	N	O	P
29	应收款	第一季	第二季	第三季	第四季		下年一季	下年二季	下年三季	下年四季
30	上年未收	0	0	0	0	应收				
31	当季增加					一次贴现				
32	一次贴现					二次贴现				
33	二次贴现					三次贴现				
34	三次贴现					四次贴现				
35	四次贴现					当季剩余	0	0	0	0
36	当季剩余	0	0	0	0					

H30 =第一年!M34

单元格P39：贴现金额乘以贴现率，公式为"=N39*第一年!$I$24"，P40依此类推，见表3-56。

表3-56 贴现费计算公式

	P39			fx	=N39*第一年!$I$24			
	M	N	O	P	Q	R	S	
38			得到	贴现费				
39	贴一二期		0	0				
40	贴三四期		0	0				
41			0	0				

单元格G42：第二年P1产品本地市场均价，公式为"=市场预测表!D3"，其余区域依此类推。

单元格G43：第二年P1产品本地市场需求量，公式为"=市场预测表!D25"，其余区域依此类推。

单元格G44：第二年P1产品本地市场订单张数，公式为"=市场预测表!D47"，其余区域依此类推。

单元格G45：根据市场预测数据，自行计算并决定的本地P1应投的广告金额。

单元格L45：P1产品本年度广告金额之和，公式为"=SUM(G45:K45)"，其他产品本年度广告金额之和依此类推。

单元格L42：各产品应投广告加竞单之和，公式为"=L44+L45+L49+L53+L57"。

职业能力测评

一、单选题

1. 资产负债表中年度净利润的数据来源于（　　）。
   A．现金流量表　　　　　　　　B．综合费用表
   C．利润表　　　　　　　　　　D．销售统计表

2. 下列毛利公式正确的是（　　）。
   A．销售收入-直接成本-综合费用　　B．销售收入-直接成本
   C．销售收入-综合费用　　　　　　D．销售收入-直接成本-折旧

3. 在第二年的资产负债表中长期负债的正确公式是（　　）。

   A．第二年长期负债=年初长期负债–今年还款+今年长期借款

   B．第二年长期负债=今年长期借款–长期还款+长期借款

   C．第二年长期负债=今年长期负债–今年还款+年初长期借款

   D．第二年长期负债=年初长期负债–今年还款+年初长期借款

4. 下列表示D列25行至D列30行的求和公式的是（　　）。

   A．=AVG(D25:D30)　　　　　　B．=AVG(D25-D30)

   C．=SUM(D25:D30)　　　　　　D．=SUM(D25-D30)

5. 公式中"$"表示（　　）。

   A．对数据区域的绝对引用　　　　B．对数据区域的相对引用

   C．某些编译参数　　　　　　　　D．特定参数

6. 计算所得税时，用（　　）函数来体现四舍五入。

   A．SUM　　　　B．ROUND　　　　C．IF　　　　D．COUNT

7. 当长期贷款利率为10%，贷款利息四舍五入时，在第二年贷款24万元，则在第三年年初需要偿还（　　）万元长贷利息。

   A．1　　　　B．1.5　　　　C．2　　　　D．0.5

8. 采购表的下料区中使用到的函数为（　　）。

   A．ROUND　　　　B．COUNTIF　　　　C．SUM　　　　D．COUNTA

9. 根据表3-57，在市场预测表中计算出精确的平均利润的方法是（　　）。

表3-57　市场预测表

A．选中均价区域内的金额——"Ctrl+H"——在"查找内容"中输入"0"——选项——勾选"区分全/半角"——全部替换——选中单元格——输入公式"=AVERAGE(D3:H3)–L9"

B．选中均价区域——"Ctrl+H"——在"查找内容"中输入"0"——选项——勾选"单元格匹配"——全部替换——选中单元格——输入公式"=AVERAGE(D3:H3)–L9"

C．选中均价区域——"Ctrl+H"——在"查找内容"中输入"0"——选项——勾选"区分大小写"——全部替换——选中单元格——输入公式"=AVERAGE(D3:H3)–$L$9"

D．选中均价区域内的金额——"Ctrl+H"——在"查找内容"中输入"0"——选项——勾选"单元格匹配"——全部替换——选中单元格——输入公式"=AVERAGE(D3:H3)–$L$9"

10．如果p4的成本为6万元，其由4个原料组成，加工费为2万元，那么这个p4的原料费和工人工资分别为（　　）。

A．原料费为3万元，工人工资为3万元

B．原料费为6万元，工人工资为0万元

C．原料费为4万元，工人工资为2万元

D．原料费为2万元，工人工资为4万元

二、多选题

1．利润表中有关所得税的公式中，需要使用到（　　）函数。

A．IF　　　　　　　　　　　B．ROUND

C．SUM　　　　　　　　　　D．AVERAGE

2．在沙盘经营第一年的资产负债表中，（　　）是无期初余额的。

A．应收款　　　　　　　　　B．现金

C．原料　　　　　　　　　　D．短期负债

3．在沙盘经营过程中，可以用COUNTIF函数来计算（　　）。

A．贴现利息　　　　　　　　B．原料订购

C．产品总需求量　　　　　　D．工人工资

4．制作采购表需要根据（　　）等规则说明。

A．市场开拓　　　　　　　　B．融资

C．产品调研表　　　　　　　D．原料设置

5. 利润表中（　　　）等数据来源于现金流量表。

　　A．折旧　　　　B．毛利　　　　C．财务支出　　　D．所得税

6. 在现金流量表中，年末现金包含（　　　）等数据。

　　A．维护费　　　B．折旧　　　　C．市场开拓　　　D．ISO认证

7. 建立生产线维护，下列正确的有（　　　）。

　　A．安装完成当年，不开工生产，要交维护费

　　B．安装完成当年，开工生产，要交维护费

　　C．安装完成当年，不开工生产，不交维护费

　　D．正在进行转产的生产线，需要交维护费

8. 初始资金为80万元，贷款倍率为3倍时，第一年贷款额度不可能是（　　　）。

　　A．160万元　　B．240万元　　C．320万元　　D．80万元

9. 最大长贷年限为3年时，在（　　　）贷长贷不需要还款。

　　A．第一年　　　B．第二年　　　C．第三年　　　D．第四年

10. COUNTIF函数是计算区域中满足给定条件的单元格的个数，该函数主要由（　　　）组成。

　　A．区域　　　　　　　　　　　　B．逻辑值

　　C．条件　　　　　　　　　　　　D．文本表达式

三、判断题

1. 第一年有订单。　　　　　　　　　　　　　　　　　　　　　　　（　　　）

2. SUM函数的作用是计算返回某一单元格区域中数字、逻辑值及数字的文本表达式之差。　　　　　　　　　　　　　　　　　　　　　　　　　　　（　　　）

3. 期末利润留存是期初利润留存与年度净利之和。　　　　　　　　　（　　　）

4. 在计算所得税时需要用到IF函数。　　　　　　　　　　　　　　　（　　　）

5. 下年度贷款额度是当年所有者权益的倍数减去当年长期贷款金额。　（　　　）

6. 今年的利润留存=上一年的股东资本-所有者权益。　　　　　　　（　　　）

7. 季初现金即上一季现金合计。　　　　　　　　　　　　　　　　　（　　　）

8. 年末现金=季末现金-市场开拓-ISO认证-违约损失。　　　　　　（　　　）

9. 计算第四年机器设备时，不需要再次扣除折旧费用。　　　　　　　（　　　）

10. 综合费用表里所有的数据都来自现金流量表。　　　　　　　　　（　　　）

项目小结

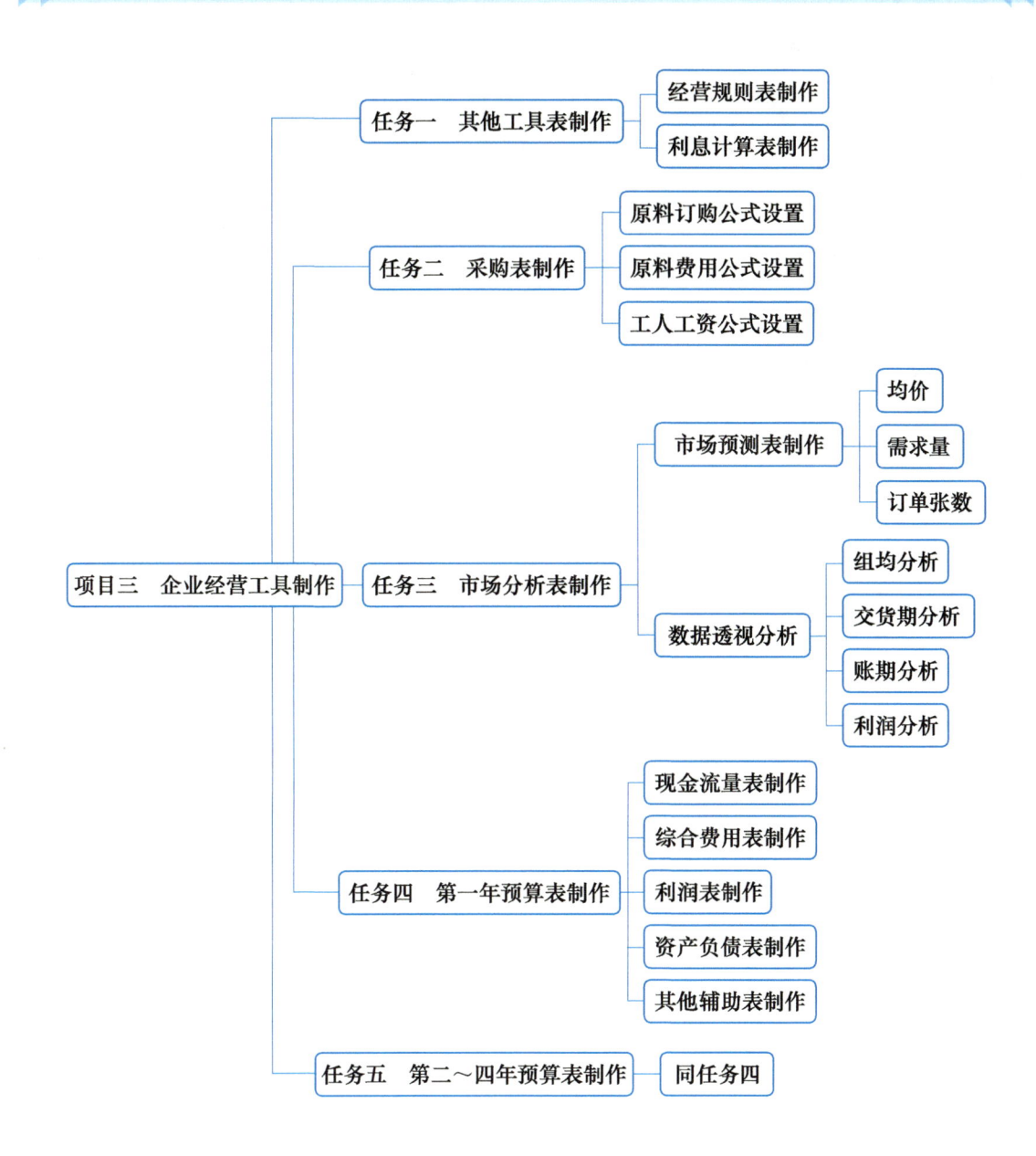

- 项目三　企业经营工具制作
  - 任务一　其他工具表制作
    - 经营规则表制作
    - 利息计算表制作
  - 任务二　采购表制作
    - 原料订购公式设置
    - 原料费用公式设置
    - 工人工资公式设置
  - 任务三　市场分析表制作
    - 市场预测表制作
      - 均价
      - 需求量
      - 订单张数
    - 数据透视分析
      - 组均分析
      - 交货期分析
      - 账期分析
      - 利润分析
  - 任务四　第一年预算表制作
    - 现金流量表制作
    - 综合费用表制作
    - 利润表制作
    - 资产负债表制作
    - 其他辅助表制作
  - 任务五　第二～四年预算表制作
    - 同任务四

项目四

企业经营沙盘模拟（人机对抗）

📚 项目综述

　　人机对抗通过教师分配给学生账号，自行与智能机器人进行对抗训练，可以让学生快速熟悉企业经营模拟的流程和操作技巧，并成功过渡到人人实战对抗阶段。本项目主要介绍传统ERP沙盘模拟的困境、人机系统的特点和局限、人机系统的使用、规则解读与市场分析、人机对抗方案的制订以及运营等，该项目在本课程学习中起到承上启下的作用。

👆 学习目标

1. 了解人机对抗的特点。
2. 熟悉人机系统的使用技巧。
3. 掌握人机系统规则解读与市场分析。
4. 能够进行人机对抗方案的制订与运营实操。

✏️ 重点难点

人机系统初始化、裁判端操作、方案制订、人机运营实操。

任务一　人机系统认知

人机系统认知

一、传统ERP沙盘模拟的困境

传统的ERP沙盘模拟，在实际教学过程中遇到很多困境，具体表现为以下几个方面：

1. 组织难度大

传统ERP沙盘模拟需要进行集中授课，ERP沙盘模拟选单、竞单需要各企业集中进行，由于学生学习能力不同，导致学习进度和操作进度不一，从而很大程度地制约了课程教学进度和教学效果。

2. 训练人数有限

传统ERP沙盘模拟由于规则执行的严格性，学生可能茫然无措，同时由于机房容量的限制，单次授课与比赛人数不宜超过50人，否则很难管理，效果大打折扣。

3. 无法课后训练

传统ERP沙盘模拟各企业需要集中进行，选单、竞单是沙盘模拟的重点，充分体现了对抗性、交互性，但也恰恰限制了学生课后自我训练和自我学习。传统的ERP沙盘模拟需要在团队合作的情况下进行对抗模拟训练，从而限制了学生课后独立自主学习的机会。

二、人机系统的特点

人机系统（人机对抗模式）是一种基于决策云平台、大数据支持的新型人工智能模式，与传统教学模式和教学工具完全兼容，既可以配合使用，也可以独立使用。由教师（裁判）给每一个学生分配账号，学生运用所分配的账号进行自我训练。人机系统裁判端与学生端的操作界面分别如图4-1和图4-2所示。

图4-1　人机系统裁判端

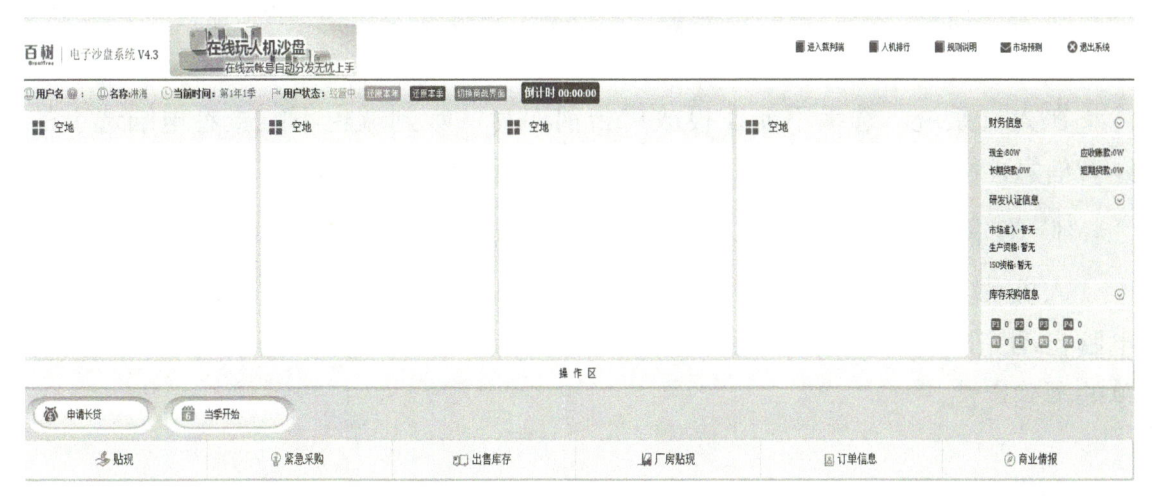

图4-2　人机系统学生端

（一）人机系统的优势

1. 容易组织，工作量小

传统ERP沙盘模拟需要集中授课，ERP沙盘模拟选单以及操盘都需要全部学生参与、集中进行。教师不仅要讲授沙盘基础知识，还要解决每组在经营过程中遇到的各种问题。人机系统学生兼具裁判和学生两种角色，容易组织，同时也减轻了教师的工作量，教师可以有更多的时间根据学生在经营过程中遇到的实际问题，进行有针对性的辅导。

2. 突破限制，反复练习

传统的ERP沙盘模拟是一种在模拟中学习的体验式学习方式，如果学生不能进行反复练习，效果必将大打折扣。人机系统给学生提供了一个可以在课外也能进行自我训练的机会，可以让学生打好沙盘的基础。

3. 多种方案，阶梯进步

人机对抗分为练习和挑战两种模式，两种模式下难易程度也不同。在方案的选择上更加丰富，有入门、中级、高级、校赛、市赛、省赛、国赛等各种对抗方案。学生可以先从入门开始，再慢慢增加人机对抗难度来加强自己的训练。

（二）人机系统的局限

1. 操作复杂

除了正常的对抗操作外，人机系统的选手要兼任裁判，掌握一些裁判的基本操作。特别是选单时要进行学生端和裁判端切换，可能影响选手选单。

2. 广告盲投

在人机系统，选手不能在投放广告前巡盘，裁判端也不能查看电脑选手的经营信息，因此在广告投放时只能盲投，缺乏灵活性。

3. 选单独角戏

人机系统根据广告费排名，无论广告费高（先选单）还是低（后选单），均由电脑自动完成，所以选单界面就只有选手一人操作，缺少了选单的趣味以及选单的不确定性。

任务二　熟悉人机系统使用

一、系统初始化

人机系统只需通过网站，输入账号和密码即可登录，使用简单。首先要在裁判端进行初始化设置，再切换到学生端进行人机模拟经营操作。裁判端界面上的按钮基本与人人对抗模式无异，可以进行查看规则、市场预测以及退出系统等操作。

人机对抗分为练习和挑战两种模式。练习模式可以进行备份数据、修改参数、还原（当年+当季）、注资等操作，学生可以反复练习，边练习边学习知识；挑战模式不可以进行备份数据、修改参数、还原、注资等操作。学生完成一轮经营，一般为四年。

项目四　企业经营沙盘模拟（人机对抗）

在裁判端界面，单击"初始化"，选择类型、类别及模式，并且选择对应的训练方案。类型分为创业者和商战两种；类别为练习、校赛、省赛等；模式有练习和挑战两种。订单、规则、队伍数、参数、经营年限等所有因素加在一起构成方案，如图4-3和图4-4所示。

图4-3　裁判端界面

图4-4　初始化

选择类型为"创业者"、类别为"练习"、对抗方案为"赵砚（20201225）"、模式为"练习"（也可以自行选择其他方案进行训练）。选择完成后，单击"确定"，即完成初始化。

二、操作和还原

人机系统兼具裁判和学生两种角色，通过右上角的按钮可以随时切换进入裁判端或学生端，在学生端界面学生即可进行相关操作，如图4-5所示。

图4-5　端口切换

学生在练习中如有操作失误，可以切换至裁判端。单击"用户组号"，再单击下方的"还原本年""还原本季"，即可进行还原操作，如图4-6所示。

图4-6　还原操作

裁判端的用户信息只显示一队，即人队，机器队不显示在裁判端界面。

三、广告投放和选单

人机对抗没有询盘，即在本年结束并填写完成报表后，直接根据本小组的情况投放广告。

广告投放结束后，切换到裁判端，单击"选单管理""开始选单"，进行选单操作，如图4-7所示。

裁判端选好单后，需立即切换回学生端，开始参加订货会选单。

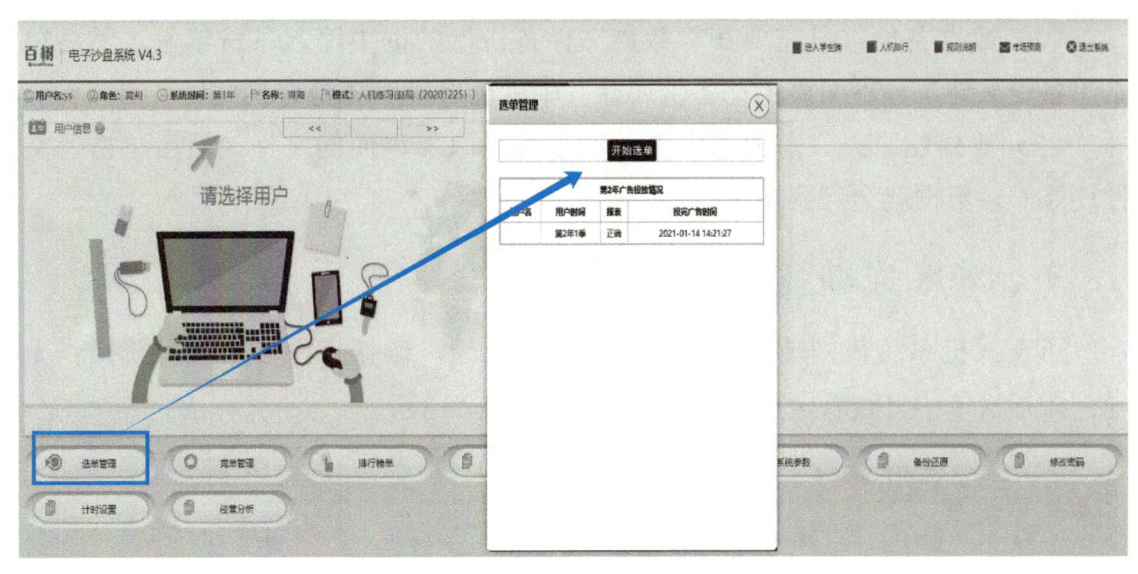

项目四 企业经营沙盘模拟（人机对抗） | 099

图4-7 选单管理

四、备份和还原

数据备份是为了防止数据丢失，保证数据的完整性，数据有备份的情况下可以接着上次的数据进行接下来的操作，不需要重新开始。在人机对抗过程中，可能出现抢不到订单的情况，所以可以在每年填完报表之后进行数据备份。如果下一年选单没有抢到订单，可以对上年的经营数据进行还原，快速回到投放广告界面，重新投放广告，重新参加订货会选单，这样可以大大提高模拟经营的效率。

选择"备份还原"，如图4-8所示。

图4-8 数据备份和还原

（1）数据备份：只需要在"数据文件备份"的框中输入备份年份，然后单击"备份文件"，下面"手动备份还原"中就会有刚刚备份好的文件。

（2）数据还原：只需要选中"手动备份还原"里面的文件，然后单击"文件还原"，数据就会回到备份时的数据。

五、查看成绩及排名

可在人机系统裁判端"排行榜单"查看成绩，操作步骤与人人系统操作无异。排行榜单中可查看全部队伍的分数，如图4-9所示。

用户名	用户时间	公司名称	学校名称	得分
	第2年1季	百树公司	百树大学	54
	第2年1季	百树科技	人工智能	95
	第2年1季	百树科技	人工智能	95
	第2年1季	百树科技	人工智能	95
	第2年1季	百树科技	人工智能	95
	第2年1季	百树科技	人工智能	95
	第2年1季	百树科技	人工智能	97
	第2年1季	百树科技	人工智能	97
	第2年1季	百树科技	人工智能	97
	第2年1季	百树科技	人工智能	97
	第2年1季	百树科技	人工智能	97
	第2年1季	百树科技	人工智能	98
	第2年1季	百树科技	人工智能	98
	第2年1季	百树科技	人工智能	98
	第2年1季	百树科技	人工智能	98

图4-9 排行榜单

机器队没有其他信息，只能看到分数，机器队学校名称为"人工智能"，"百树大学"对应的分数即为模拟经营得分。

任务三 规则解读及市场分析

一、规则解读

俗话说："没有规矩，不成方圆。"在沙盘经营过程中，经营规则就是模拟企业经营的约束条件。在开始模拟运行之前，要学习规则、熟知规则；在模拟运行时，要遵守规则，这样才能在竞争激烈的市场中生存发展。

（一）生产线

1. 生产线分析

根据表4-1生产线规则，可以分析得出以下内容：

表4-1　生产线规则

名称	投资总额	每季投资额	安装周期	生产周期	每季转产费	转产周期	维护费	残值	折旧费	折旧时间	分值
手工线	3 W	3 W	1 季	2 季	1 W	1 季	1 W/年	1 W	1 W	3 年	0
租赁线（自动）	0 W	0 W	0 季	1 季	2 W	1 季	6 W/年	-7 W	0 W	0 年	0
自动线	14 W	7 W	2 季	1 季	1 W	1 季	2 W/年	2 W	3 W	5 年	0
柔性线	18 W	6 W	3 季	1 季	0 W	0 季	2 W/年	2 W	4 W	5 年	0

该规则中，手工线的投资费用相对较低，但增加了安装周期、转产周期，这使得手工线在建设方面存在更多局限性。所以在第一年上手工线会比较合适，后面上线会延后产品的交货期。

自动线和柔性线的安装周期均为1个季度，很大程度上减轻了生产线的建设压力，但是由于增加了维护费，会使得费用上升，利润下降。

租赁线就是即买即用，不需要投资金额，不需要安装周期。租赁线更适用于产品数量增幅过大又没有资金建设生产线的情况。

2. 生产线选择

实战过程中生产线的选择更倾向于自动线和柔性线，若营销总监能够确定产品的市场销售量，选自动线可以节省一笔费用；若无法确定产品的市场销售量，则灵活性大的柔性线会降低出货的风险。生产线的铺设与产品销售是相结合的，哪种产品销售量大就多铺设生产该种产品的生产线。

（二）产品研发

根据表4-2产品研发规则，产品的成本由原料费和加工费组成，而与常见规则相比，主要区别在于产品的开发时间以及产品的组成原料。

表4-2　产品研发规则

名称	加工费	每季开发费	开发时间	直接成本	分值	产品组成
P1	1 W	1 W	2 季	2 W	0	R1
P2	1 W	1 W	3 季	3 W	0	R1R2
P3	1 W	2 W	3 季	4 W	0	R1R2R4
P4	1 W	2 W	4 季	5 W	0	R1R3R4R5

人机系统下减少了P3、P4的开发时间，降低了开拓产品的难度，但是相对应地增加了每季开发费，使费用上升。对比两种产品的组成原料，人机产品的组成原料都是相通的，更有利于产品的选择。

（三）原料设置

根据表4-3原料设置规则，R1、R3是提前1季下料，而R2、R4是提前2季下料，所以一定不要下错原料。

表4-3　原料设置规则

名称	购买单价	提前期
R1	1 W	1 季
R2	1 W	2 季
R3	1 W	1 季
R4	1 W	2 季

（四）市场分析

1. 市场预测表——均价

根据表4-4均价分析可知，由于P4产品的研发周期是4个季度，所以P4产品只有第三年才有市场，这就减少了第一年产品的选择性。而P4产品的利润远远大于其余产品的利润，所以在第二年利润允许的情况下可以研发P4产品，抢占高利润市场。

第二年会开放本地、区域、国内三个市场，这会导致想拿到与两个市场相同货量的订单，需要付出更多的广告费，所以在第一年年末时可以多留一些广告额度。

表4-4　市场预测表——均价

序号	年份	产品	本地	区域	国内	亚洲	国际
1	第2年	P1	5.87	4.81	5.89		
2	第2年	P2	7.42	7.77	6.92		
3	第2年	P3	7.78	8.33	9.85		
4	第2年	P4					
5	第3年	P1	5.12	6	5.86		
6	第3年	P2	6.62	7.58	7.35	7.41	
7	第3年	P3	8.52	10		8	
8	第3年	P4	9.82	9.84	10.7		
9	第4年	P1		5.82	5		6
10	第4年	P2	6.83		6.2	7.64	
11	第4年	P3	7.46	8.56	7.52	8.5	
12	第4年	P4		10.31	10.08	11.21	11.75

均利润	第二年	第三年	第四年
P1	3.52	3.66	3.61
P2	4.37	4.24	3.89
P3	4.65	4.84	4.01
P4		5.12	5.84

2. 市场预测表——需求量

根据表4-5需求量分析可知，组均分到的产品数量第二年到第三年增长较为明显，第三年到第四年增幅不大。分析产品的需求量可以发现，P1产品每一年的总需求量都在减少，然而P3、P4的情况恰恰相反，每一年总需求量都在增加，P2产品第三年相较第二年增幅明显，第四年相较第三年的减幅也很明显。

表4-5　市场预测表——需求量

序号	年份	产品	本地	区域	国内	亚洲	国际			
1	第2年	P1	30	31	36	0	0	97.00		
2	第2年	P2	19	22	26	0	0	67.00		
3	第2年	P3	18	24	20	0	0	62.00	总/组数	
4	第2年	P4	0	0	0	0	0	0.00	226	15.07
5	第3年	P1	34	19	36	0	0	89.00		
6	第3年	P2	26	19	23	22	0	90.00		
7	第3年	P3	25	21	0	26	0	72.00	总/组数	
8	第3年	P4	17	19	23	0	0	59.00	310	20.67
9	第4年	P1	0	28	23	0	26	77.00		
10	第4年	P2	24	0	30	22	0	76.00		
11	第4年	P3	24	25	23	22	0	94.00	总/组数	
12	第4年	P4	0	16	24	19	20	79.00	326	21.73

3. 市场预测表——订单张数

根据表4-6订单张数分析可知，P1产品的订单张数大于P2、P3，而P2、P3的订单张数相差不大。

表4-6　市场预测表——订单张数

序号	年份	产品	本地	区域	国内	亚洲	国际				
1	第2年	P1	9	10	11	0	0	3.33	3.10	3.27	#DIV/0!	#DIV/0!
2	第2年	P2	6	7	8	0	0	3.17	3.14	3.25	#DIV/0!	#DIV/0!
3	第2年	P3	6	8	7	0	0	3.00	3.00	2.86	#DIV/0!	#DIV/0!
4	第2年	P4	0	0	0	0	0	#DIV/0!	#DIV/0!	#DIV/0!	#DIV/0!	#DIV/0!
5	第3年	P1	10	7	11	0	0	3.40	2.71	3.27	#DIV/0!	#DIV/0!
6	第3年	P2	8	7	7	6	0	3.25	2.71	3.29	3.67	#DIV/0!
7	第3年	P3	7	6	0	8	0	3.57	3.50	#DIV/0!	3.25	#DIV/0!
8	第3年	P4	5	6	7	0	0	3.40	3.17	3.29	#DIV/0!	#DIV/0!
9	第4年	P1	0	9	7	0	8	#DIV/0!	3.11	3.29	#DIV/0!	3.25
10	第4年	P2	7	0	8	7	0	3.43	#DIV/0!	3.75	3.14	#DIV/0!
11	第4年	P3	7	8	7	7	0	3.43	3.13	3.29	3.14	#DIV/0!
12	第4年	P4	0	5	8	6	6	#DIV/0!	3.20	3.00	3.17	3.33

二、方案思路

根据市场分析，可以对比出不同产品的利润差异，根据选择的产品不同，可以做出以下方案：

方案一：开局P1、P2产品，后面研发P4产品。如果P3产品市场相对空余，则可以考虑生产P3产品。

方案二：开局P2、P3产品，后面研发P4产品。这个方案的要点在于高利润伴随着高费用。

方案三：开局P1、P2、P3三种产品，后面根据实际情况决定是否研发P4产品。如果利润不够，则不研发P4产品，可以扩大P3产品的产量来增加利润。

方案四：开局P1产品，因为第二年P1产品利润相对较好，而且P1产品的数量较多，如果只生产一种产品可以节省广告费。在第二年盈利后，可以考虑增加高利润产品来分摊产品数量，如P3或P4产品。

根据规则市场、个人思路以及个人喜好可以做出多种多样的方案。这更加能够体现ERP沙盘模拟的不确定性及魅力所在。

由于方案多种多样，就不一一展示了，接下来将给大家展示两个方案。该实操方案仅供参考，因ERP沙盘模拟灵活多变、广告投放以及选单情况不同会出现很大的变化，需要进行很多调整，但是实操方案中遇到问题时的解决方式是可借鉴的。

方案一：开局P1、P2产品。

方案二：P1产品单产品开局，后期研发P3、P4产品。

任务四　方案一运营实操

P1、P2产品组合策略：该方案相对来说比较常规，第一年销售P1、P2两种产品。这两种产品第二年市场需求量较大，可以减轻第二年产品销售压力。

一、方案策略

（1）产品研发策略：由于第二年的P1、P2产品市场需求量较大，而该产品研发费相对较低，所以第二年可以轻松地出售这两种产品。

（2）生产线策略：因为P1产品的研发周期是2个季度，为防止市场出现一个交货期的订单，可以在第一年提前建成2条自动线生产P1产品，再建造3条柔性线供第二年P1、P2产品的转产。

（3）广告策略：广告费需要在P1、P2产品中合理分摊，这样有利于产品的销售，但是会增加广告的额度。

（4）市场开拓、ISO认证：根据市场预测可以得出第二年这两种产品在本地、区域、国内三个市场都有需求量，第三年P2产品会出现在亚洲市场，所以需要每年都把市场全部开拓。因为人机对抗是没有详单的，所以ISO认证一定要开，不能抱有侥幸心理，没有ISO认证在选单上会有很多的局限性。

二、方案实操

（一）第一年预算编制及实操

1. 预算编制

①购买一个大厂房。

②第一年第一季度建造2条自动线，到第三季度时生产P1产品；第一年第二季度建造3条柔性线，到第二年第一季度生产P1产品或者P2产品。

③第一年第一、二季度研发P1产品，第三季度生产P1产品；第一年第一～三季度研发P2产品，以备第二年第一季度生产。

④当年可使用的生产线需要交纳维护费，第一、二季度上线的2条自动线需要交纳维护费，根据规则得出一条生产线为2万元，所以当年维护费为4万元。

⑤市场开拓、ISO认证全部开启。

⑥根据规则，短贷借款利率为5%，则最小最优的贷款额度为29万元，所以每个季度均借入29万元，可以拥有充足的资金用来投放广告。

⑦在制品：为第一年第四季度在产品成本。产成品：为已经生产好入库的产品成本。

⑧土地建筑：为购买产品的价值，租用的产品不计入土地建筑。

机器与设备：为可以使用的生产线。

在建工程：为还不能使用、处于在建状态的生产线。

第一年预算见表4-7。

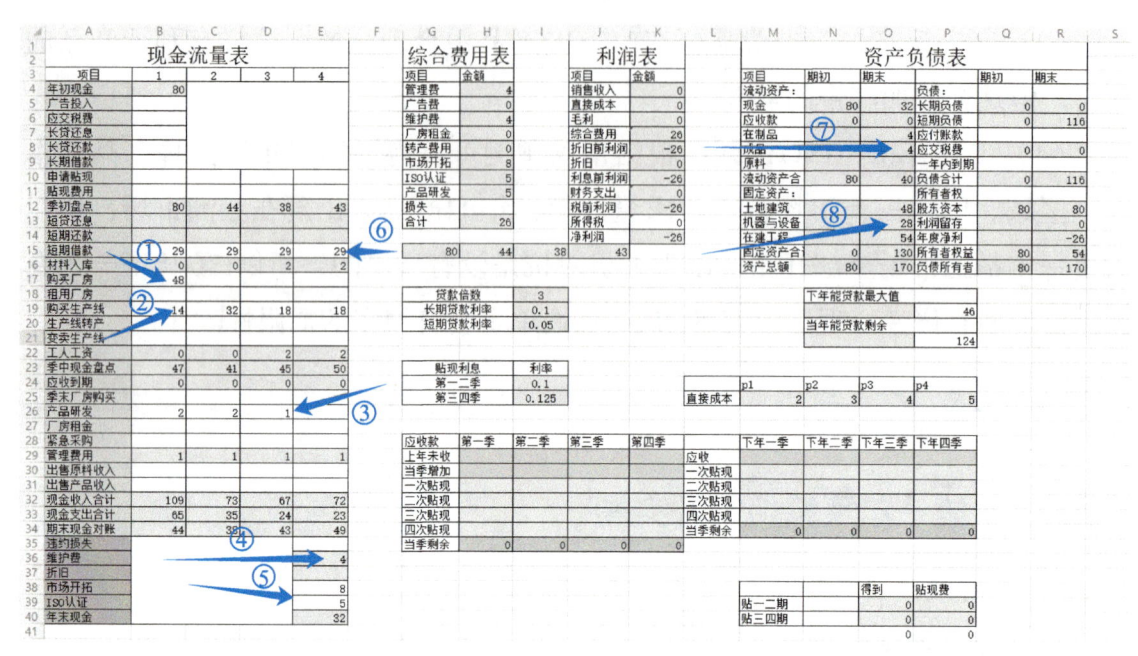

表4-7 第一年预算表

具体采购方案见表4-8。

表4-8 第一年采购表

年份/时间	小 1线	中 2线	大 3线	4线	原料费用	R1	R2	R3	R4	工人工资
一年.1					0	0	0	0	0	0
一年.2					0	2	0	0	0	0
一年.3	p1	p1			2	2	3	0	0	0
一年.4	p1	p1			2	5	3	0	0	2
二年.1	p1	p1	p2	p2 p2	8	5	3	0	0	5
二年.2	p1	p1	p2	p2 p2	8	5	0	0	0	5
二年.3	p1	p1	p2	p2 p2	8	0	0	0	0	5
二年.4					0	0	0	0	0	0
三年.1					0	0	0	0	0	0
三年.2					0	0	0	0	0	0
三年.3					0	0	0	0	0	0
三年.4					0	0	0	0	0	0
四年.1					0	0	0	0	0	0
四年.2					0	0	0	0	0	0
四年.3					0	0	0	0	0	0
四年.4					0	0	0	0	0	0

2. 实操

（1）第一季度操作。登录账号，进入学生端，不申请长贷，直接"当季开始"，如图4-10所示。贷款年限为3年，第一年如果申请长贷，第四年需要偿还本金及利息。

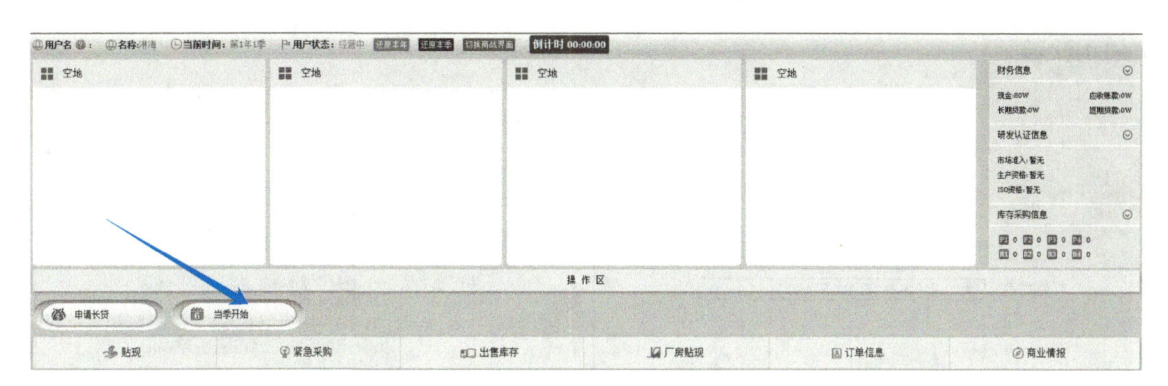

项目四　企业经营沙盘模拟（人机对抗）

图4-10　操作界面1

① 申请短贷：29万元。
② 更新原料库：无。
如图4-11所示。

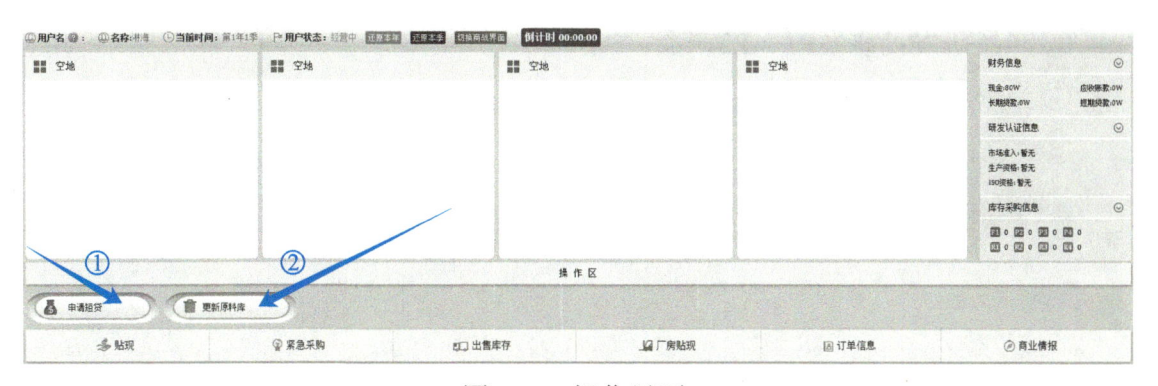

图4-11　操作界面2

以下③~⑤步操作界面如图4-12所示。

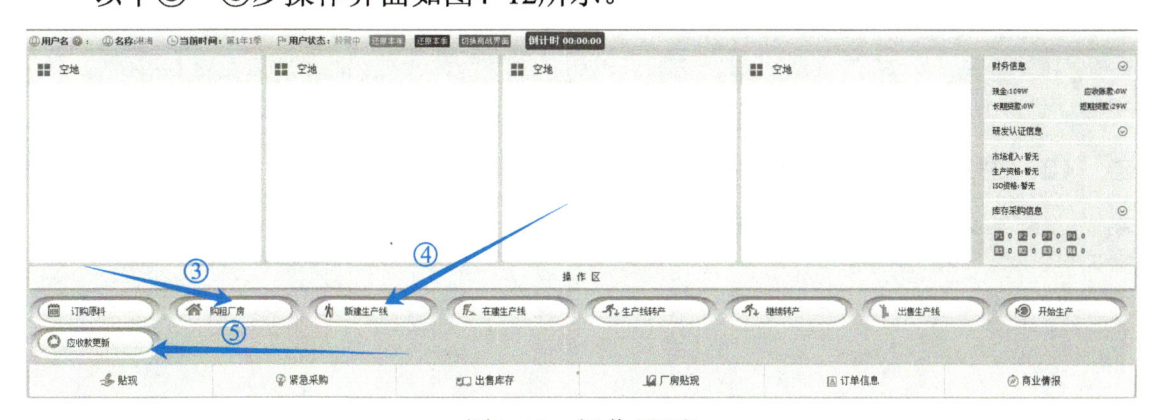

图4-12　操作界面3

③ 购买一个大厂房，如图4-13所示。
④ 根据方案在新购厂房新建2条自动线。注意生产线类型一定要选择自动线，默认是手工线，如果不选择自动线就会上错生产线。产品选择P1，如图

4-14所示。

图4-13　购租厂房

图4-14　新建生产线

⑤应收款更新，之后进行下一步。

⑥产品研发：研发P1、P2产品。

⑦当季结束。

⑥、⑦两步操作如图4-15所示。

图4-15　操作界面4

（2）第二季度开始操作界面如图4-16所示。

图4-16　操作界面5

①申请短贷：29万元。

②更新原料库：无。

①、②两步操作界面如图4-17所示。

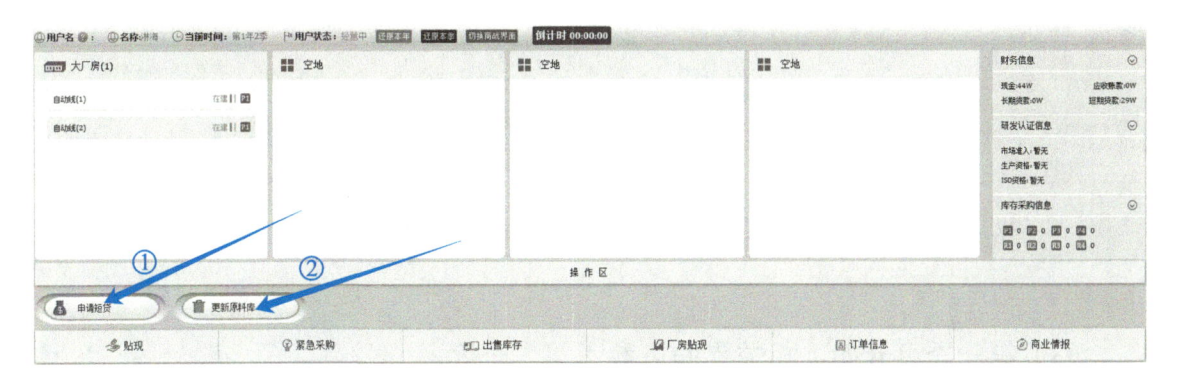

图4-17　操作界面6

③在建生产线：把两条生产P1产品的自动线建造完成。

④新建生产线：新建三条生产P2产品的柔性线。

⑤订购原料：订购下季生产P1产品的原料：2个R1。

⑥应收款更新，之后进入下一步。

③~⑥步操作界面如图4-18所示。

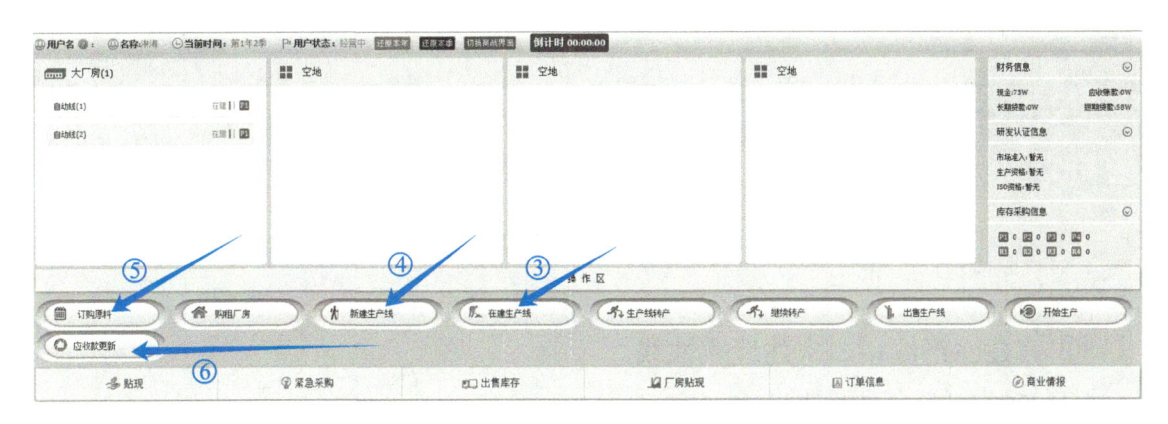

图4-18　操作界面7

⑦产品研发：研发P1、P2产品。

⑧当季结束：结束第二季，进入第三季。

⑦、⑧两步操作界面如图4-19所示。

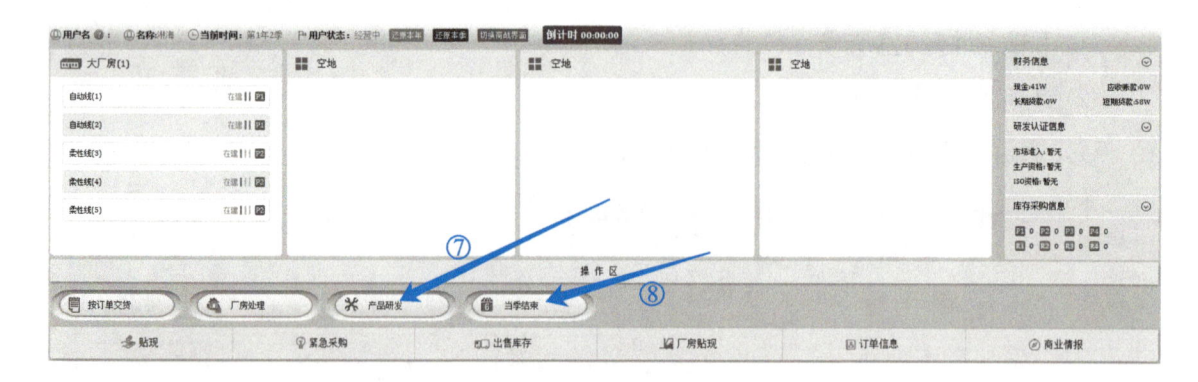

图4-19　操作界面8

(3) 第三季度开始，相关界面可参考第二季度。

①申请短贷：29万元。

②更新原料库：2个R1原料，原料费2万元。

①、②两步操作界面如图4-20所示。

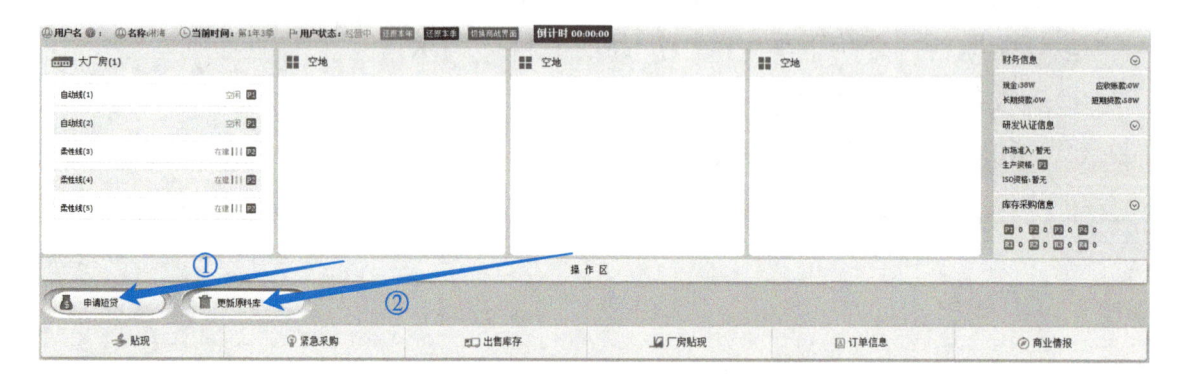

图4-20　操作界面9

③在建生产线：二次建造柔性线。

④开始生产：自动线生产P1产品。

⑤订购原料：订购下季生产所需P1产品原料以及第二年第一季需两季到货原料：2个R1、3个R2。

⑥应收款更新：无。

③~⑥步操作界面如图4-21所示。

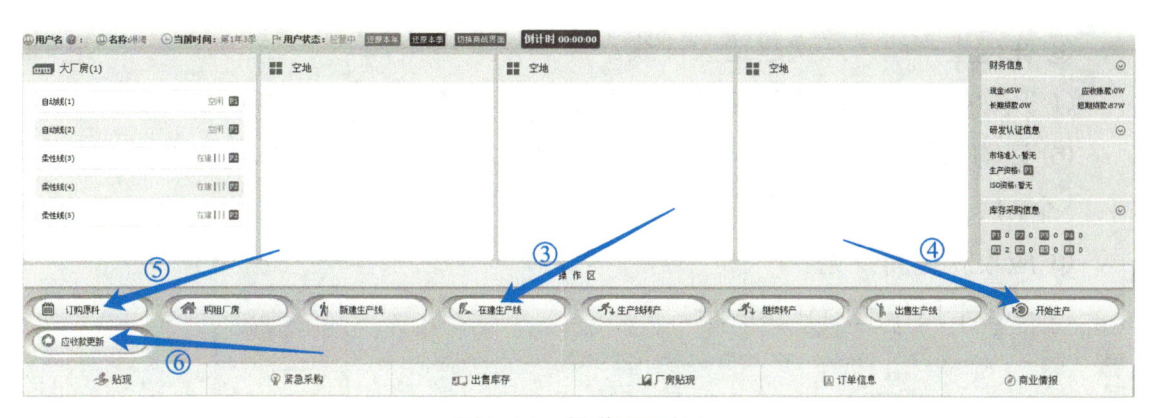

项目四　企业经营沙盘模拟（人机对抗）

图4-21　操作界面10

⑦产品研发：P2产品。

⑧当季结束：进入第四季。

⑦、⑧两步操作界面如图4-22所示。

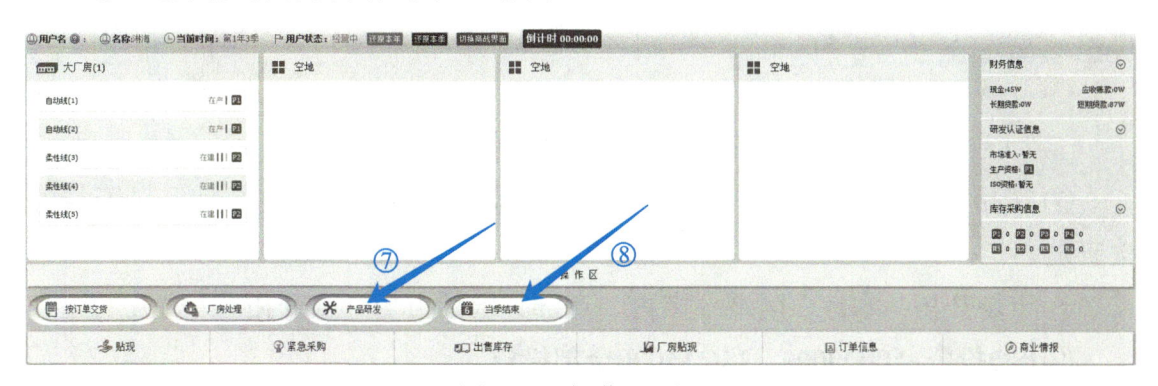

图4-22　操作界面11

（4）第四季度开始，相关界面可参考第二季度。

①申请短贷：29万元。

②更新原料库：入库原料2个R1，支付原料费2万元。

①、②两步操作界面如图4-23所示。

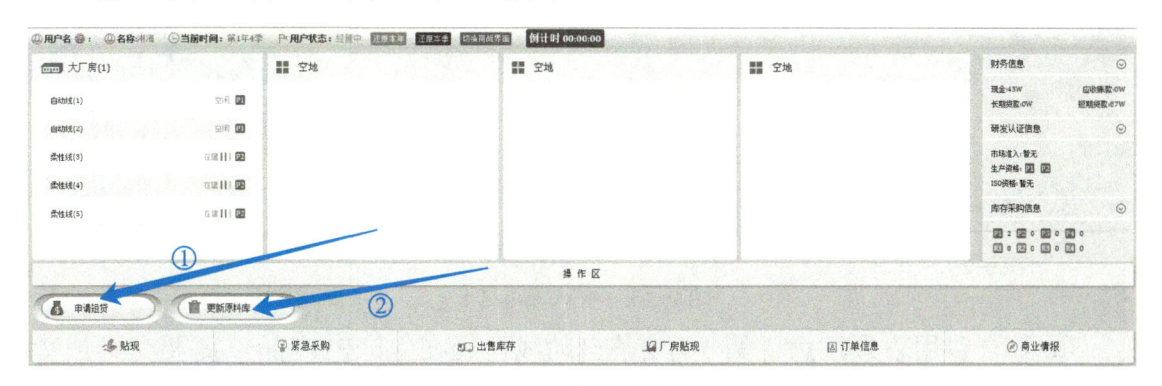

图4-23　操作界面12

③在建生产线：三次建造柔性线。

④开始生产：自动线开始生产P1产品。

⑤订购原料：订购第二年第一季度原料以及第二年第二季度需两季到货原料：5个R1、3个R2。

⑥应收款更新：无。

③~⑥步操作如图4-24所示。

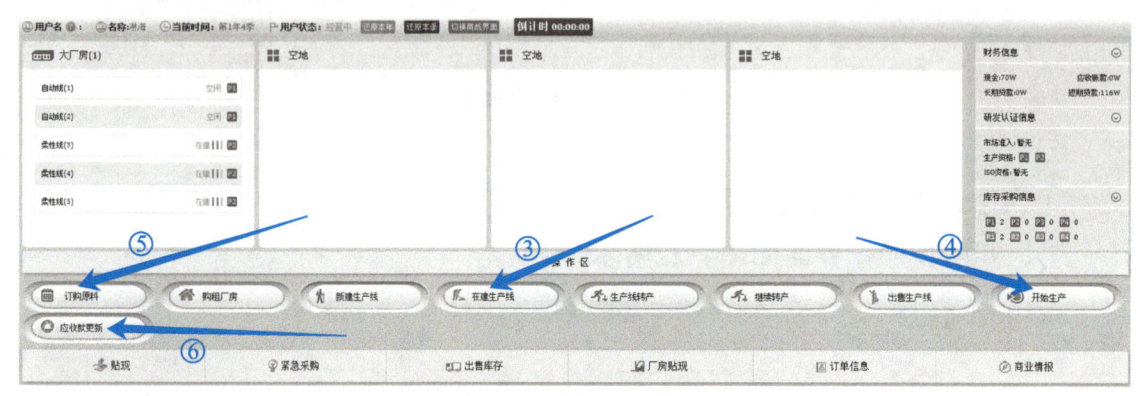

图4-24　操作界面13

⑦产品研发：无，P1产品两季度、P2产品三季度已经研发成功，已无须再次研发。

⑧市场开拓：本地、区域、国内、亚洲、国际市场全部开拓。

⑨ISO投资：ISO9000、ISO14000全部投资。

⑩当季结束，进入下一步——填写报表，填写综合费用表、利润表、资产负债表。

⑦~⑩步操作界面如图4-25所示。

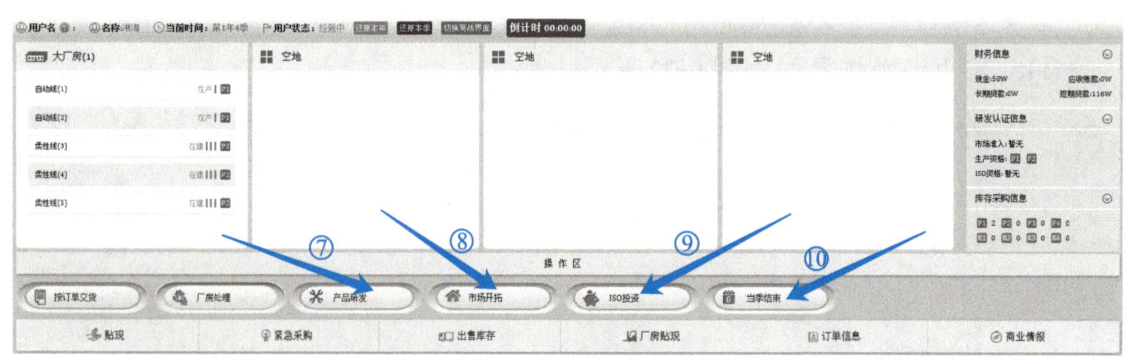

图4-25　操作界面14

⑪综合费用表须注意：第一年2条自动线已经在生产P1产品，需要交维护费每条2万元，合计4万元，如图4-26所示。

项目四　企业经营沙盘模拟（人机对抗）

填写报表	
综合费用表　利润表　资产负债表	
管理费	4 W
广告费	0 W
维护费	4 W
损失	0 W
转产费	0 W
租金	0 W
市场开拓费	8 W
产品研发费	5 W
ISO认证费	5 W
信息费	0 W
合计	26W

图4-26　操作界面15

⑫ 利润表须注意：第一年无产品销售，无销售收入即无销售成本，利润表中综合费用为综合费用表的合计数，如图4-27所示。

填写报表	
综合费用表　利润表　资产负债表	
销售收入	0 W
直接成本	0 W
毛利	0W
综合费用	26 W
折旧前利润	-26W
折旧	0 W
支付利息前利润	-26W
财务费用	0 W
税前利润	-26W
所得税	0 W
年度净利润	-26W

图4-27　操作界面16

⑬ 资产负债表须注意：先把不需要计算的填上，然后再填写要计算的空格，如现金、短期贷款、股东资本，如图4-28所示。

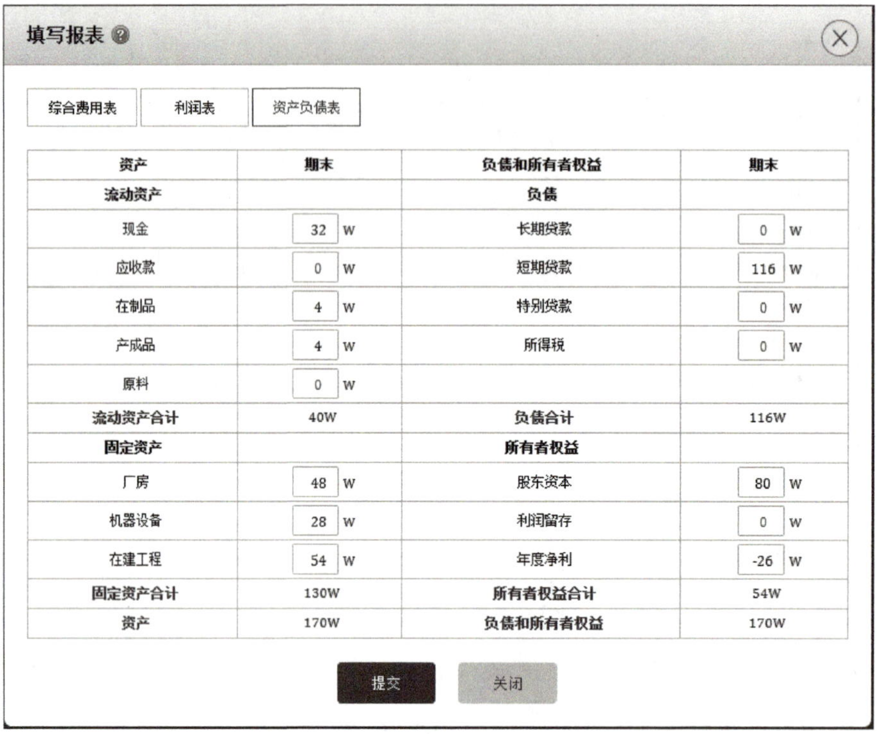
填写报表

综合费用表 | 利润表 | 资产负债表

资产	期末	负债和所有者权益	期末
流动资产		负债	
现金	32 W	长期贷款	0 W
应收款	0 W	短期贷款	116 W
在制品	4 W	特别贷款	0 W
产成品	4 W	所得税	0 W
原料	0 W		
流动资产合计	40W	负债合计	116W
固定资产		所有者权益	
厂房	48 W	股东资本	80 W
机器设备	28 W	利润留存	0 W
在建工程	54 W	年度净利	-26 W
固定资产合计	130W	所有者权益合计	54W
资产	170W	负债和所有者权益	170W

提交 关闭

图4-28 操作界面17

填写完三张报表，在资产负债表界面提交即可。

⑭ 投放广告：根据市场预测表可知，P1、P2两种产品本地、区域、国内三个市场都有，而企业没有过多的现金去投放广告，在平铺广告的基础上需要进行略微修改，如图4-29所示。

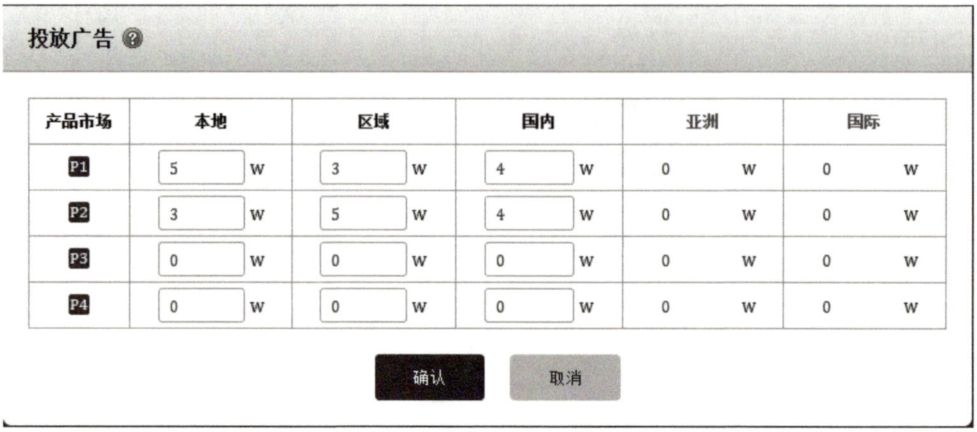
投放广告

产品市场	本地	区域	国内	亚洲	国际
P1	5 W	3 W	4 W	0 W	0 W
P2	3 W	5 W	4 W	0 W	0 W
P3	0 W	0 W	0 W	0 W	0 W
P4	0 W	0 W	0 W	0 W	0 W

确认 取消

图4-29 操作界面18

项目四 企业经营沙盘模拟（人机对抗）

在选单之前，必须计算出生产线的产能，方便选单出货，见表4-9。

表4-9 产品的交货期及数量1

可转产	0	3	3	3
季度	1	2	3	4
P1	4	2	2	2
P2				

表4-9中第一行是可转产的产能，为0、3、3、3，这个产能就是柔性线的产能，即可以选择P1产品的订单，也可以选择P2产品的订单。

表4-9中第二行"季度"就是时间轴，用来表述产品出货时间。

表4-9中第三行"P1"是P1自动线的产能，第一季度4个，其余季度各2个。

表4-9中第四行"P2"表明没有自动线生产P2产品，但可从可转产项中进行转产。

假如在订货会上拿到一张P1产品4交货期4个货的订单，先把P1产品所在行中2个4季度交货的抵消划除，还有2个货可以划除3季度的2个，也可以划除4季度可转产的2个。注意事项：拿到订单划除的时候可以往前划，但是不能往后划。例如：拿了3个3季度的P1，可以划2季度的P1，但是不能划4季度的P1产品。

进入裁判端，在"选单管理"中单击"开始选单"，如图4-30所示，然后快速回到裁判端订货会进行选单。

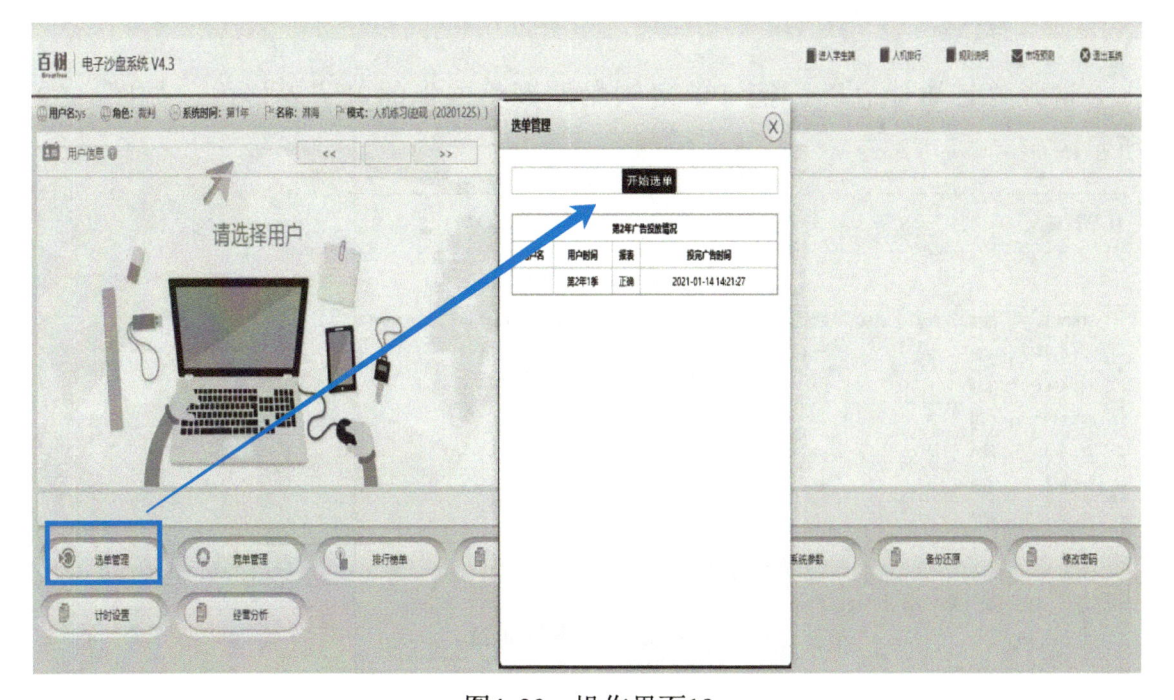

图4-30 操作界面19

进行订货会选单时，要注意上方时间，超时即跳单，如图4-31所示。

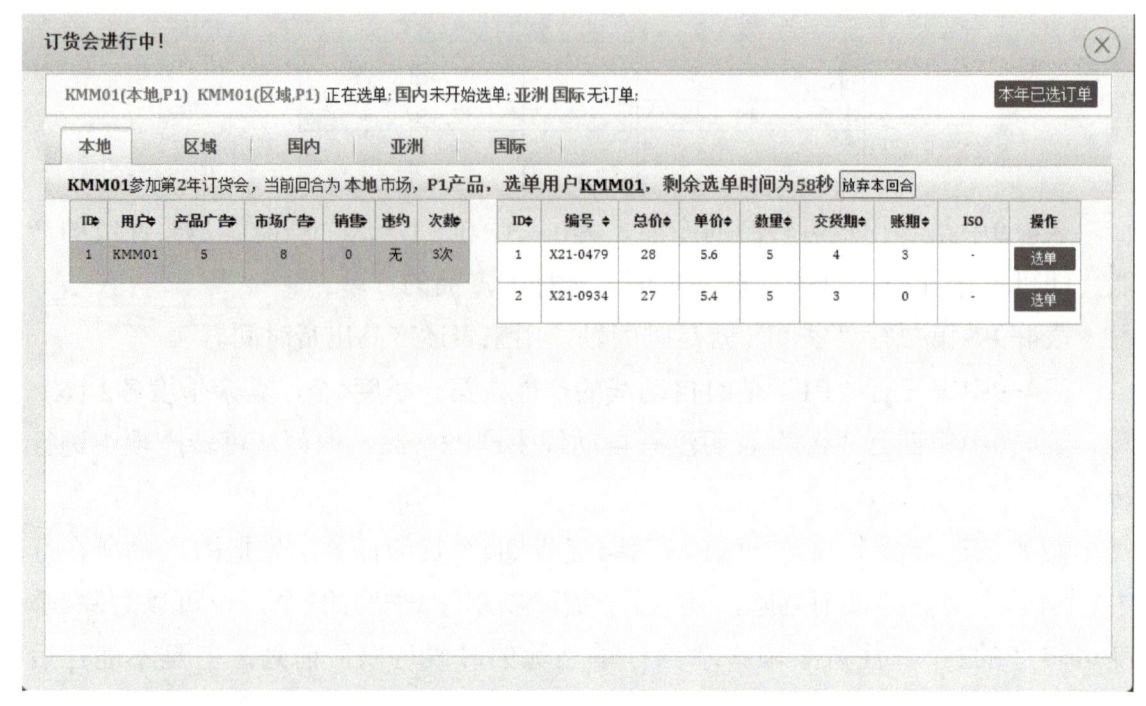

图4-31　操作界面20

（二）第二年预算编制及实操

1. 预算编制

进入"订单信息"，把订单复制粘贴到第二年的电子表格内，如图4-32所示。

图4-32　操作界面21

选中总价，按住"CTRL+H"，查找内容w，全部替换，见表4-10。

表4-10 订单详情表1

订单编号	市场	产品	数量	总价	状态	得单年份	交货期	账期	ISO	交货时间	应收期
X21-0479	本地	P1	5	28W	未交	第2年	4季	3季	-	-	-
X21-0934	本地	P1	5	27W	未交	第2年	3季	0季	-	-	-
X22-0484	区域	P1	1	5W	未交	第2年	4季	0季	-	-	-
X23-0665	国内	P1	1	6W	未交	第2年	4季	2季	-	-	-
X23-0148	国内	P1	1	5W	未交	第2年	1季	2季	-	-	-
X22-0272	区域	P2	6	47W	未交	第2年	3季	2季	-	-	-

根据表4-11进行订单的交货时间排序以及应收期的计算。

表4-11 订单详情表2

订单编号	市场	产品	数量	总价	状态	得单年份	交货期	账期	ISO	交货时间	应收期
X21-0479	本地	P1	5	28	未交	第2年	4季	3季	-	4	7
X21-0934	本地	P1	5	27	未交	第2年	3季	0季	-	2	2
X22-0484	区域	P1	1	5	未交	第2年	4季	0季	-	3	3
X23-0665	国内	P1	1	6	未交	第2年	4季	2季	-	3	5
X23-0148	国内	P1	1	5	未交	第2年	1季	2季	-	1	3
X22-0272	区域	P2	6	47	未交	第2年	3季	2季	-	3	5

注意事项：应收期=交货时间+账期（交货时间为刚排出可交货时间而不是订单的交货期，因为是可以提前交货的）。

根据表4-12进行应收款表格的填写。第一季对应应收期1，第二季对应应收期2，第三季对应应收期3，第四季对应应收期4，下年一季对应应收期5，下年二季对应应收期6，下年三季对应应收期7，下年四季对应应收期8。

表4-12 应收款表1

应收款	第一季	第二季	第三季	第四季		下年一季	下年二季	下年三季	下年四季
上年未收	0	0	0	0	应收	52		28	
当季增加		27	10		一次贴现				
一次贴现					二次贴现				
二次贴现					三次贴现				
三次贴现					四次贴现				
四次贴现					当季剩余	52	0	28	0
当季剩余	0	27	10	0					

填写销售统计表时，产品的数量一定要填写正确，销售额可以填写相应产品的销售额之和，也可以直接填写所有产品的合计，见表4-13。

表4-13 销售统计表1

销售统计表	P1	P2	P3	P4
数量	13	6		
销售额		118		
成本	26	18	0	0
毛利	-26	100	0	0

原料采购表的重新规划，如P2只拿了6个货3交货期的一张订单，那只要第二年第一季、第二季生产P2就够了，P1的销售额是13个产品，自动线可生产出的产品只有10个，所以柔性线第三季还需要生产P1，见表4-14。

表4-14 第二年采购表

年份/时间	小 1线	小 2线	中 3线	大 4线		原料费用	原料订购 R1	R2	R3	R4	工人工资
一年.1						0	0	0	0	0	0
一年.2						0	2	0	0	0	0
一年.3	p1	p1				2	2	3	0	0	2
一年.4	p1	p1				2	5	3	0	0	2
二年.1	p1	p1	p2	p2	p2	8	5	3	0	0	5
二年.2	p1	p1	p2	p2	p2	8	5	3	0	0	5
二年.3	p1	p1	p1	p1	p1	5	5	3	0	0	5
二年.4	p1	p1	p2	p2	p2	8	5	3	0	0	5
三年.1	p1	p1	p2	p2	p2	8	5	3	0	0	5
三年.2	p1	p1	p2	p2	p2	8	5	3	0	0	5
三年.3	p1	p1	p2	p2	p2	8	5	0	0	0	5
三年.4	p1	p1	p2	p2	p2	8	0	0	0	0	5
四年.1						0	0	0	0	0	0
四年.2						0	0	0	0	0	0
四年.3						0	0	0	0	0	0
四年.4						0	0	0	0	0	0

①第二年投放广告的金额之和。

②根据规则来填写维护费（2条自动线、3条柔性线）、折旧（2条自动线）、市场开拓（亚洲、国际）、ISO认证。

③④：根据四舍五入的贷款利息规则进行最优贷款额度修改。贷款后发现季初现金、季中现金盘点、年末现金都没有出现负数，就不需要进行应收款的贴现。

⑤在制品：第二年第四季度还在生产的产品成本，为2个P1产品、3个P2产品。

⑥机器与设备：期初机器与设备加期初在建工程减折旧而得。

第二年预算见表4-15。

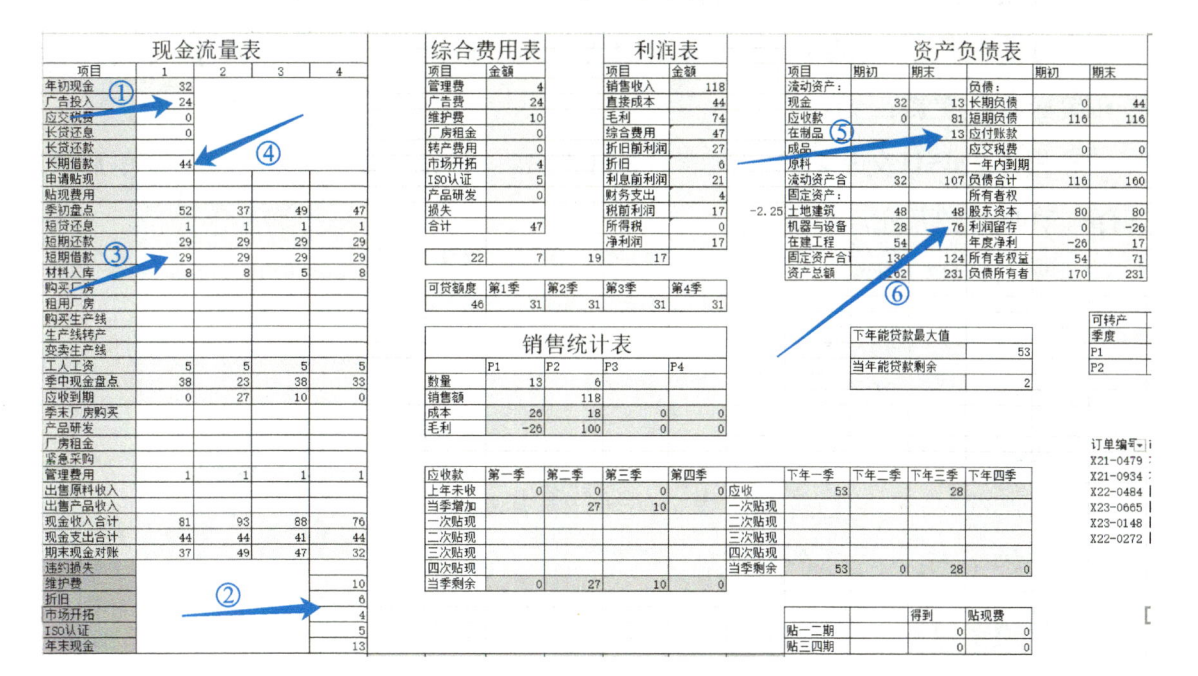

表4-15 第二年预算表

2. 实操

（1）第一季度操作。

① 申请长贷：44万元。注意事项：长贷默认1年，需要自行选择3年。步骤图可参考第一年，下文不再赘述。

② 当季开始：进入第一季度。

③ 申请短贷：29万元。

④ 更新原料库：入库原料5个R1、3个R2。

⑤ 开始生产：生产2个P1产品、3个P2产品。

⑥ 订购原料：订购第二年第一季度所需的原料。

⑦ 应收款更新：无。

⑧ 根据表4-11交货，就提交一张X23-0148，按预算交单。

⑨ 结束第一季，进入第二季。

（2）第二季度操作。

① 申请短贷：29万元。

② 更新原料库。

③开始生产：生产2个P1产品、3个P2产品。

④订购原料：订购第二年第二季度所需的原料。

⑤应收款更新：无。

⑥根据表4-11交货，就提交一张X21-0934。该订单账期是0，交完订单后现金会自动增加27万元。

⑦当季结束，扣除管理费。

（3）第三季度操作。

①申请短贷：29万元。

②更新原料库。

③生产线转产：把3条柔性线全部转产，用来生产P1产品。

④开始生产：生产5个P1产品。

⑤订购原料：订购第二年第三季度所需的原料。

⑥应收款更新：5万元。

⑦根据表4-11交货。

⑧当季结束，扣除管理费。

（4）第四季度操作。

①申请短贷：29万元。

②更新原料库。

③生产线转产：把3条柔性线全部转产，用来生产P2产品。

④开始生产：2个P1产品，3个P2产品。

⑤订购原料：订购第二年第四季度所需的原料。

⑥应收款更新：无。

⑦市场开拓：亚洲、国际市场开拓。

⑧ISO投资：ISO9000、ISO14000全部投资。

⑨根据表4-11交货。

⑩当季结束。

当季结束后，填写报表，如图4-33～图4-35所示。

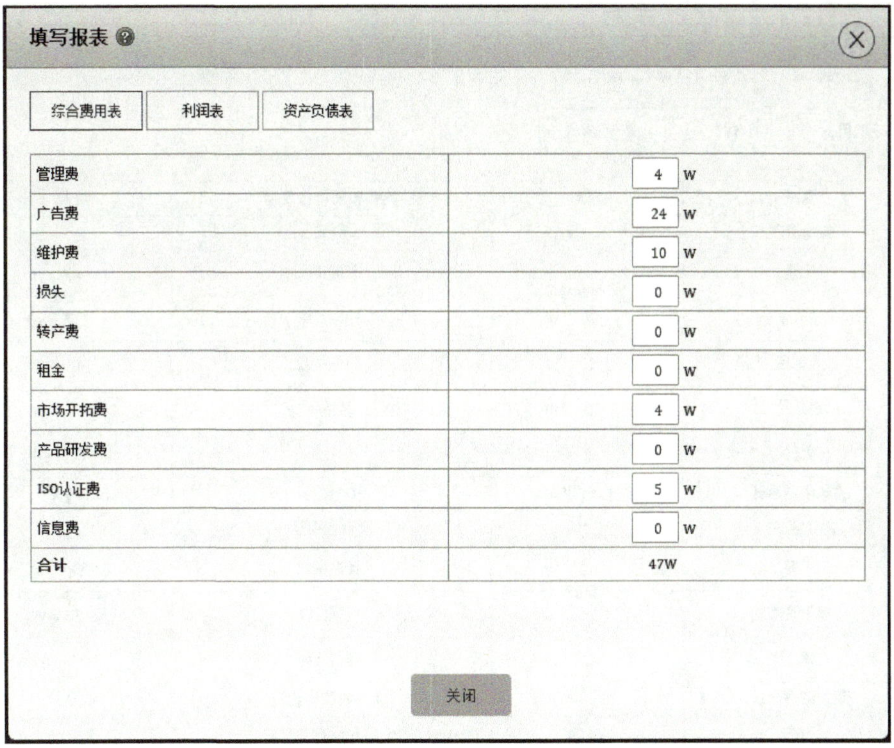

项目四　企业经营沙盘模拟（人机对抗）

填写报表

[综合费用表] 利润表 资产负债表

项目	金额
管理费	4 W
广告费	24 W
维护费	10 W
损失	0 W
转产费	0 W
租金	0 W
市场开拓费	4 W
产品研发费	0 W
ISO认证费	5 W
信息费	0 W
合计	47W

关闭

图4-33　填写综合费用表

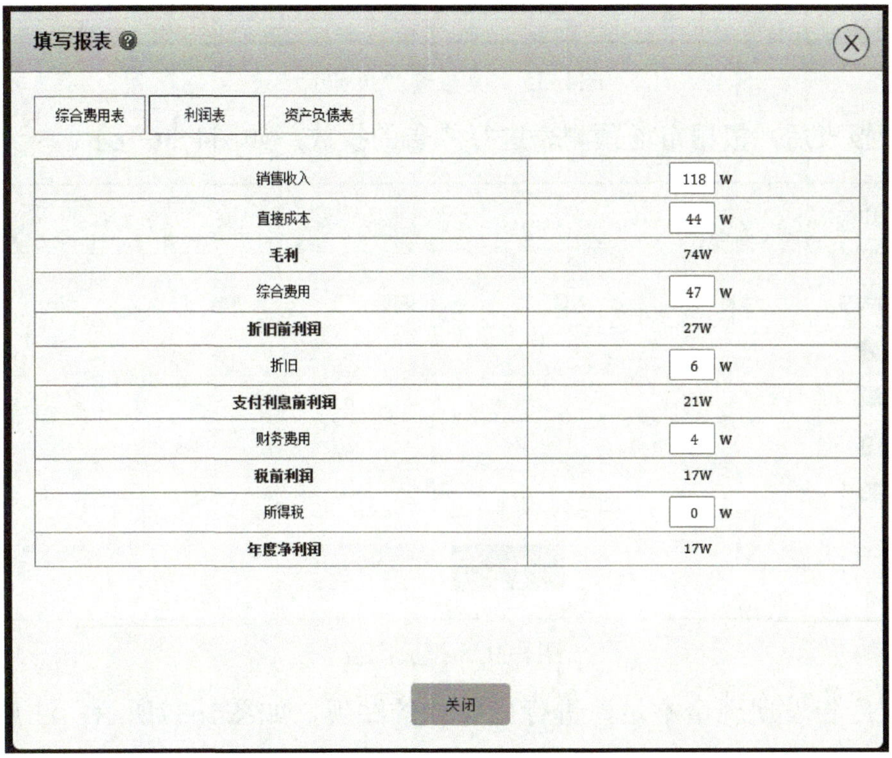

填写报表

综合费用表 [利润表] 资产负债表

项目	金额
销售收入	118 W
直接成本	44 W
毛利	74W
综合费用	47 W
折旧前利润	27W
折旧	6 W
支付利息前利润	21W
财务费用	4 W
税前利润	17W
所得税	0 W
年度净利润	17W

关闭

图4-34　填写利润表

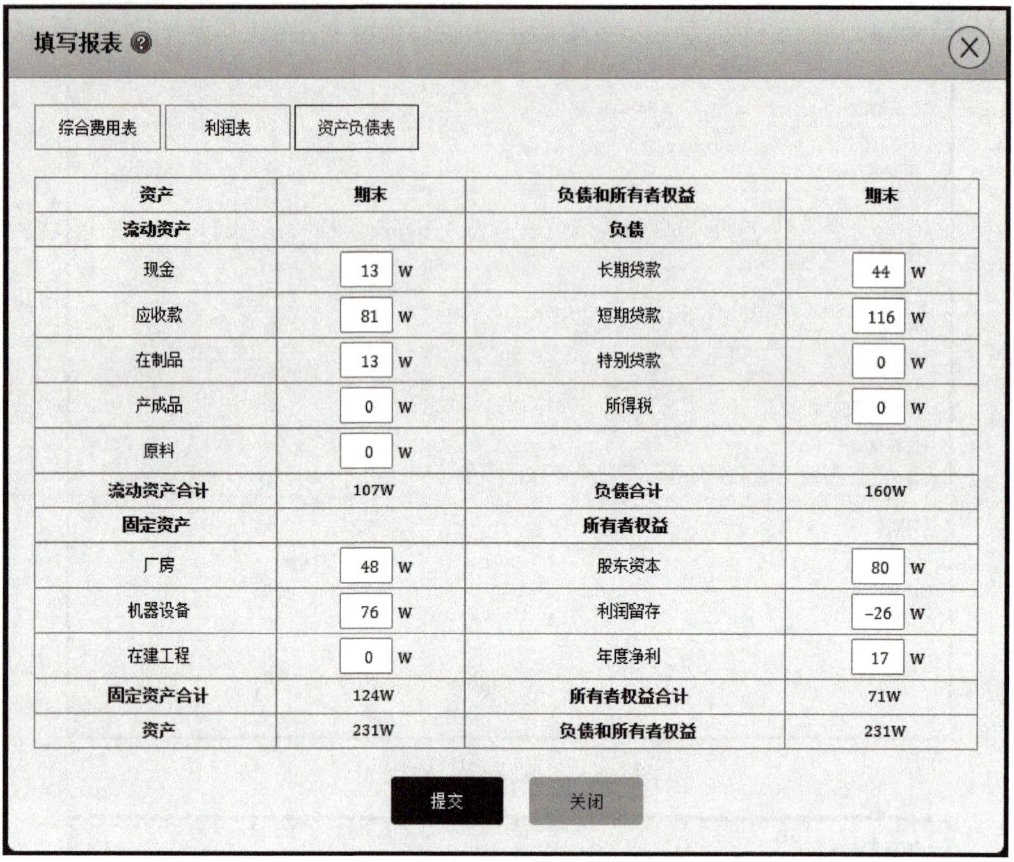
填写报表
综合费用表
利润表
资产负债表
资产
期末
负债和所有者权益
期末
流动资产
负债
现金
13 W
长期贷款
44 W
应收款
81 W
短期贷款
116 W
在制品
13 W
特别贷款
0 W
产成品
0 W
所得税
0 W
原料
0 W
流动资产合计
107W
负债合计
160W
固定资产
所有者权益
厂房
48 W
股东资本
80 W
机器设备
76 W
利润留存
-26 W
在建工程
0 W
年度净利
17 W
固定资产合计
124W
所有者权益合计
71W
资产
231W
负债和所有者权益
231W
提交
关闭

图4-35　填写资产负债表

填写报表后，根据市场预测表进行广告的投放，如图4-36所示。

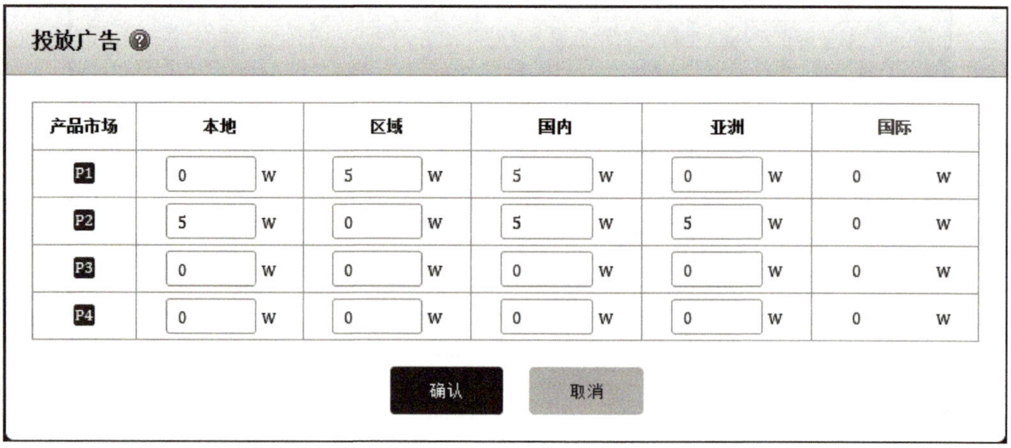
投放广告
产品市场
本地
区域
国内
亚洲
国际
P1
0 W
5 W
5 W
0 W
0 W
P2
5 W
0 W
5 W
5 W
0 W
P3
0 W
0 W
0 W
0 W
0 W
P4
0 W
0 W
0 W
0 W
0 W
确认
取消

图4-36　投放广告

投放广告发现现金不足，进行应收款的贴现，如图4-37所示。注意：从账期长的应收款开始贴现。贴现完返回投放广告。

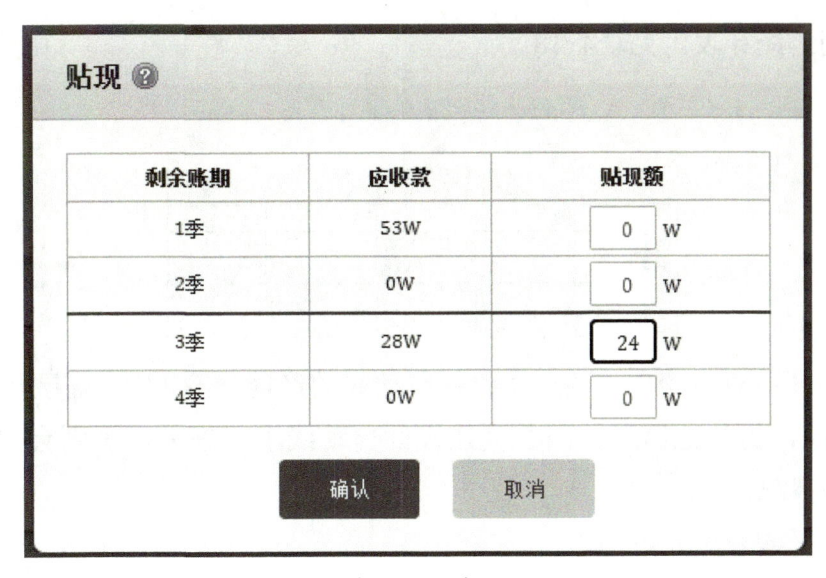

项目四　企业经营沙盘模拟（人机对抗）

图4-37　贴现

（三）第三年预算编制及实操

1. 预算编制

根据产品的数量以及交货期进行订单的交货时间确定，再根据交货时间加账期确定应收期，见表4-16。

表4-16　订单详情表3

订单编号	市场	产品	数量	总价	状态	得单年份	交货期	账期	ISO	交货时间	应收期
X32-0244	区域	P1	2	12	未交	第3年	4季	2季	—	1	3
X33-0246	国内	P1	6	36	未交	第3年	4季	4季	14K	4	8
X33-0225	国内	P1	3	19	未交	第3年	4季	2季	—	3	5
X31-0492	本地	P2	1	6	未交	第3年	4季	0季	14K	3	3
X33-0430	国内	P2	3	21	未交	第3年	3季	3季	—	2	5
X34-0194	亚洲	P2	3	22	未交	第3年	3季	3季	14K	1	4

①应收款贴现增加现金，同时应减少应收款。

②应收款表格中应收款增加。

应收款见表4-17。

表4-17　应收款表2

应收款	第一季	第二季	第三季	第四季		下年一季	下年二季	下年三季	下年四季
上年未收	53	0	28	0	应收	40			36
当季增加			18	22	一次贴现				
一次贴现			24		二次贴现				
二次贴现					三次贴现				
三次贴现					四次贴现				
四次贴现					当季剩余	40	0	0	36
当季剩余	53	0	22	22					

填写销售统计表，见表4-18。

表4-18　销售统计表2

销售统计表	P1	P2	P3	P4
数量	11	7		
销售额		116		
成本	22	21	0	0
毛利	-22	95	0	0

第三年订单有11个P1产品，而2条自动线的产能只有8个，需要用柔性线转产3个P1产品，另外把第三、四季度建设的自动线填写进去，否则会出现下一年原料短缺的情况。

第三年采购表见表4-19。

表4-19　第三年采购表

年份/时间	小 1线	中 2线	大 3线	大 4线	小 1线	中 2线	大 3线	大 4线	原料费用	R1	R2	R3	R4	工人工资
一年.1									0	0	0	0	0	0
一年.2									0	2	0	0	0	0
一年.3	p1	p1							2	2	3	0	0	2
一年.4	p1	p1							2	5	3	0	0	2
二年.1	p1	p1	p2	p2	p2				8	5	0	0	0	5
二年.2	p1	p1	p2	p2	p2				8	5	3	0	0	5
二年.3	p1	p1	p1	p1	p1				5	5	3	0	0	5
二年.4	p1	p1	p2	p2	p2				8	5	0	0	0	5
三年.1	p1	p1	p2	p2	p2				8	5	3	0	0	5
三年.3	p1	p1	p1	p1	p1				5	5	3	0	0	5
三年.4	p1	p1	p2	p2					8	7	3	0	0	5
四年.1	p1	p1	p2	p2	p1	p1			10	7	0	0	0	5
四年.2	p1	p1	p2	p2	p2	p1			10	7	0	0	0	5
四年.3	p1	p1	p2	p2	p2	p1	p1		10	0	0	0	0	5
四年.4									0	0	0	0	0	0

③投放广告时间为第三年第一季度，所以贴现应该放到第三年第一季度。

④根据广告投放情况进行广告投入的金额填写。

⑤长期借款的最低贷款金额为第一季度归还短期借款本息之和，如果当年净利润为负数，建议尽量多贷长期借款，以防无力支付下一年短期借款的本息。

⑥第三年有2条自动线、3条柔性线，折旧费总和为18万元。

⑦第二年的销售情况非常优异，产生了17万元的净利润，可以在第三年第三季度购买一个小厂房，在第三季度、第四季度建设2条自动线用以在第四年生产P1产品。

⑧在上年贷款额度的基础上再申请剩余短期贷款额度。

⑨第三年的产品没有全部出售，所以有库存产成品。

⑩土地建筑：已经拥有产品的购买价值，所以这里是两个厂房的价值之和。

机器与设备：一般情况下就是年初的机器与设备加在建工程减折旧费。

在建工程：第三、四季度在建的自动线就是在建工程。

第三年预算见表4-20。

表4-20 第三年预算表

2. 实操

（1）第一季度实操。

①申请长贷：30万元。

②当季开始，进入第一季。

③申请短贷：29万元。

④更新原料库：5个R1，3个R2。

⑤开始生产：2个P1产品、3个P2产品。

⑥订购原料：根据采购表订购原料。

⑦应收款更新：53万元。

⑧根据表4-16交货。

⑨当季结束，进入第二季。

（2）第二季度实操。

①申请短贷：29万元。

②更新原料库。

③开始生产：2个P1产品，3个P2产品。

④订购原料。

⑤应收款更新：无。

⑥根据表4-16交货。

⑦当季结束，进入第三季。

（3）第三季度实操。

①申请短贷：29万元。

②更新原料库。

③生产线转产：用P2产品的柔性线转产P1产品。

④开始生产：5个P1产品。

⑤订购原料。

⑥购租厂房：购买小厂房。

⑦新建生产线：2条生产P1产品的自动线。

⑧应收款更新：22万元。

⑨根据表4-16交货。

⑩当季结束，进入第四季。

（4）第四季度实操。

①申请短贷：49万元，为了第四年的广告费充裕。

②更新原料库。

③在建生产线：建造2条自动线。

④生产线转产：3条柔性线转产P2产品。

⑤开始生产：生产2个P1产品、3个P2产品。

⑥订购原料。

⑦应收款更新：22万元。

⑧根据表4-16交货。

⑨市场开拓：开拓国际市场。

⑩当季结束，进入下一步——填写报表，如图4-38～图4-40所示。

项目四 企业经营沙盘模拟（人机对抗）

填写报表

综合费用表	利润表	资产负债表

管理费	4 W
广告费	25 W
维护费	10 W
损失	0 W
转产费	0 W
租金	0 W
市场开拓费	2 W
产品研发费	0 W
ISO认证费	0 W
信息费	0 W
合计	41W

关闭

图4-38　填写综合费用表

填写报表

综合费用表	利润表	资产负债表

销售收入	116 W
直接成本	43 W
毛利	73W
综合费用	41 W
折旧前利润	32W
折旧	18 W
支付利息前利润	14W
财务费用	11 W
税前利润	3W
所得税	0 W
年度净利润	3W

关闭

图4-39　填写利润表

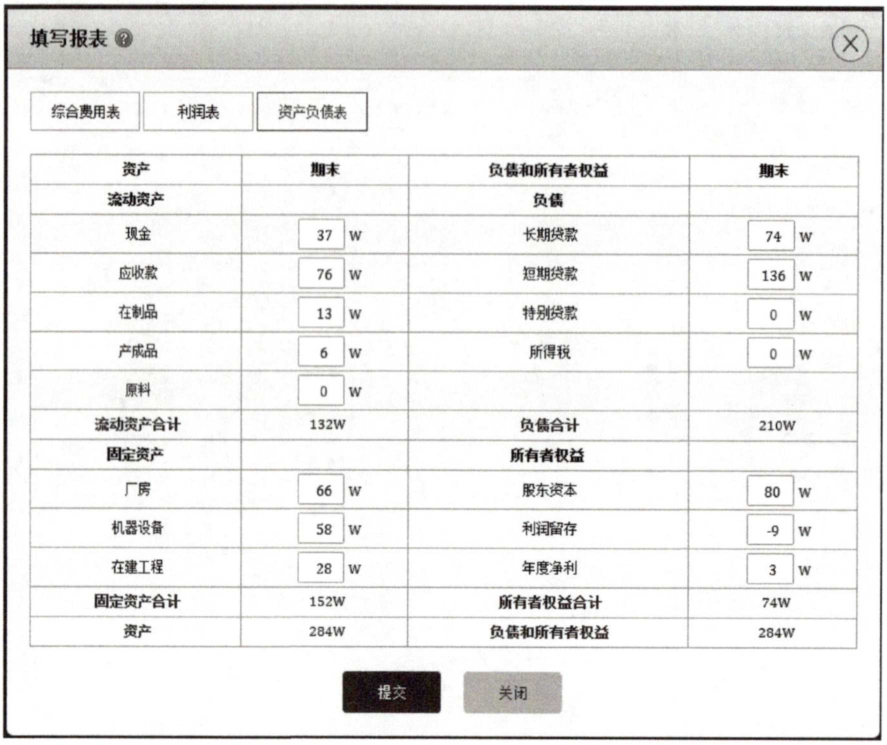

填写报表

综合费用表 利润表 资产负债表

资产	期末	负债和所有者权益	期末
流动资产		负债	
现金	37 W	长期贷款	74 W
应收款	76 W	短期贷款	136 W
在制品	13 W	特别贷款	0 W
产成品	6 W	所得税	0 W
原料	0 W		
流动资产合计	132W	负债合计	210W
固定资产		所有者权益	
厂房	66 W	股东资本	80 W
机器设备	58 W	利润留存	-9 W
在建工程	28 W	年度净利	3 W
固定资产合计	152W	所有者权益合计	74W
资产	284W	负债和所有者权益	284W

提交 关闭

图4-40 填写资产负债表

根据市场预测表进行广告投放，如图4-41所示。

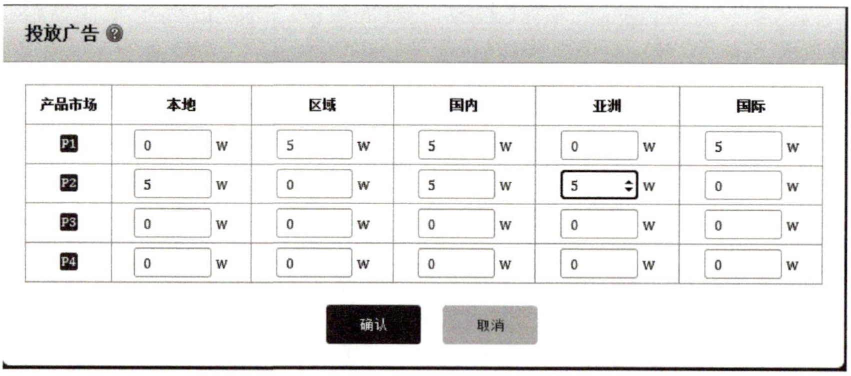

投放广告

产品市场	本地	区域	国内	亚洲	国际
P1	0 W	5 W	5 W	0 W	5 W
P2	5 W	0 W	5 W	5 W	0 W
P3	0 W	0 W	0 W	0 W	0 W
P4	0 W	0 W	0 W	0 W	0 W

确认 取消

图4-41 投放广告

（四）第四年预算编制及实操

1. 预算编制

根据产能对订单的交货时间进行排序，再根据交货时间以及账期来计算应收期。这里会发现多拿了2个P1产品订单，所以需要紧急采购2个P1产品。订单详情见表4-21。

表4-21 订单详情表4

订单编号	市场区域	产品	数量	总价	状态	得单年份	交货期	账期	ISO	交货时间	应收期
X42-0368	区域	P1	4	21	未交	第4年	4季	1季	9K	4	5
X43-0161	国内	P1	3	16	未交	第4年	2季	3季	9K	2	5
X45-0519	国际	P1	6	36	未交	第4年	3季	3季	9K	3	6
X45-0049	国际	P1	3	17	未交	第4年	4季	3季	9K 14K	1	5
X41-0212	本地	P2	6	42	未交	第4年	3季	2季	9K 14K	3	5
X43-0583	国内	P2	1	6	未交	第4年	4季	1季	9K	4	5
X44-0167	亚洲	P2	5	37	未交	第4年	3季	3季	9K	1	4

根据订单信息以及拥有的产品数量可以得出生产14个P1产品、12个P2产品以及库存2个P2产品，由此对采购表进行修改，柔性线第三季度少生产2个P2产品，自动线全部生产P1产品，再紧急采购2个P1产品。第四年采购表见表4-22。

表4-22 第四年采购表

年份/时间	小 1线	中 2线	大 3线	4线	小 1线	中 2线	大 3线	4线	原料费用	R1	R2	R3	R4	工人工资
一年.1									0	0	0	0	0	0
一年.2									0	2	0	0	0	0
一年.3	p1	p1							2	2	3	0	0	2
一年.4	p1	p1							2	5	3	0	0	2
二年.1	p1	p1	p2	p2	p2				8	5	0	0	0	5
二年.2	p1	p1	p2	p2	p2				8	5	3	0	0	5
二年.3	p1	p1	p1	p1	p1				5	5	0	0	0	5
二年.4	p1	p1	p2	p2	p2				8	5	0	0	0	5
三年.1	p1	p1	p2	p2	p2				8	5	3	0	0	5
三年.2	p1	p1	p2	p2	p2				8	5	3	0	0	5
三年.3	p1	p1	p1	p1	p1				5	5	3	0	0	5
三年.4	p1	p1	p2	p2	p2				8	7	3	0	0	5
四年.1	p1	p1	p2	p2	p2	p1	p1		10	7	1	0	0	7
四年.2	p1	p1	p2	p2	p2	p1	p1		10	5	0	0	0	7
四年.3	p1	p1	p2			p1	p1		6	0	0	0	0	5
四年.4									0	0	0	0	0	0

①进行应收款的增加。

②根据销售统计表填写。

③根据产能和销售量发现缺少2个P1产品，在第一、三季度时各紧急采购一个。

④在上年的基础上增加了2条自动线的维护费。

⑤填写广告费。

⑥参考上一年度每一季度的设计借入短期贷款。

⑦借入可借入的全部长期贷款，这是最后一年所以无须考虑长期贷款。

⑧根据现金流量表进行贴现，使资金流充裕，不会出现资金断流。

⑨损失包含紧急采购原料、紧急采购产品、出售生产线、违约损失、出售原料。紧急采购产品也是损失，损失计算方式：紧急采购价格−成本。

⑩土地建筑：没有购买厂房，所以期末等于期初。

机器与设备：期初机器与设备加在建工程减折旧。

第四年预算见表4-23。

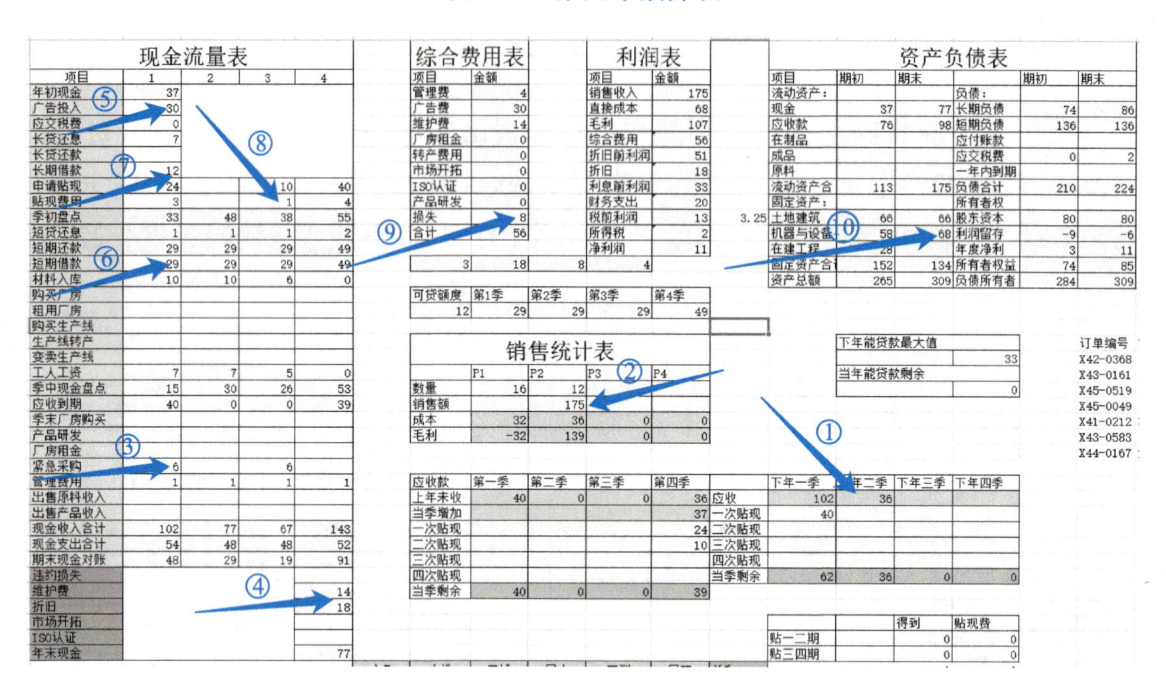

表4-23　第四年预算表

2. 实操

（1）第一季度实操。

① 申请长贷：12万元。

② 因资金不足以偿还短期借款本息，需要把第四季度应收款24万元进行贴现。

③ 当季开始，进入第一季度。

④ 申请短贷：29万元。

⑤ 更新原料库：7个R1、3个R2。

⑥ 开始生产：4个P1产品、3个P2产品。

⑦ 订购原料。

⑧ 应收款更新：40万元。

⑨ 根据表4-21交货。此时，P1产品的订单无法提交，需要紧急采购1个P1产品。

⑩ 当季结束，进入第二季度。

（2）第二季度实操。

①申请短贷：29万元。

②更新原料库。

③开始生产。

④订购原料。

⑤应收款更新：无。

⑥根据表4-21交货。

⑦当季结束，进入第三季度。

（3）第三季度实操。

进入第三季度后，现金已无力偿还短期借款本息，需要进行应收款的贴现。由于已经是最后一年，不需考虑第五年的资金流，所以对两个账期的应收款进行贴现。

①申请短贷：29万元。

②更新原料库。

③开始生产：4个P1产品、2个P2产品，2条柔性线停产。

④应收款更新：无。

⑤根据表4-21交货。此时，缺少一个P1产品，紧急采购一个P1产品。

⑥当季结束，进入第四季度。

（4）第四季度实操。

当季无法开始，现金不足以支付短期借款及其利息，根据现金流量表需贴现40万元。

①申请短贷：49万元。

②更新原料库：无。

③应收款更新：39万元。

最后一季度的生产线是不需要生产的，因为本规则不做第五年。

④根据表4-21交货，把剩余的订单提交。

⑤当季结束，填写报表，如图4-42～图4-44所示。

企业经营沙盘模拟教程（创业者版）

填写报表

| 综合费用表 | 利润表 | 资产负债表 |

管理费	4 W
广告费	30 W
维护费	14 W
损失	8 W
转产费	0 W
租金	0 W
市场开拓费	0 W
产品研发费	0 W
ISO认证费	0 W
信息费	0 W
合计	56W

关闭

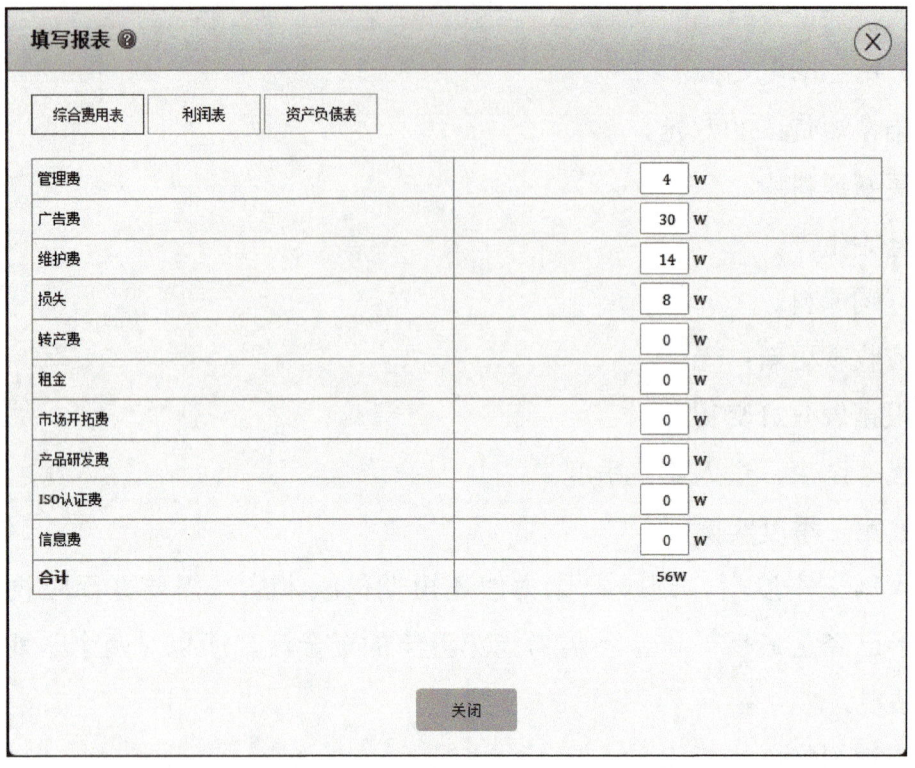

图4-42　填写综合费用表

填写报表

| 综合费用表 | 利润表 | 资产负债表 |

销售收入	175 W
直接成本	68 W
毛利	107W
综合费用	56 W
折旧前利润	51W
折旧	18 W
支付利息前利润	33W
财务费用	20 W
税前利润	13W
所得税	2 W
年度净利润	11W

关闭

图4-43　填写利润表

图4-44 填写资产负债表

任务五 方案二运营实操

P1、P3、P4产品组合策略：不走大众化路线，第一年只做P1产品，市场相对来说很大。

一、方案策略

（1）产品研发策略：第一年第一、二季度开始研发P1产品（为了保持权益，不研发P3、P4产品），在第二年和第三年销售良好的情况下分别研发P3、P4产品。

（2）生产线策略：第一年第一、二季度建造2条自动线生产P1产品，第二、三、四季度建造3条柔性线，用于第二年生产P1产品，在第三年可以转产生产P3产品，在资金充裕的前提下建造自动线或者柔性线，在资金不足的情况下选择租赁线。

（3）广告策略：第一年由于只生产P1一种产品，必须提高广告费。由于第三年P3产品的利润非常高，第三年研发P3产品并把广告费的重心放到P3产品上。

（4）市场开拓、ISO认证：由于人机系统没有详单，为了避免风险，ISO必须全部开放。在市场开发方面，根据所研发产品而定，第二年P1产品在本地、区域、国内这些市场都有订单，则需要全部开发。如果第二年研发P3产品，市场全都需要开发；如果第二年研发P4产品，亚洲市场可以暂不开发，P4产品第三年没有市场。

二、方案实操

（一）第一年预算编制及实操

1. 预算编制

① 制作预算表，购买一个大厂房。

② 第一、二季度建造2条自动线，用以在第三季度生产P1产品；第二、三、四季度建造3条柔性线。

③ 研发P1产品。

④ 维护费：2条已经生产的自动线需要交纳维护费。

市场开拓：本地、区域、国内、亚洲、国际市场全部开拓。

ISO认证：ISO 9000、ISO 14000全开。

根据规则进行采购表格的修改，以及生产线的铺设，用以方便自动计算原料费用、原料订购、工人工资，见表4-24。

表4-24 第一年采购表

年份/时间	小1线	小2线	中3线	大4线	小1线	小2线	中3线	大4线	小1线	小2线	中3线	大4线	原料费用	R1	R2	R3	R4	工人工资
一年.1													0	0	0	0	0	0
一年.2	Z	Z											0	2	0	0	0	0
一年.3	p1	p1											2	2	0	0	0	2
一年.4	p1	p1	R	R	R								2	5	0	0	0	2
二年.1	p1	p1	p1	p1	p1								5	5	0	0	0	5
二年.2	p1	p1	p1	p1	p1								5	5	0	0	0	5
二年.3	p1	p1	p1	p1	p1								5	5	0	0	0	5
二年.4	p1	p1	p1	p1	p1								5	0	0	0	0	5
三年.1													0	0	0	0	0	0
三年.2													0	0	0	0	0	0
三年.3													0	0	0	0	0	0
三年.4													0	0	0	0	0	0
四年.1													0	0	0	0	0	0
四年.2													0	0	0	0	0	0
四年.3													0	0	0	0	0	0
四年.4													0	0	0	0	0	0

⑤借入短期借款，使得资金充裕。

⑥在制品：第四季正在生产2个P1产品。

产成品：已经生产好的2个P1产品。

⑦土地建筑：已购价值48万元的厂房。

机器与设备：已经可以生产的生产线。

在建工程：正在建造的3条柔性线。

第一年预算表见表4-25。

表4-25 第一年预算表

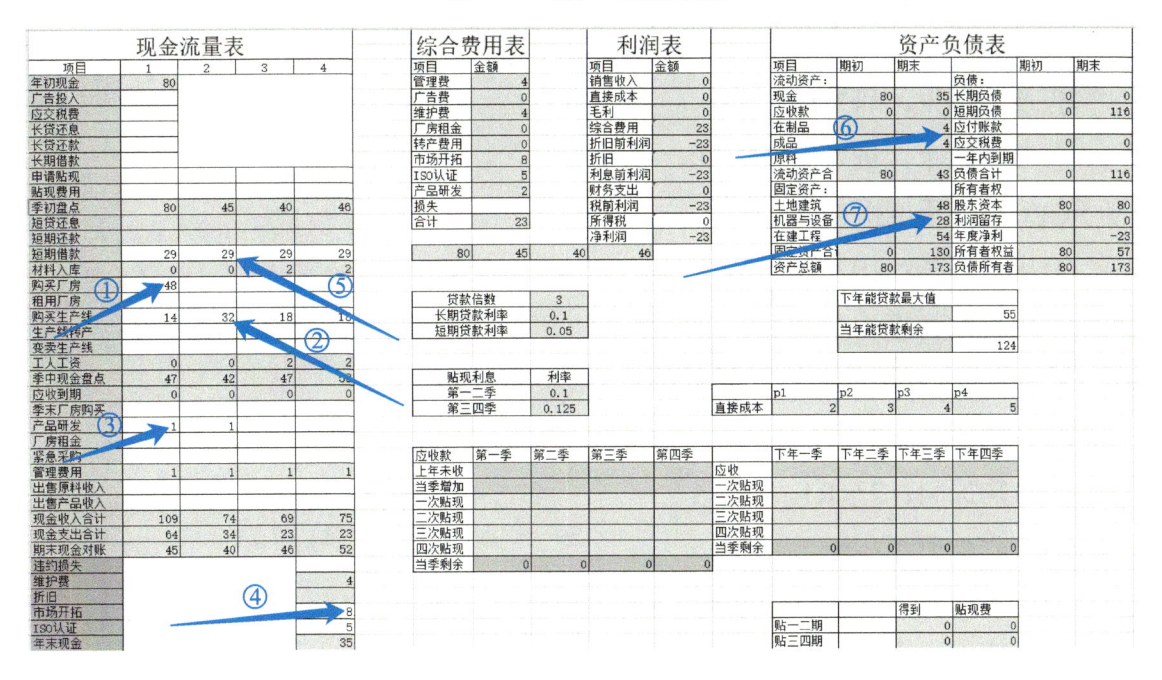

2. 实操

（1）第一季度操作。

①申请长贷：无（第一年申请长贷第四年需归还本金及利息）。

②当季开始，进入第一季度。

③申请短贷：29万元。

④更新原料库。

⑤购租厂房：购买一个大厂房。

⑥新建生产线：新建2条生产P1产品的自动线。

⑦应收款更新。

⑧产品研发：研发P1产品。

⑨当季结束，开始第二季度。

（2）第二季度操作。

①申请短贷：29万元。

②更新原料库。

③在建生产线：在建2条自动线生产P1产品。

④新建生产线：新建3条柔性线。

⑤订购原料：订购2个R1用于第三季度生产P1产品。

⑥应收款更新：无。

⑦产品研发：研发P1产品。

⑧当季结束，进入第三季度。

（3）第三季度操作。

①申请短贷：29万元。

②更新原料库：2个R1。

③在建生产线：在建3条柔性线。

④开始生产：2个P1产品。

⑤订购原料：2个R1。

⑥应收款更新：无。

⑦当季结束，开始第四季度。

（4）第四季度操作。

①申请短贷：29万元。

②更新原料库：2个R1。

③在建生产线：3条柔性线。

④开始生产：2个P1产品。

⑤订购原料：5个R1。

⑥应收款更新：无。

⑦市场开拓：本地、区域、国内、亚洲、国际市场全开。

⑧ISO投资：全部投资。

⑨当季结束，填写报表，如图4-45～图4-47所示。

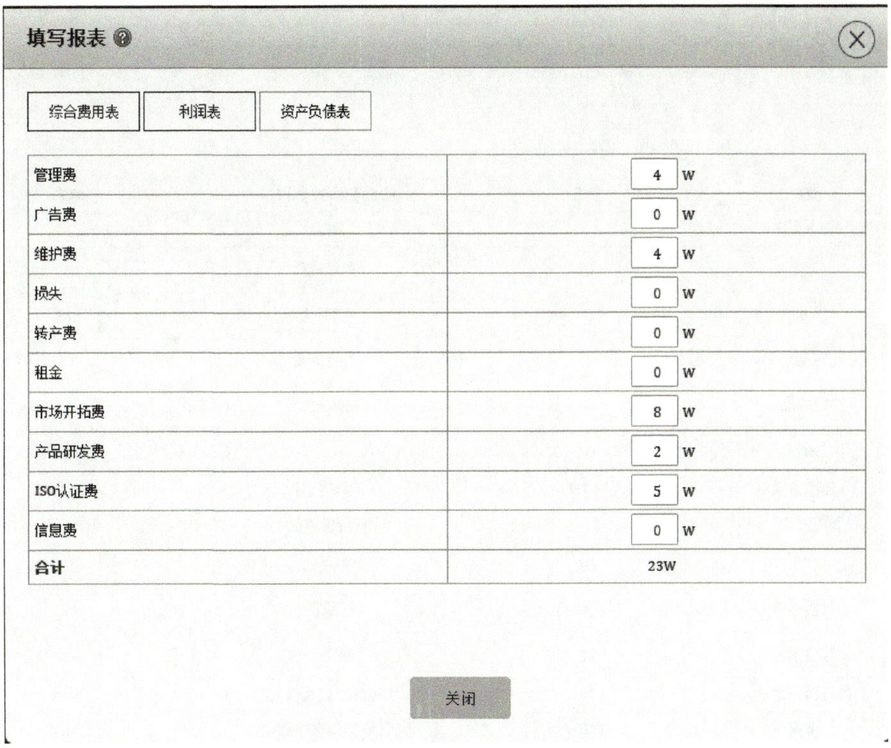

项目四　企业经营沙盘模拟（人机对抗）

填写报表

综合费用表 | 利润表 | 资产负债表

项目	金额
管理费	4 W
广告费	0 W
维护费	4 W
损失	0 W
转产费	0 W
租金	0 W
市场开拓费	8 W
产品研发费	2 W
ISO认证费	5 W
信息费	0 W
合计	23W

图4-45　填写综合费用表

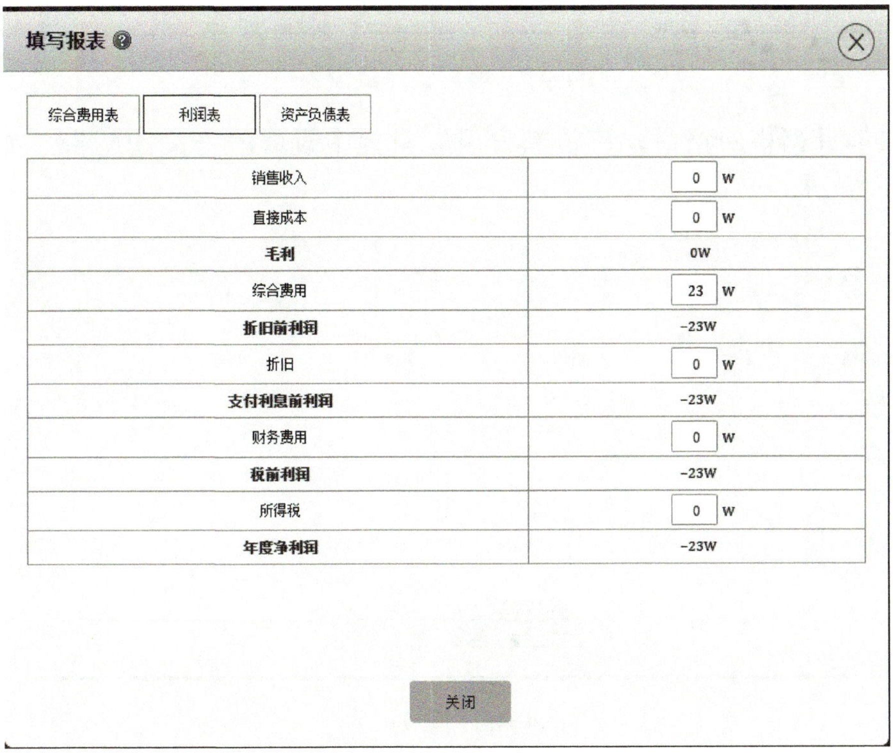

填写报表

综合费用表 | **利润表** | 资产负债表

项目	金额
销售收入	0 W
直接成本	0 W
毛利	0W
综合费用	23 W
折旧前利润	−23W
折旧	0 W
支付利息前利润	−23W
财务费用	0 W
税前利润	−23W
所得税	0 W
年度净利润	−23W

图4-46　填写利润表

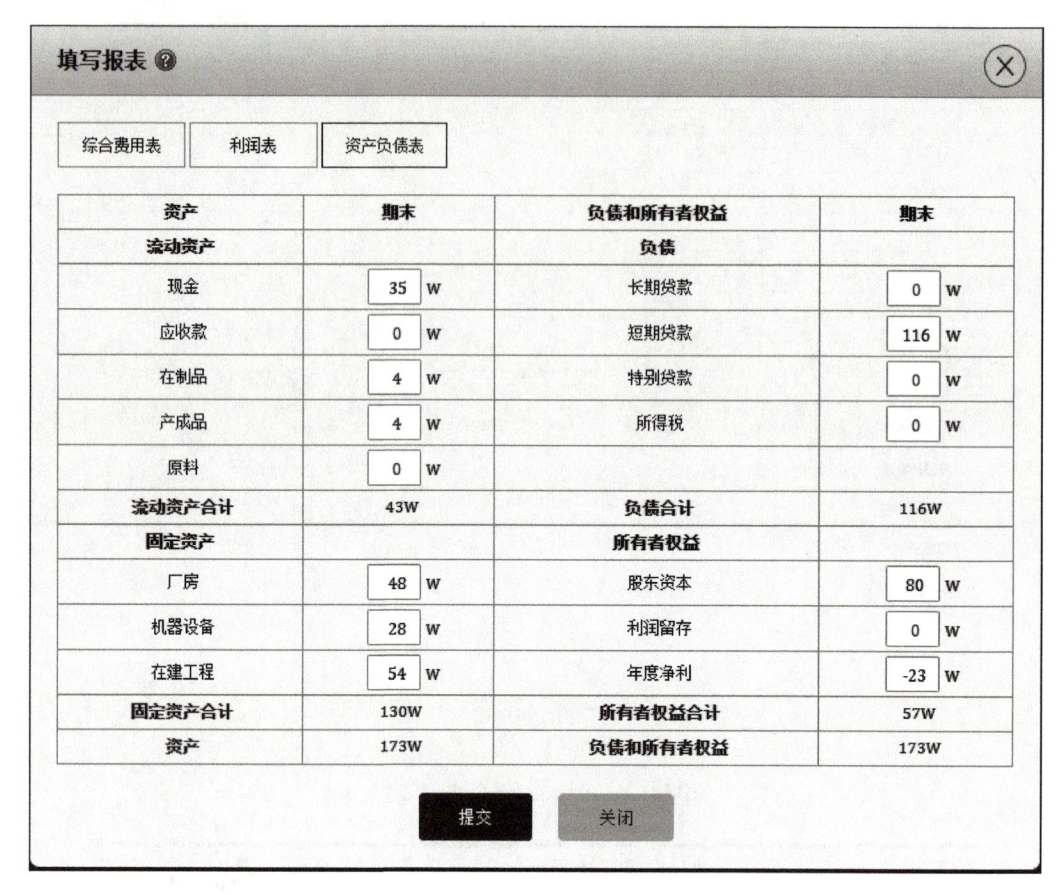

图4-47 填写资产负债表

第二年只销售P1产品，广告额度可以只集中投放P1产品的广告，如图4-48所示。

图4-48 投放广告

由于只生产P1产品，在进行产能排序时，需要全部排产P1产品，见表4-26。

表4-26 产品的交货期及数量2

可转产季度	1	2	3	4
P1	4	5	5	5

（二）第二年预算编制及实操

1. 预算编制

按订单的交货时间排序，再根据交货时间和账期计算应收期，最后计算销售产品的销售总价，见表4-27。

表4-27 订单详情表5

订单编号	市场	产品	数量	总价	状态	得单年份	交货期	账期	ISO	交货时间	应收期
X21-0973	本地	P1	5	32	未交	第2年	4季	4季	-	4	8
X21-0819	本地	P1	5	28	未交	第2年	4季	3季	-	3	6
X22-0834	区域	P1	2	10	未交	第2年	4季	3季	-	1	4
X23-0814	国内	P1	1	7	未交	第2年	3季	4季	-	1	5
X23-0421	国内	P1	6	36	未交	第2年	2季	3季	-	2	5
			19	113							

①应收期进行应收款增加的填写。

②销售统计表的填写。

③根据实际投放广告额度进行广告投入填写。

④借入长期借款，长期借款的金额是季初盘点减短贷还息减短贷还款后的余额，应大于零，使资金不出现短缺即可。这里借入的长期借款是14万元，主要是第二年的销售非常好，在有利润的情况下，第三年的贷款额度足以满足资金流。但如果第二年的利润非常少甚至是亏损，就不能进行大量的短期借款，每年的贷款额度是要根据前后销售情况进行计算判断所得。

⑤研发P3产品。

⑥维护费：2条自动线，3条柔性线。

折旧费：生产线使用的第二年需要交纳折旧费。

市场开拓：开拓好的市场无须再次开拓。

ISO认证：ISO 9000、ISO 14000都需要认证两年。

第二年预算见表4-28。

表4-28 第二年预算表

现金流量表				
项目	1	2	3	4
年初现金	35			
广告投入	18			
应交税金	0			
长贷还息	0			
长期还款				
申请贴现	14			8
贴现费用				1
季初盘点	31	37	43	36
短贷还息	1	1	1	1
短期还款	29	29	29	29
短期借款	49	49	29	29
材料入库	5	5	5	5
购买厂房				
租用厂房				
购买生产线				
生产线转产				
变卖生产线				
工人工资	5	5	5	5
季中现金盘点	40	46	32	25
应收到期	0	0	0	10
季末厂房购买				
产品研发	2	2	2	
厂房租金				
紧急采购				
管理费用	1	1	1	1
出售原料收入				
出售产品收入				
现金收入合计	80	86	72	75
现金支出合计	43	43	43	41
期末现金对账	37	43	29	34
违约损失				
维护费				10
折旧				6
市场开拓				4
ISO认证				5
年末现金				15

综合费用表	
项目	金额
管理费	4
广告费	18
维护费	10
厂房租金	0
转产费用	0
市场开拓	4
ISO认证	5
产品研发	6
损失	0
合计	47

可贷额度	第1季	第2季	第3季	第4季
	55	70	30	30

利润表	
项目	金额
销售收入	113
直接成本	38
毛利	75
综合费用	47
折旧前利润	28
折旧	6
息税前利润	22
财务支出	5
税前利润	17
所得税	0
净利润	17

销售统计表				
	P1	P2	P3	P4
数量	19			
销售额	113			
成本	38			
毛利	75			

应收款	第一季	第二季	第三季	第四季
上年未收	0	0	0	0
当年增加				10
一次贴现				
二次贴现				
三次贴现				
四次贴现				10
当季剩余				0

资产负债表					
项目	期初	期末	负债	期初	期末
流动资产					
现金	35	15	长期负债	0	14
应收款	0	95	短期负债	116	156
在制品		10	应付账款		
成品			应交税费	0	0
原料			一年内到期		
流动资产合	35	120	负债合计	116	170
固定资产			所有者权		
土地建筑	48	48	股本资本	80	80
机器与设备	28	76	利润留存	0	-23
在建工程	54		年度净利	-23	17
固定资产合	130	124	所有者权益	57	74
资产总额	165	244	负债所有者	173	244

下年能贷款最大值	52
当年贷款剩余	1

下年一季	下年二季	下年三季	下年四季
应收	43	28		32
一次贴现	8			
二次贴现				
三次贴现				
四次贴现				
当季剩余	43	20	0	32

	得到	贴现费
贴一二期		0
贴三四期		0

可转产 季度 P1

订单编号
X21-0973
X21-0819
X22-0834
X23-0814
X23-0421

由于第二年只生产P1产品，故第二年的采购表不需要进行修改，见表4-29。

表4-29 第二年采购表

年份/时间	小1线	小2线	中3线	大4线	小1线	中2线	大3线	4线	小1线	中2线	大3线	4线	原料费用	R1	R2	R3	R4	工人工资
一年.1													0	0	0	0	0	0
一年.2	z	z											0	2	0	0	0	0
一年.3	p1	p1											2	2	0	0	0	2
一年.4	p1	p1	R	R	R								2	5	0	0	0	2
二年.1	p1	p1	p1	p1	p1								5	5	0	0	0	5
二年.2	p1	p1	p1	p1	p1								5	5	0	0	0	5
二年.3	p1	p1	p1	p1	p1								5	5	6	0	6	5
二年.4	p1	p1	p1	p1	zz	zz	zz	zz					5	9	0	0	0	5
三年.1	p1	p1	p1	p1	p3	p3	p3	p3	p3				21	9	6	0	6	9
三年.2	p1	p1	p1	p1	p3	p3	p3	p3	p3				21	9	6	0	6	9
三年.3	p1	p1	p1	p1	p3	p3	p3	p3	p3				21	9	6	0	6	9
四年.1	p1	p1	p1	p1	p3	p3	p3	p3	p3				21	9	6	0	6	9
四年.2	p1	p1	p1	p1	p3	p3	p3	p3	p3				21	9	0	0	0	9
四年.3													0	0	0	0	0	0
四年.4																		

在规划第三年的预算时，在资金稳定的情况下，为了增加企业的竞争力，可以合理扩大产能，此时2条自动线和3条柔性线生产P1、P3产品，可能已经不能满足企业的发展。

在第二年年末时，购买了4条租赁线和2条柔性线生产P3产品所需的原料，在第三年可以扩大P3产品的产能，在P3产品售价昂贵的情况下，可以通过多销售P3产品来增加企业的利润。

⑦借入短期借款。在资金流充裕的情况下，尽量把贷款往后挪。

⑧在短期借款满贷的情况下，第四季度还是出现了资金短缺，此时只能进行应收款贴现。在目前情况下只能贴现4交货期之前的订单，因为4交货期的订

单还没有提交，所以相对只能贴现X21-0973。这里需要注意：在现金流量表贴现应收款后，一定不要忘记更新应收款。

⑨在制品：第四季度生产5个P1产品。

⑩土地建筑：48万元。

机器与设备：76万元[（28+54）−6]。

2. 实操

（1）第一季度实操。

①申请长贷：14万元，贷款3年。

②当季开始，进入第一季度。

③申请短贷：49万元。

④更新原料库。

⑤开始生产：5个P1产品。

⑥订购原料。

⑦应收款更新：无

⑧根据表4-27交货。

⑨产品研发：研发P3产品。

⑩当季结束，进入第二季度。

（2）第二季度实操。

①申请短贷：49万元。

②更新原料库。

③开始生产：5个P1产品。

④订购原料。

⑤应收款更新：无。

⑥根据表4-27交货。

⑦产品研发：研发P3产品。

⑧当季结束，进入第三季度。

（3）第三季度实操。

①申请短贷：29万元。

②更新原料库。

③开始生产：5个P1产品。

④订购原料。

⑤应收款更新：无。

⑥根据表4-27交货。

⑦产品研发：研发P3产品。

⑧当季结束，进入第四季度。

（4）第四季度实操。

现金不足以支付短期借款以及利息，根据现金流量表进行贴现。

①申请短贷：29万元。

②更新原料库。

③开始生产：5个P1产品。

④订购原料：9个R1、6个R2、6个R4。

⑤应收款更新：10万元。

⑥市场开拓：亚洲、国际市场开拓。

⑦ISO投资：全部开发。

⑧根据表4-27交货。

⑨当季结束，填写报表，如图4-49～图4-51所示。

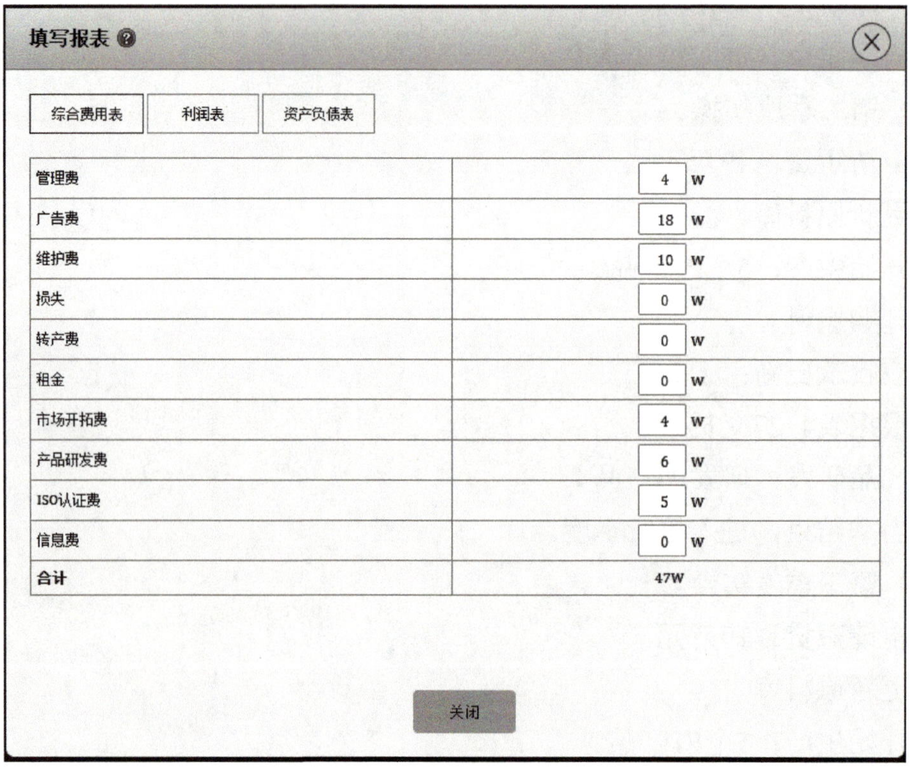

填写报表	
综合费用表 利润表 资产负债表	
管理费	4 W
广告费	18 W
维护费	10 W
损失	0 W
转产费	0 W
租金	0 W
市场开拓费	4 W
产品研发费	6 W
ISO认证费	5 W
信息费	0 W
合计	47W

图4-49　填写综合费用表

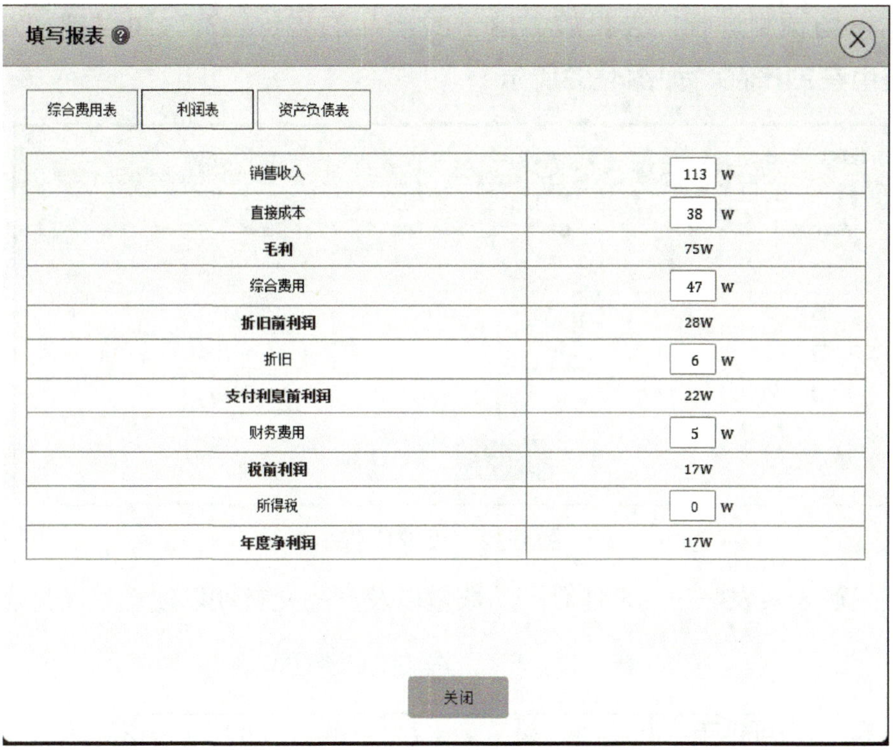

项目四 企业经营沙盘模拟（人机对抗）

图4-50 填写利润表

项目	金额
销售收入	113 W
直接成本	38 W
毛利	75W
综合费用	47 W
折旧前利润	28W
折旧	6 W
支付利息前利润	22W
财务费用	5 W
税前利润	17W
所得税	0 W
年度净利润	17W

图4-50 填写利润表

资产	期末	负债和所有者权益	期末
流动资产		**负债**	
现金	15 W	长期贷款	14 W
应收款	95 W	短期贷款	156 W
在制品	10 W	特别贷款	0 W
产成品	0 W	所得税	0 W
原料	0 W		
流动资产合计	120W	负债合计	170W
固定资产		**所有者权益**	
厂房	48 W	股东资本	80 W
机器设备	76 W	利润留存	-23 W
在建工程	0 W	年度净利	17 W
固定资产合计	124W	所有者权益合计	74W
资产	244W	负债和所有者权益	244W

图4-51 填写资产负债表

根据市场预测进行广告投放，由于P3产品的售价较高，可以把相对较高的广告费集中在P3产品，如图4-52所示。

图4-52　投放广告

根据采购表（表4-29）来计算产品数量以及产品交货期以便选单，见表4-30。

表4-30　产品的交货期及数量3

可转产	0	2	2	2
季度	1	2	3	4
P1	5	3	3	3
p3	0	4	4	4

（三）第三年预算编制及实操

1. 预算编制

按订单交货时间排序，再根据交货时间及账期计算应收期，见表4-31。

表4-31　订单详情表6

订单编号	市场	产品	数量	总价	状态	得单年份	交货期	账期	ISO	交货时间	应收期
X31-0014	本地	P1	4	20	未交	第3年	4季	3	9K	4	7
X31-0793	本地	P1	4	21	未交	第3年	2季	3	-	1	4
X32-0242	区域	P1	5	28	未交	第3年	3季	3	9K	3	6
X33-0494	国内	P1	3	19	未交	第3年	4季	2	-	2	4
X33-0243	国内	P1	2	12	未交	第3年	4季	3	14K	4	7
X31-0251	本地	P3	4	51	未交	第3年	4季	2	14K	4	6
X32-0894	区域	P3	6	63	未交	第3年	2季	4	9K	2	6
X34-0399	亚洲	P3	2	15	未交	第3年	4季	2	-	3	5
				229							

①根据实际投放的广告额度填写。

②应收款贴现32万元，投入广告。

③借入长期借款，使资金可以偿还短贷本息之和。

④借入短期借款，由于贷款额度都用于长贷，所以短期借款无须进行调整。

⑤租用两个小厂房，原因是：①大厂房可以放置5条生产线，在这个方案下没有多余资金用来购置第5条生产线；②租用两个小厂房的租金等于租用一个中厂房的租金，但可比一个中厂房多放置一条生产线。租用两个小厂房而没有上线，因为需要购置自动租赁线用来生产P3产品。

⑥研发P4产品，使第四年产品可以分销。

⑦维护费：4条自动租赁线、2条自动线、3条柔性线。

折旧费：2条自动线、3条柔性线都需要计提折旧。

市场开拓：开拓国际市场。

⑧填写应收款的增加。

⑨填写销售统计表。

第三年预算见表4-32。

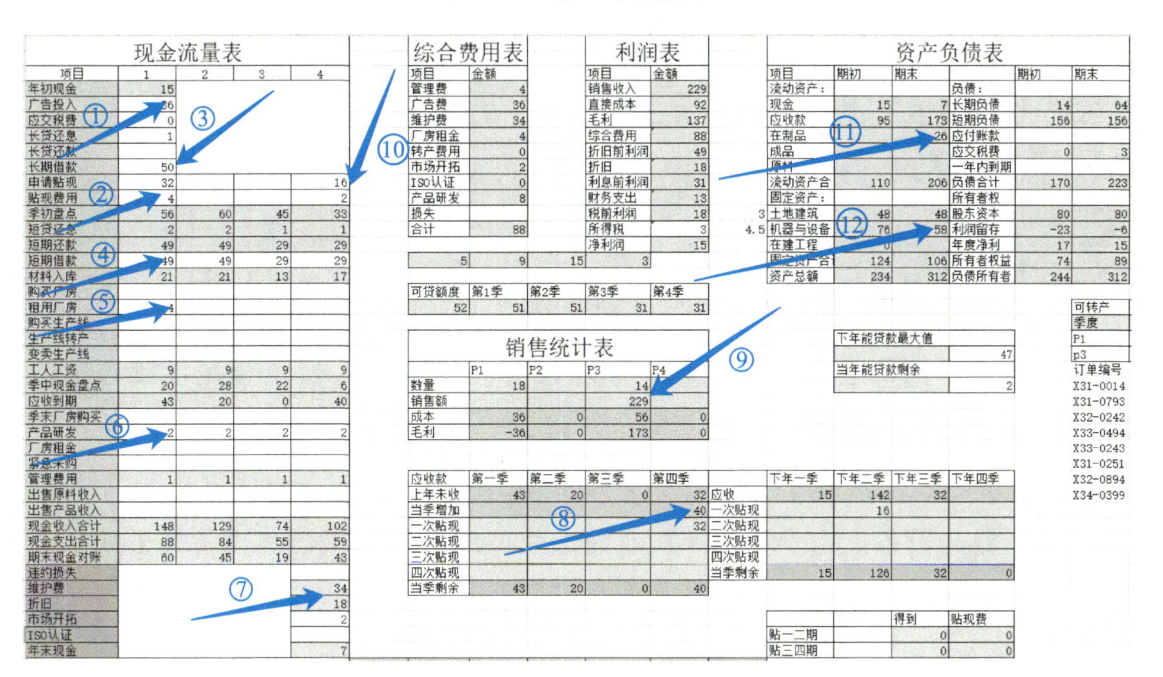

表4-32 第三年预算表

根据原料订购，在采购表右边抄录一遍，见表4-33。销售产品所需的原料和预购的原料可能会出现变动，但是第二年第三、四季度订购的原料是不能进行变动的。

表4-33　第三年采购表1

年份/时间	小1线	中2线	大3线	4线	小1线	中2线	大3线	4线	小1线	中2线	大3线	4线	原料费用	R1	R2	R3	R4	工人工资				
一年.1													0	0	0	0	0	0				
一年.2	Z	Z											0	2	0	0	0	0				
一年.3	p1	p1											2	2	0	0	0	2				
一年.4	p1	p1	R	R	R								2	5	0	0	0	2				
二年.1	p1	p1	p1	p1									5	5	0	0	0	5				
二年.2	p1	p1	p1	p1									5	5	0	0	0	5				
二年.3	p1	p1	p1	p1									5	5	6	0	6	5	5	6	0	6
二年.4	p1	p1	p1	p1	zz	zz	zz	zz					5	9	6	0	6	9	9	6	0	6
三年.1	p1	p1	p1	p1	p3	p3	p3	p3	p3				21	9	6	0	6	9				
三年.2	p1	p1	p1	p1	p3	p3	p3	p3	p3				21	9	6	0	6	9				
三年.3	p1	p1	p1	p1	p3	p3	p3	p3	p3				21	9	5	0	13	9				
三年.4	p1	p1	p1	p1	p3	p3	p3	p3	p3				21	11	5	4	13	9				
四年.1	p1	p1	p4	p4	p3	p3	p3	p4	p4				33	11	5	4	13	11				
四年.2	p1	p1	p4	p4	p3	p3	p3	p4	p4				33	11	0	4	0	11				
四年.3	p1	p1	p4	p4	p3	p3	p3	p4	p4				33	0	0	0	0	11				
四年.4													0	0	0	0	0	0				

把两条生产P3产品的柔性线进行转产用以生产P1产品。订购第二年第四季度R2、R4的原料将会发生变化，需要加上变动的数量，在第三年第一季度的时候进行回调，使得原料总数不变，见表4-34。

表4-34　第三年采购表2

年份/时间	小1线	中2线	大3线	4线	小1线	中2线	大3线	4线	小1线	中2线	大3线	4线	原料费用	R1	R2	R3	R4	工人工资				
一年.1													0	0	0	0	0	0				
一年.2	Z	Z											0	2	0	0	0	0				
一年.3	p1	p1											2	2	0	0	0	2				
一年.4	p1	p1	R	R	R								2	5	0	0	0	2				
二年.1	p1	p1	p1	p1									5	5	0	0	0	5				
二年.2	p1	p1	p1	p1									5	5	0	0	0	5				
二年.3	p1	p1	p1	p1									5	5	6	0	6	5	5	6	0	6
二年.4	p1	p1	p1	p1	zz	zz	zz	zz					5	9	6	0	6	9	9	6	0	6
三年.1	p1	p1	p1	p1	p3	p3	p3	p3	p3				21	9	2	0	2	9				
三年.2	p1	p1	p1	p1	p3	p3	p3	p3	p3				21	9	4	0	4	9				
三年.3	p1	p1	p1	p1	p3	p3	p3	p3	p3				13	9	4	0	14	9				
三年.4	p1	p1	p1	p1	p3	p3	p3	p3	p3				17	11	4	5	14	9				
四年.1	p1	p1	p4	p4	p3	p3	p3	p4	p4				34	11	4	5	14	11				
四年.2	p1	p1	p4	p4	p3	p3	p3	p4	p4				34	11	0	5	0	11				
四年.3	p1	p1	p4	p4	p3	p3	p3	p4	p4				34	0	0	0	0	11				
四年.4													0	0	0	0	0	0				

⑩ 第三年第四季度资金短缺，贴现16万元应收款，使资金足以渡过第四季度。

⑪ 在制品：第四季度生产5个P1产品、4个P3产品。

⑫ 机器与设备：由于第二年没有建造生产线，所以机器与设备等于期初金额扣除折旧。

2. 实操

（1）第一季度实操。

① 申请长贷：50万元。

② 当季开始，进入第一季度。

③申请短贷：49万元。

④更新原料库。

⑤购租厂房：购买两个小厂房。

⑥新建生产线：新建4条自动租赁线用来生产P3产品。

⑦生产线转产：2条生产P1产品的柔性线转产P3产品。

⑧开始生产：3个P1产品、6个P3产品。

⑨订购原料。

⑩应收款更新：43万元。

⑪产品研发：研发P4产品。

⑫根据表4-31交货。

⑬当季结束，开始第二季度。

（2）第二季度实操。

①申请短贷：49万元。

②更新原料库。

③生产线转产：两条生产P3产品的柔性线转产生产P1产品。

④开始生产：5个P1产品、4个P3产品。

⑤订购原料。

⑥应收款更新：20万元。

⑦产品研发：研发P4产品。

⑧根据表4-31交货。

⑨当季结束，开始第三季度。

（3）第三季度实操。

①申请短贷：29万元。

②更新原料库。

③开始生产：5个P1产品、4个P3产品。

④订购原料。

⑤应收款更新：无。

⑥产品研发：研发P4产品。

⑦根据表4-31交货。

⑧当季结束，开始第四季度。

（4）第四季度实操。

第四季度初缺少资金不足以偿还短期借款本息，根据现金流量表进行应收款贴现16万元。

①申请短贷：29万元。

②更新原料库。

③开始生产：5个P1产品、4个P3产品。

④订购原料。

⑤应收款更新：40万元。

⑥市场开拓：国际市场。

⑦产品研发：研发P4产品。

⑧根据表4-31交货。

⑨当季结束，填写报表，如图4-53～图4-55所示。

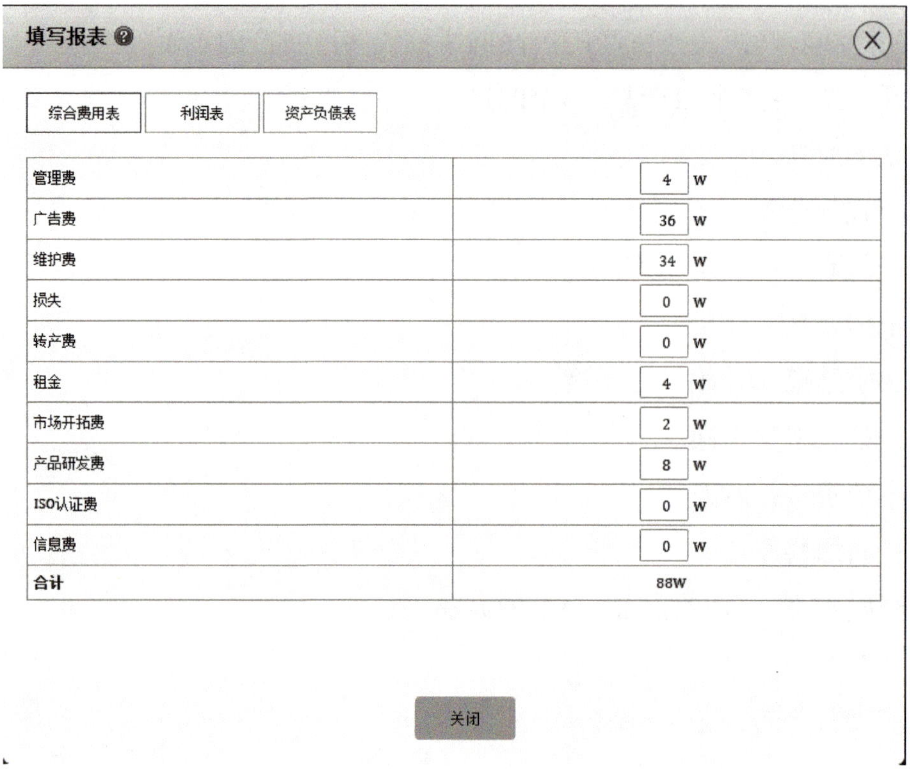

综合费用表	利润表	资产负债表

项目	金额
管理费	4 W
广告费	36 W
维护费	34 W
损失	0 W
转产费	0 W
租金	4 W
市场开拓费	2 W
产品研发费	8 W
ISO认证费	0 W
信息费	0 W
合计	88W

图4-53　填写综合费用表

项目四 企业经营沙盘模拟（人机对抗）

填写报表

| 综合费用表 | 利润表 | 资产负债表 |

销售收入	229	W
直接成本	92	W
毛利	137W	
综合费用	88	W
折旧前利润	49W	
折旧	18	W
支付利息前利润	31W	
财务费用	13	W
税前利润	18W	
所得税	3	W
年度净利润	15W	

关闭

图4-54　填写利润表

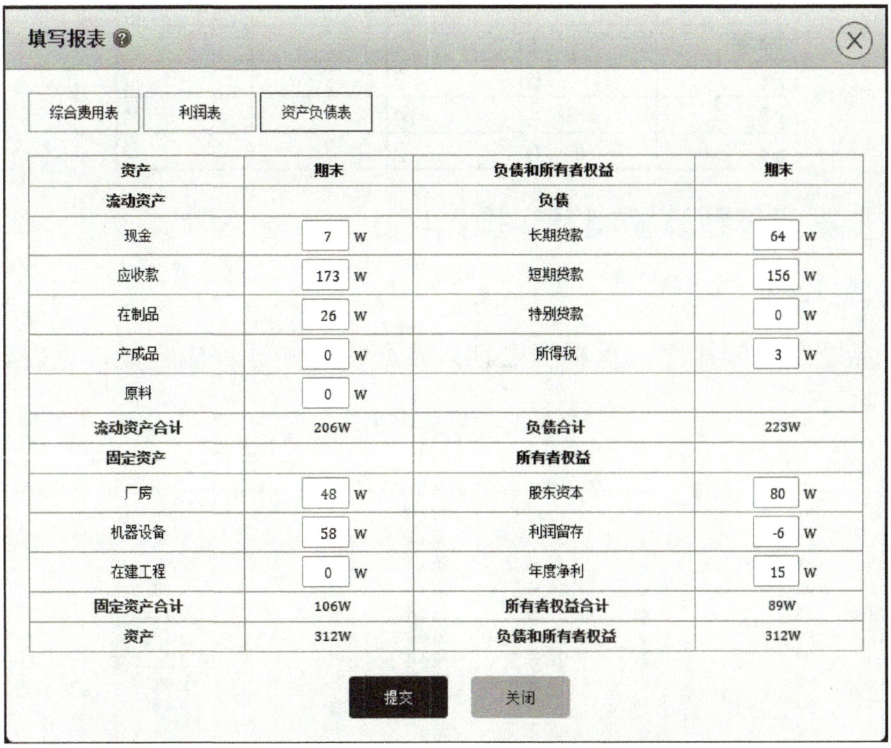

填写报表

| 综合费用表 | 利润表 | 资产负债表 |

资产	期末		负债和所有者权益	期末	
流动资产			**负债**		
现金	7	W	长期贷款	64	W
应收款	173	W	短期贷款	156	W
在制品	26	W	特别贷款	0	W
产成品	0	W	所得税	3	W
原料	0	W			
流动资产合计	206W		负债合计	223W	
固定资产			**所有者权益**		
厂房	48	W	股东资本	80	W
机器设备	58	W	利润留存	-6	W
在建工程	0	W	年度净利	15	W
固定资产合计	106W		所有者权益合计	89W	
资产	312W		负债和所有者权益	312W	

提交　关闭

图4-55　填写资产负债表

为了生产P3产品需建造自动租赁线,但相对成本高。如果存在库存,则会造成很大损失,由于P4是高利润产品,所以P3、P4产品的广告投入可以相对高一些,如图4-56所示。

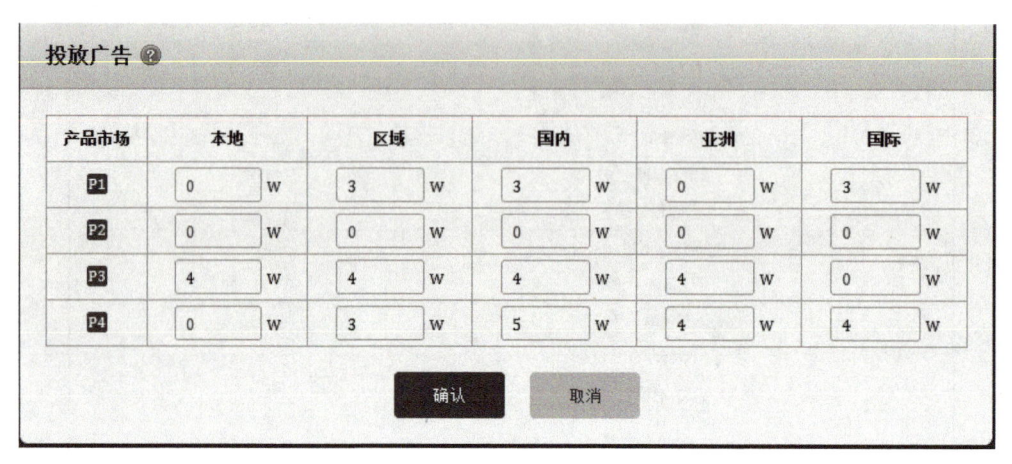

图4-56 投放广告

根据采购表计算产品的数量以及交货期,以方便选单,见表4-35。

表4-35 产品的交货期及数量4

可转产	0	3	3	3
季度	1	2	3	4
P1	5	2	2	2
p3	4	4	4	4
p4	0	2	2	2

(四)第四年预算编制及实操

1. 预算编制

按产品交货时间排序,再根据账期以及交货时间计算应收期,见表4-36。

表4-36 订单详情表7

订单编号	市场	产品	数量	总价	状态	得单年份	交货期	账期	ISO	交货时间	应收期
X45-0571	国际	P1	3	17	未交	第4年	2季	4	9K 14K	2	6
X42-0381	区域	P1	4	21	未交	第4年	4季	1	9K	1	5
X42-0694	区域	P1	4	24	未交	第4年	3季	4	9K 14K	1	5
X42-0616	区域	P3	4	36	未交	第4年	4季	3	9K 14K	4	7
X41-0785	本地	P3	4	31	未交	第4年	1季	2	14K	4	6
X42-0930	区域	P3	4	35	未交	第4年	3季	3	14K	3	6
X43-0078	国内	P3	4	31	未交	第4年	3季	3	9K 14K	2	5
X43-0286	国内	P4	5	52	未交	第4年	2季	2	9K	4	6
X43-0370	国内	P4	1	10	未交	第4年	3季	3	14K	2	5
X45-0014	国际	P4	4	47	未交	第4年	3季	2	9K 14K	3	5
X44-0673	亚洲	P4	4	48	未交	第4年	4季	2	14K	2	4
			41	352							

① 根据实际投放的广告额度填写。

② 资金短缺，无法投放广告，可以进行两账期的应收款60万元贴现。

③ 借入长期借款：今年是最后一年，借入长期借款无须归还。

④ 借入短期借款：由于贷款额度都用于长贷，所以短期借款无须进行调整。

⑤ 租用一个小厂房，建造两条自动租赁线生产P4产品。

⑥ 续租上年厂房。

⑦ 维护费：6条自动租赁线、2条自动线、3条柔性线。

折旧费：2条自动线、3条柔性线都需要计提折旧。

⑧ 填入应收款的增加。

⑨ 填写销售统计表。

根据表4-36可知，销售11个P1产品、16个P3产品、14个P4产品，可以发现产品少销售了一个，当年可以少生产一个产品，因此采购表中可以少填一个产品的原料，见表4-37。

表4-37 第四年采购表

年份/时间	小 1线	中 2线	大 3线	4线	小 1线	中 2线	大 3线	4线	小 1线	中 2线	大 3线	4线	原料费用	R1	R2	R3	R4	工人工资
一年.1													0	0	0	0	0	0
一年.2	z	z											0	2	0	0	0	0
一年.3	p1	p1											2	2	0	0	0	0
一年.4	p1	p1	R	R	R								2	5	0	0	0	2
二年.1	p1	p1	p1	p1	p1								5	5	0	0	0	5
二年.2	p1	p1	p1	p1	p1								5	5	0	0	0	5
二年.3	p1	p1	p1	p1	p1								5	5	6	0	6	5
二年.4	p1	p1	p1	p1	zz	zz	zz	zz					5	9	6	0	6	5
三年.1	p1	p1	p1	p1	p3	p3	p3	p3					21	9	2	0	2	9
三年.2	p1	p1	p1	p1	p3	p3	p3	p3					21	9	4	0	4	9
三年.3	p1	p1	p1	p1	p3	p3	p3	p3					13	9	4	0	14	9
三年.4	p1	p1	p1	p1	p3	p3	p3	p3					17	11	4	5	14	9
四年.1	p1	p4	p4	p4	p3	p3	p3	p3	p4	p4			34	11	4	5	12	11
四年.2	p1	p4	p4	p4	p3	p3	p3	p3	p4	p4			34	10	0	4	0	11
四年.3	p1	p4	p4	p4	p3	p3	p3	p3	p4	p4			30	0	0	0	0	10
四年.4													0	0	0	0	0	0

⑩ 第二季度结存资金不足以偿还借款本息，只能进行应收款贴现。今年是经营的最后一年，无须考虑广告费，只要控制财务费用即可。因此没有贴现3、4账期的应收款，而是贴现了1、2账期的应收款，第四季度也是同样的道理。

⑪ 土地建筑：48万元。

机器与设备：后期建造的都是自动租赁线，机器与设备就是期初减折旧。

第四年预算见表4-38。

表4-38 第四年预算表

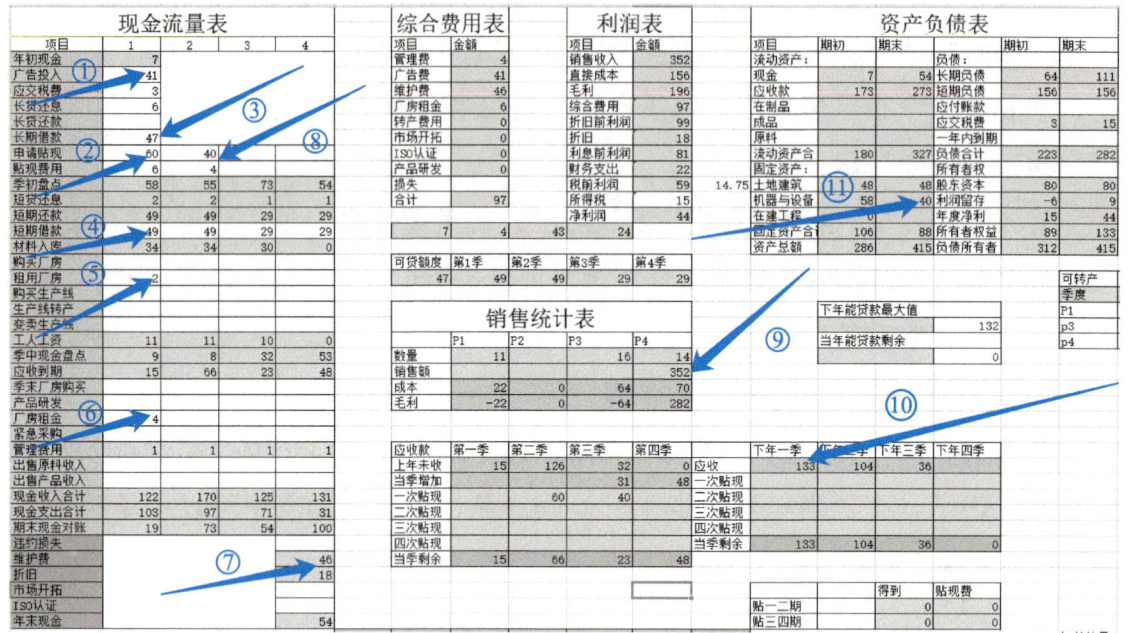

2. 实操

（1）第一季度操作。

①申请长贷：47万元。

②当季开始，进入第一季度。

③申请短贷：49万元。

④更新原料库。

⑤购租厂房：租用一个小厂房。

⑥新建生产线：建造2条自动租赁线生产P4产品。

⑦生产线转产：3条生产P1产品的柔性线转产P4产品。

⑧开始生产：2个P1产品、4个P3产品、5个P4产品。

⑨订购原料。

⑩应收款更新：15万元。

⑪根据表4-36交货。

⑫当季结束，进入第二季度。

（2）第二季度操作。

当季开始，资金不足以归还短贷本息，根据现金流量表及应收款贴现表进行应收款贴现。

①申请短贷：49万元。

②更新原料库。

③开始生产：2个P1产品、4个P3产品、5个P4产品。

④订购原料：根据采购表订购原料，这里只需要购买R1、R3原料就可以了，第四季度不生产，不需要提前两季购买原料。

⑤应收款更新：66万元。

⑥根据表4-36交货。

⑦当季结束，进入第三季度。

（3）第三季度操作。

①申请短贷：29万元。

②更新原料库。

③开始生产：2个P1产品、4个P3产品、4个P4产品。

④应收款更新：23万元。

⑤根据表4-36交货。

⑥当季结束，进入第四季度。

（4）第四季度操作。

①申请短贷：29万元。

②更新原料库。

③应收款更新：48万元。

第四季度已经不需要生产了，直接更新应收款即可。

④根据表4-36交货。

⑤当季结束，填写报表，如图4-57～图4-59所示。

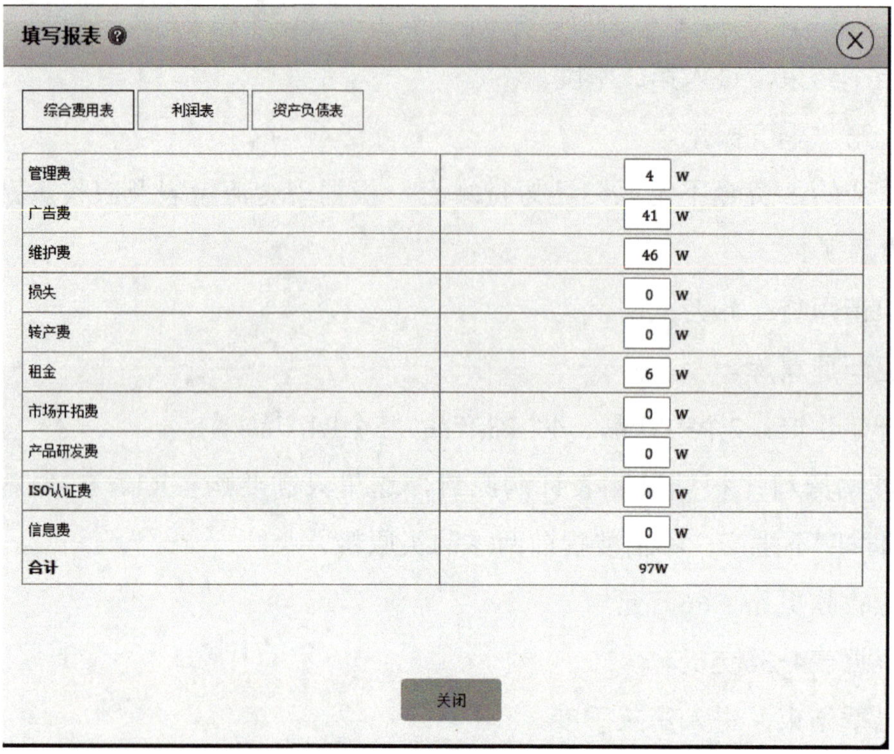

图4-57　填写综合费用表

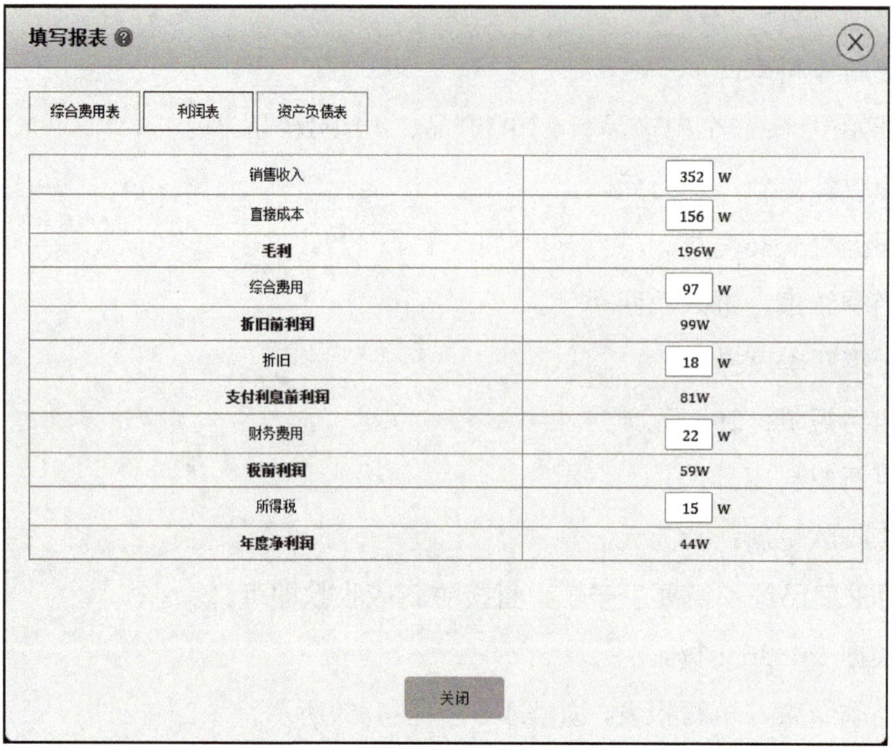

图4-58　填写利润表

图4-59　填写资产负债表

职业能力测评

一、单选题

1．人机系统（创业者）经营时间一般为（　　）年。

　　A．4　　　　　　B．5　　　　　　C．6　　　　　　D．7

2．ERP系统中的主业务流程不包括（　　）模块。

　　A．物流管理　　　B．财务管理　　　C．生产管理　　　D．库存管理

3．当需要查找预算表中缺失的现金时，可以在裁判端的（　　）中找到数据。

　　A．资产负债表　　　　　　　　　　B．利润表

　　C．现金流量表　　　　　　　　　　D．综合费用表

4．练习人机对抗，可以使我们（　　）。

　　A．减少不必要的错误　　　　　　　B．学会如何猛砸广告

　　C．固化思路，方案保守　　　　　　D．直接提交报表

5. 现有3季应收款需要贴现，贴现率为（　　）。
   A．12%　　　　B．12.5%　　　　C．7.5%　　　　D．15%
6. 大厂房购买费用为40万元，若卖掉大厂房，则（　　）。
   A．马上得到35万元　　　　B．得到4季应收款40万元
   C．得到2季应收款40万元　　　　D．马上得到40万元
7. 短期贷款最小额度为（　　）万元。
   A．5　　　　B．10　　　　C．15　　　　D．20
8. 以下（　　）不是人机训练用户破产评判标准。
   A．资金链断裂　　　　B．所有者权益小于零
   C．现金为零　　　　D．融资
9. 人机系统最后以（　　）来评定排名。
   A．所有者权益　　　　B．现金
   C．系统总分　　　　D．市场潜力
10. EPR沙盘人机对抗系统主要提供了练习和（　　）两种模式。
    A．测试　　　　B．模拟　　　　C．实战　　　　D．挑战

二、多选题

1. 人机系统与人人系统的区别有（　　）。
   A．广告的精准度　　　　B．方案的不确定性
   C．参赛过程中无法还原备份　　　　D．对手的了解程度
2. 人机系统分为（　　）。
   A．练习模式　　　　B．对抗模式
   C．挑战模式　　　　D．地狱模式
3. 在系统初始化时，可选的训练方案类型包括（　　）。
   A．投资者　　　　B．创业者
   C．商战　　　　D．挑战者
4. 下列选项中，人机对抗的优势有（　　）。
   A．熟悉比赛流程　　　　B．熟悉报表的编制
   C．开拓思维　　　　D．了解市场的竞争力
5. 人机系统最后的评分由（　　）因素组成。
   A．所有者权益　　　　B．现金

　　　　C．参赛组数　　　　　　　　　　D．企业综合发展潜力系数

6．下列选项中，可以在裁判端查看的有（　　　）。

　　　　A．库存采购信息　　　　　　　　B．研发认证信息

　　　　C．厂房信息　　　　　　　　　　D．生产信息

7．裁判对用户可以进行（　　　）等操作。

　　　　A．用户融资　　B．修改密码　　C．还原　　　　D．修改状态

8．填写报表时，需要填写（　　　）。

　　　　A．利润表　　　　　　　　　　　B．现金流量表

　　　　C．综合费用表　　　　　　　　　D．资产负债表

9．市场预测表主要是从（　　　）角度分析的。

　　　　A．需求量　　　B．利润　　　　C．订单张数　　D．均价

10．在资金充裕的前提下，预算表出现现金短缺，以下操作较为合理的有（　　　）。

　　　　A．出售厂房　　　　　　　　　　B．借入短期贷款

　　　　C．出售产品　　　　　　　　　　D．应收款贴现

三、判断题

1．人机系统打破了人人系统训练的束缚，开创了个人练习的新模式。人机系统能够随时随地练习的优势适合沙盘初学者，对初学者熟悉规则，熟悉裁判系统，熟悉操作步骤提供了极大的帮助。（　　　）

2．对于ISO 9000资质，需要在年初进行对应资质的投资，累计达到规定的投资总额才能获取相应的资质。（　　　）

3．人机系统可以通过询盘其他小组的情况来进行广告投放。（　　　）

4．人机系统挑战模式不可以进行数据备份、修改参数、还原等操作。（　　　）

5．市场开发可在经营的任何时间进行。（　　　）

6．人机对抗中，如果出现广告费没有优势的情况，我们需要分析当年的生产情况以及市场需求，为来年做好准备。（　　　）

7．第一年第一季度开始建柔性生产线，则在第三年开始折旧。（　　　）

8．投1万元可以抢2次广告单，那么投2万元就可以抢4次广告单。（　　　）

9．第一年有订单。（　　　）

10．变卖库存产品和原料均是成本卖出。（　　　）

项 目 小 结

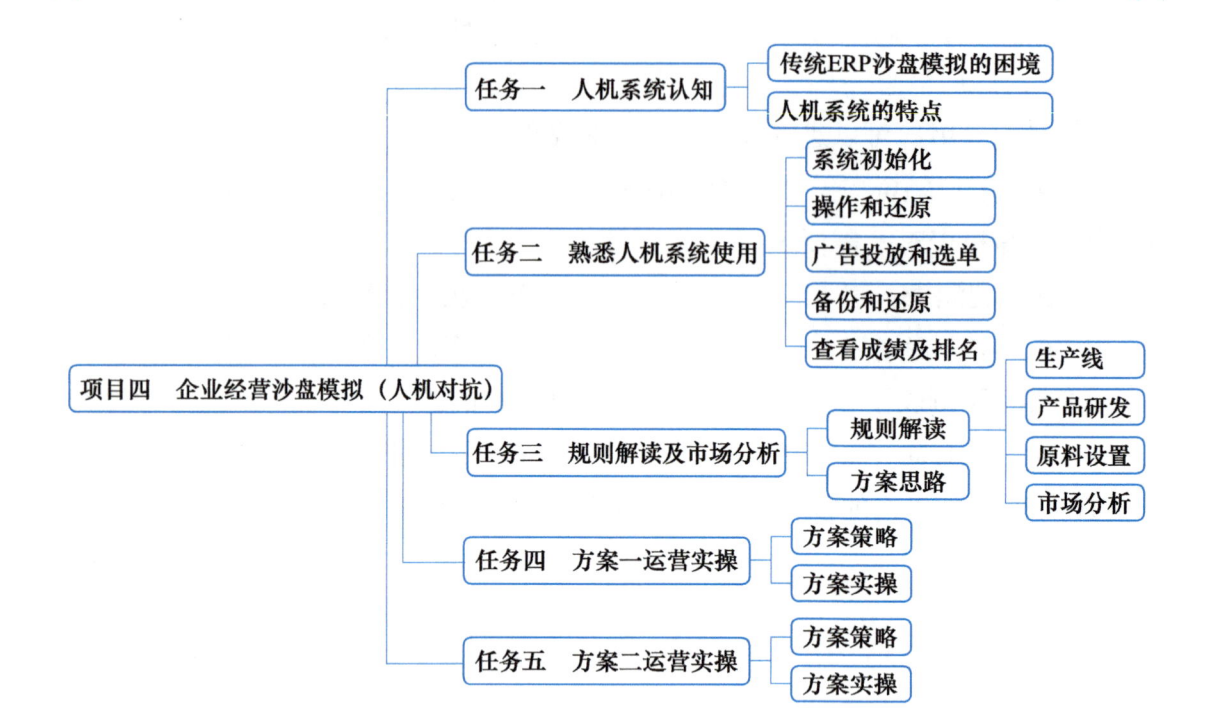

项目四 企业经营沙盘模拟（人机对抗）
- 任务一 人机系统认知
  - 传统ERP沙盘模拟的困境
  - 人机系统的特点
- 任务二 熟悉人机系统使用
  - 系统初始化
  - 操作和还原
  - 广告投放和选单
  - 备份和还原
  - 查看成绩及排名
- 任务三 规则解读及市场分析
  - 规则解读
    - 生产线
    - 产品研发
    - 原料设置
    - 市场分析
  - 方案思路
- 任务四 方案一运营实操
  - 方案策略
  - 方案实操
- 任务五 方案二运营实操
  - 方案策略
  - 方案实操

项目五

企业经营沙盘模拟（人人对抗）

📚 项目综述

创建ERP沙盘模拟实战对抗，让学生们在真实的市场竞争环境中进一步掌握沙盘模拟的流程和技巧，并能顺利地完成四年的企业模拟经营。本项目主要介绍ERP沙盘模拟的系统初始化、规则解读、详单分析、方案设计和实战对抗。本项目在本课程学习中起到自我升华的作用。

👆 学习目标

1. 熟练掌握系统初始化的操作。
2. 学会剖析沙盘比赛规则。
3. 掌握比赛详单分析的方法。
4. 能够熟练设计和制订比赛方案。
5. 能够独立地完成ERP沙盘模拟实战对抗。

🖋 重点难点

系统初始化、规则解读、详单分析、方案设计、实战对抗。

任务一 人人系统认知

一、admin的任务

用admin身份登录系统，可增加用户，设置名称和密码，勾选"人人对抗"，选择登录前缀，前缀不能重复，之后便可成功创建教师/裁判账号。用教师/裁判账号登录，可以选择账套，如图5-1所示。

图5-1 账套列表

二、裁判端的任务

用创建的教师/裁判账号登录系统，上传实战对抗的规则和订单，如图5-2所示。

图5-2 规则和订单的方案上传

规则、订单进行初始化，设置比赛队伍数，参数版本选择"新创业者"，选择规则方案和订单方案，如图5-3所示。

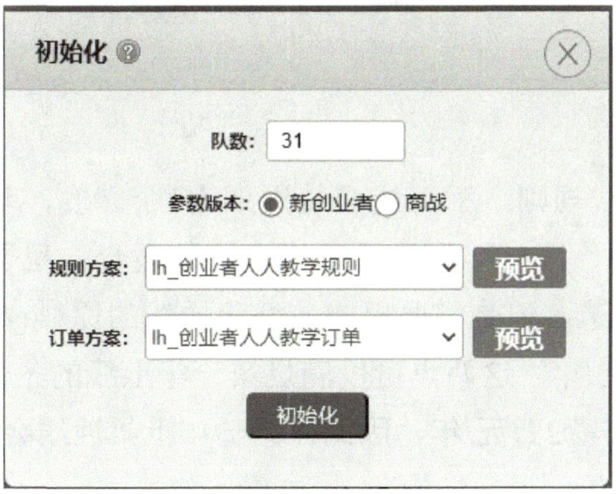

图5-3　教学班初始化

在用户信息区可以查看用户信息，包括公司资料、库存采购信息、研发认证信息、财务信息、厂房信息和生产信息等。除此之外，还可以查看用户数据，包括综合财务信息、综合费用表、利润表、资产负债表、现金流量表、订单列表，以及导出Excel数据。操作区可以控制选单管理、竞单管理、抢单管理和组间交易，也可以查看排行榜单、公共信息、订单详情和系统参数，还可以进行备份还原和一键导出数据等，具体如图5-4所示。

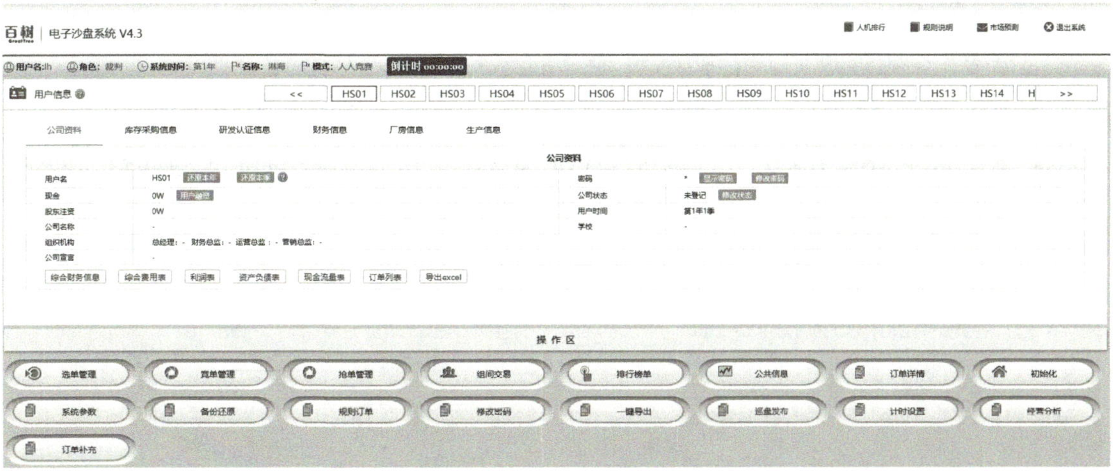

图5-4　教学班管理

任务二 重要规则解读

一、生产线

根据表5-1生产线规则，手工线安装周期为1个季度，与常见的规则有所区别，所以在此规则下，第一年建造手工线会比较适合；租赁线一般会在需要使用当年的第一季度建造，但是需要提前备好租赁线的原料；自动线安装周期为1个季度，维护费1万元/年，这两点可以满足第一年上线的条件；由于柔性线安装周期为2个季度，维护费2万元/年，因此在第一年上柔性线会增加经营压力。

表5-1 生产线规则

名称	投资总额	每季投资额	安装周期	生产周期	每季转产费	转产周期	维护费	残值	折旧费	折旧时间	分值
手工线	4W	4W	1季	2季	0W	0季	1W/年	1W	1W	4年	5
租赁线(E)	0W	0W	0季	1季	2W	1季	6W/年	-8W	0W	0年	0
自动线	14W	14W	1季	1季	2W	1季	1W/年	2W	4W	4年	10
柔性线	18W	9W	2季	1季	0W	0季	2W/年	6W	4W	4年	10

生产线的选择与产品销售相结合。在实战过程中，若能确定产品的市场销售量，则选自动线比较合适；若无法确定产品的市场销售量，则选择灵活性大的柔性线更为合适。而在此规则下，柔性线和手工线是可以转产的，一般情况下自动线不考虑转产，除非经营失误。

二、融资

根据表5-2融资规则，若初始资金（股东资本）为75万元，则长期贷款、短期贷款之和为225万元（所有者权益的3倍）。本规则中长期贷款和短期贷款的利息不是常规的10%和5%，而分别为11%和4%，需要先对利息进行计算，然后筛选出合适的贷款额度。

表5-2 融资规则

贷款类型	贷款时间	贷款额度	年息	还款方式	备注
长期贷款	每年年初	所有长短贷之和不超过上年权益3	11.00%	年初付息，到期还本	不小于10W
短期贷款	每季度初		4.00%	到期一次还本付息	
资金贴现	任何时间	视应收款额	1季、2季：9.0% 3季、4季：11.0%	变现时贴息	贴现各账期分开核算，分开计息
库存拍卖		100.0%（产品） 90.0%（原料）			

在企业资金不足时，可以通过资金贴现和库存拍卖来缓解资金压力。通过计算，筛选出最合理的贴现金额。一般情况下是不会进行库存拍卖的，拍卖原料会直接造成损失，拍卖产品虽然没有损失，但是销售和出售库存还是存在本质区别的。

长期贷款利率要高于短期贷款，为了有效减少财务费用，保证企业权益不下降，可以逐季增加短期贷款进行筹集资金。而长期贷款具有还款压力小的特点，前期可利用长期贷款扩充产能，快速控制市场和产品，吸收利润。以贷养贷风险高，需要预算精准，不然容易造成资金链断裂、企业破产。

三、厂房

根据表5-3厂房规则，在购买不同类型的厂房下，平均计算分摊到每条生产线的金额分别为7.8万元/条、10.33万元/条、9万元/条，看似大厂房的均价最低，但市场规模有限，不一定能建造4个大厂房，所以应根据市场规模和公司发展前景选择合适的厂房。

表5-3　厂房规则

名称	购买价格	租金	出售价格	容量	分值
大厂房	39W	5W/年	39W	5	10
中厂房	31W	3W/年	31W	3	7
小厂房	18W	2W/年	18W	2	7

四、市场开拓

根据表5-4市场开拓规则，每一个市场开拓的成本不同，虽然开发费会影响权益，从而减少了可贷款的额度，使资金流变得紧张，但是开拓市场可以扩大市场需求量，因此适当地增加自身的产能，可以获得更多的利润。一般情况下，每个市场都会开拓，除非某一个市场暂时没有产品订单，则可以考虑延迟开拓。

表5-4　市场开拓规则

名称	开发费	开发时间	分值
本地	1W/年	1年	10
区域	1W/年	1年	10
国内	2W/年	1年	10
亚洲	2W/年	2年	10
国际	1W/年	2年	10

五、ISO资格认证

根据表5-5 ISO资格认证规则，一般情况下，每一项ISO资格都会选择开发，因为可以获取相应的订单。但如果选择的订单没有要求ISO资格认证，则可以考虑延迟认证。

表5-5　ISO资格认证规则

名称	开发费	开发时间	分值
ISO9000	2W/年	1年	10
ISO14000	3W/年	2年	10

六、产品研发

根据表5-6产品研发规则，不同产品的研发时间、研发费用有所不同，在实战中需要特别注意。有的企业一上来就先研发产品，结果产品研发完成，可生产线还没建成，导致无法正常生产；或者生产线建好了，但产品研发还没完成，导致生产线停工，在生产前一季将产品研发完成最为合适。

表5-6　产品研发规则

名称	加工费	每季开发费	开发时间	直接成本	分值	产品组成
P1	1W	3W	1季	2W	10	R3
P2	1W	2W	2季	3W	10	R2R4
P3	1W	2W	3季	4W	10	R1R2R3
P4	1W	3W	3季	5W	10	R1R1R3R4

七、原料设置

根据表5-7原料设置规则，订购原料时需要注意各产品的组成，可以进行提前下料或多下料，千万不要少下料或错下料。

表5-7　原料设置规则

名称	购买单价	提前期
R1	1W	2季
R2	1W	2季
R3	1W	1季
R4	1W	1季

原料的计算、产品的排产，是物资需求计划（MRP）的核心内容之一，也是影响一个企业资金周转率的重要因素。根据产品结构以及各层次物品的从属

和数量关系，以每个物品为计划对象，以完工时期为时间基准倒排计划，按提前期长短区别各个物品下达计划时间的先后顺序，是一种工业制造企业物资计划管理模式。为什么要推崇"零库存"管理？因为资金是有时间成本的。

任务三　市场详单分析

详单分析是通过数据透视表计算出产品每年的组均、交货期、账期和利润，以折线图或者表格的形式展现在Excel表格中，从中可以较为清晰地观察出每年产品组均、交货期、账期和利润的变化趋势，有利于对产品和生产线进行选择。

一、组均分析

打开详单，任意选中详单中的一个数据，单击"插入"栏里的"数据透视表"，再单击"确定"，见表5-8。

表5-8　创建数据透视表

在"字段列表"中,选择"年份""产品""数量""总价",将"年份"拖到"列"字段,将"产品"拖到"行"字段,形成左侧Excel表中的数据,见表5-9。

表5-9 数量和总价数据透视表

	求和项:总价				求和项:数量				求和项:总价汇总	求和项:数量汇总
产品	第2年	第3年	第4年	(空白)	第2年	第3年	第4年	(空白)		
P1	1097	1326	1595		173	223	229		4018	625
P2	677	1281	1519		91	178	208		3477	477
P3	1350	1170	1636		145	139	199		4156	483
P4	583	949	1711		53	91	174		3243	318
(空白)										
总计	3707	4726	6461		462	631	810		14894	1903

复制、粘贴"数量和总价数据透视表"中的产品和数量,将每一年所有产品的需求量求和,由于P4产品生产需要R1、R2原料,根据31组的比赛队伍数计算组均(产品总数量除以比赛队伍数),计算结果见表5-10。

表5-10 组均计算表

组均计算表	第二年	第三年	第四年
P1	173	223	229
P2	91	178	208
P3	145	139	199
P4	53	91	174
总计	462	631	810
组均(31组)	14.90	20.35	26.13

计算组均,主要是为了确定生产线和产能。组均较大时,意味着产能也较大,一般考虑以自动线和柔性线为主,配合使用租赁线或手工线;组均较小时,意味着产能也较小,一般考虑以手工线为主,配合使用自动线或柔性线。同时,还要考虑组均是呈现递增变化,还是递减变化。当呈现递增变化时,需要逐年扩建生产线,反之,生产线不宜扩得太多,应维持一定数量的生产线,最后,甚至要考虑拆除生产线的可能。

例如，本案例中第二年组均只有14.90个，在自动线建造一季的情况下市场肯定是偏小的，第三年、第四年组均分别为20.35个和26.13个，组均在逐年递增，为此第二年一定要保证出货以及利润，因为只经营四年，如果第二年没有选好单就会导致后继无力。

二、交货期分析

插入"数据透视表"，在"字段列表"中，选择"订单编号""年份""市场""产品""交货期"，将"交货期"拖到"列"字段，将"年份""市场""产品"拖到"行"字段，将"订单编号"拖到"值"字段，并设置值字段计算类型为计数（如图5-5所示），形成左侧Excel表中数据，见表5-11。

根据交货期数据透视表，可以看出1个季度、2个季度、3个季度、4个季度交货期的订单分别有多少张，如果1个季度、3个季度交货期的订单数量较多，则可以考虑多使用手工线，避免4个季度交货期的压力。

例如：在本案例中，第二年P4产品比较特殊，只有4个季度交的订单，这有利于生产P4产品的企业交货。P3产品第二年没有1个季度交货期的订单，2个季度交货期的订单更容易交货。

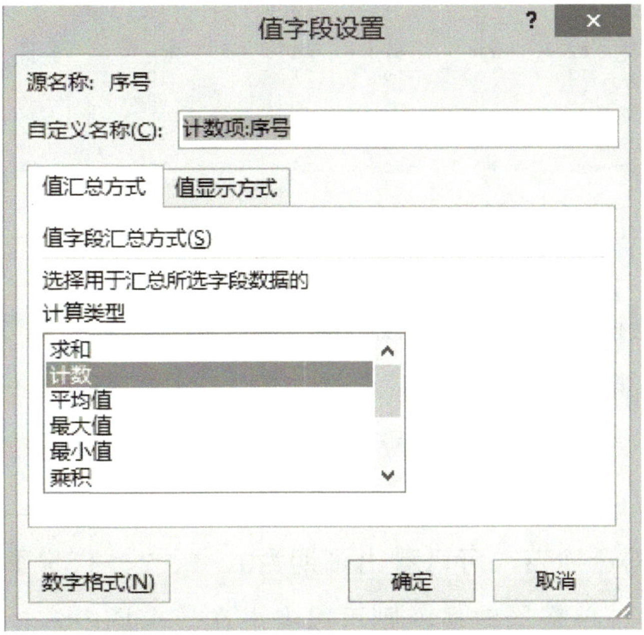

图5-5　值字段设置

表5-11 交货期数据透视表

年份	市场	产品	1季	2季	3季	4季	(空白)	总计
第2年			24	45	36	55		160
	本地		8	12	10	22		52
		P1	8	1	8	6		23
		P3		11	2	4		17
		P4				12		12
	国内		9	15	12	22		58
		P1	3	7	4	4		18
		P2	6	5	4	3		18
		P3		3	4	3		10
		P4				12		12
	区域		7	18	14	11		50
		P1	4	5	4			
		P2	3	6	3			
		P3		7	7			
第3年			54	48	58	6		
	本地		11	6	12	14		43
		P1	5	3	2	5		15
		P2	3	2	6	5		16
		P4	3	1	4	4		12
	国际		8	10	7	17		42
		P1	4	4	1	6		15
		P2	1	4		5		10
		P3	3	2	6	6		17
	国内		6	6	11	6		29
		P1	3	2	7	3		15
		P2	3	4	4	3		14
	区域		18	12	14	19		63
		P1	3	7	5	5		20
		P2	6	2	3	5		16
		P3	4	1	4	7		16
		P4	5	2	2	2		11
	亚洲		11	14	14	10		49
		P1	4	4	3	4		15
		P2	2	2	2			6
		P3	5	4	7	2		18
		P4		4	2	4		10
第4年			62	71	67	65		265
	本地		13	16	10	21		60
		P1	5	5	2	8		20
		P2	6	4	4	6		20
		P4	2	7	4	7		20

计数项:订单编号
值: 12
行: 第2年-国内-P4
列: 4季

三、账期分析

插入"数据透视表",在"字段列表"中,选择"订单编号""年份""市场""产品""账期",将"账期"拖到"列"字段,将"年份""市场""产品"拖到"行"字段,将"订单编号"拖到"值"字段,并设置值字段计算类型为计数,形成左侧Excel表中数据,见表5-12。

根据账期数据透视表,可以看出账期为0、1、2、3、4季度的订单数,如果账期为0季度的订单数量较多,则可以考虑在该市场中多投放广告,拿到账期为0季度的订单,减少资金压力。

表5-12　账期数据透视表

四、利润分析

插入"数据透视表"，在"字段列表"中，选择"年份""产品""数量""均价"，将"年份"拖到"列"字段，将"产品"拖到"行"字段，形成左侧Excel表中数据，见表5-13。

表5-13　数量和均价数据透视表

选择"数据透视表工具"，单击"字段、项目和集"中的"计算字段"，在"名称"栏输入"均价"，"公式"栏输入公式"=总价/数量"，如图5-6所示。

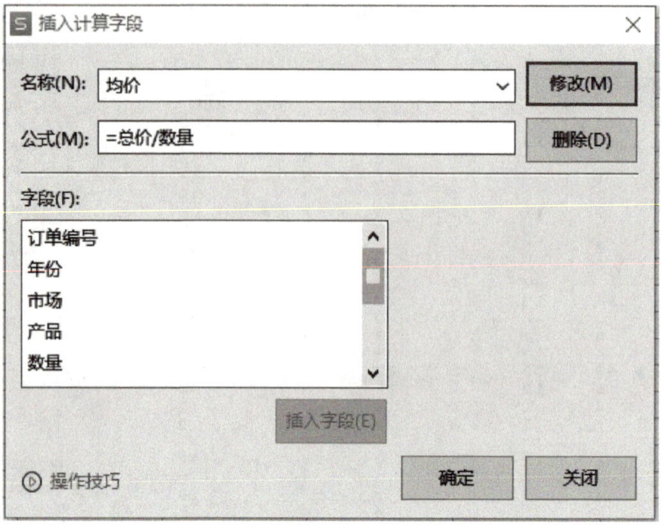

图5-6 插入计算字段

将"均价"复制粘贴到Excel工作表中,输入规则中"直接成本"和"2、3、4、5",见表5-14。

表5-14 均价与直接成本

	第二年	第三年	第四年	直接成本
P1	6.341040462	5.946188341	6.965065502	2
P2	7.43956044	7.196629213	7.302884615	3
P3	9.310344828	8.417266187	8.221105528	4
P4	11	10.42857143	9.833333333	5

复制"直接成本",选中所有"均价",右键选择"选择性粘贴",选择"数值"和"减",单击"确定",如图5-7所示。

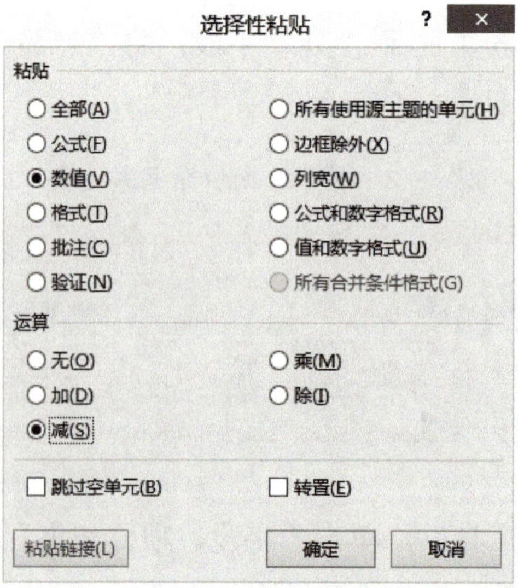

图5-7 减去直接成本

选中所有"年份""产品""利润",单击"插入"中"二维折线图",形成"利润分析图",如图5-8所示。

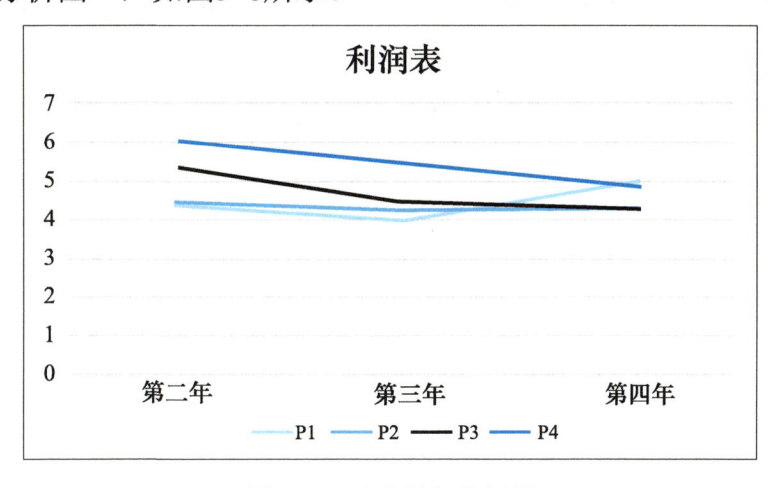

图5-8　形成利润分析图

五、方案决策

通过对市场详单进行组均、交货期、账期的分析,可以明显地对比出不同产品的利润差异。通过利润、组均、交货期、账期,选择合适的产品和生产线,进行研发、生产和销售,来获得良好的利润。观察利润的变化和市场的空闲程度,选择合适的时机进入该产品市场。通过利润分析图的数据,可以做出以下几种方案:

方案一:激进方案(5条自动线,生产P1、P2产品)。

方案二:保守方案(5条手工线、3条租赁线,生产P1、P3产品)。

方案三:激进与保守兼顾方案(3条自动线,生产P2产品;3条租赁线,生产P4产品)。

任务四　设计方案

一、激进方案

5条自动线,生产P1、P2产品的方案比较激进,因为P1、P2产品不是高利润产品。

优势：P1、P2产品的研发周期短，而且P1产品的原料只需要一个季度就可以到达，这样第一年就可以开始生产，使企业在产品的数量、交货期等方面存在优势。

劣势：这两种产品的利润不像P3、P4产品那么高，由于第一年开始生产会增加第一年的费用，从而影响第二年的贷款额度。

> **注意** 第一年直接开始生产，第二年就需要计提折旧，会导致费用增加，所以第二年一定要多销售产品，否则会出现现金断流、净利润亏损的情况。

表5-15是该方案的第一年财务报表。

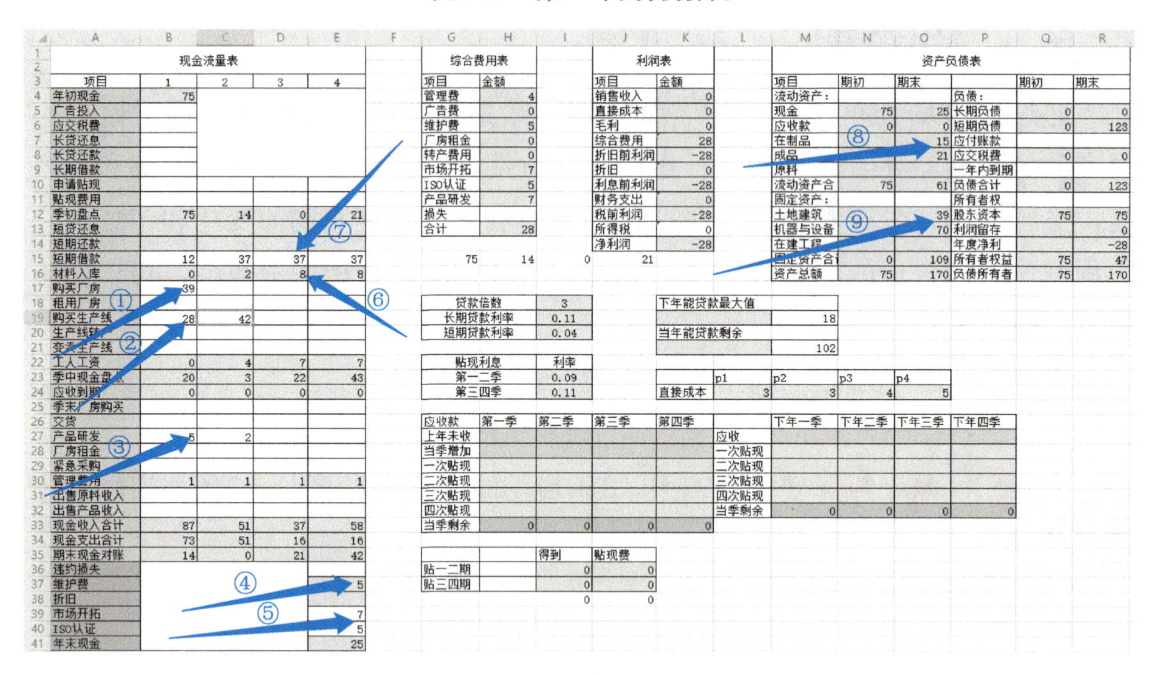

表5-15 第一年财务报表

① 购买一个大厂房。

② 第一季度购买2条自动线用以在第二季度生产P1产品，第二季度购买3条自动线用以第三季度生产P2产品。

③ 第一季度开始研发P1、P2产品。

④ 生产线已建造完工，需要交纳维护费。

⑤市场开拓、ISO认证。

⑥根据生产线的建造,进行原料采购表的填写,见表5-16,并填写原料入库项目。

表5-16 第一年原料采购表

年份/时间	小1线	中2线	大3线	小4线	中1线	大2线	小3线	中4线	大1线	小2线	中3线	大4线	小1线	中2线	大3线	费用	R1	R2	R3	R4	工人工资
一年.1																0	0	3	2	0	0
一年.2	p1	p1														2	0	3	2	3	4
一年.3	p1	p1	p1	p2	p2	p2										8	0	3	2	3	7
一年.4	p1	p1	p1	p2	p2	p2										8	0	3	2	3	7
二年.1	p1	p1	p1	p2	p2	p2										8	0	3	2	3	7
二年.2	p1	p1	p1	p2	p2	p2										8	0	3	2	3	7
二年.3	p1	p1	p1	p2	p2	p2										8	0	3	2	3	7
二年.4	p1	p1	p2	p2												8	0	0	0	0	7
三年.1																0	0	0	0	0	0
三年.2																0	0	0	0	0	0
三年.3																0	0	0	0	0	0
三年.4																0	0	0	0	0	0
四年.1																0	0	0	0	0	0
四年.2																0	0	0	0	0	0
四年.3																0	0	0	0	0	0
四年.4																0	0	0	0	0	0

⑦根据现金流量表的资金需求以及贷款规则申请短期贷款。

⑧根据原料采购表计算在制品成本以及成品成本。

⑨填入厂房价值并计算机器与设备价值。

二、保守方案

5条手工线、3条租赁线,生产P1、P3产品的方案相对比较保守,第一年只上5条手工线,然后多订购3条租赁线的原料,如果所生产产品的市场不是特别拥挤,可以选择租赁线多售产品,反之可以不上租赁线,这样不会造成大量的库存。

优势:P1产品的研发周期为1个季度,手工线可以在第一季度上线,第二季度进行生产,这样第二年可以生产出3个交货期的产品,分别为:1交货期、2交货期、4交货期,在特别拥挤的情况下可以选择不出4交货期的产品,留着下年出售1交货期的订单。

劣势:如果选择的产品过于拥挤,导致没有建造租赁线,如果第二年没有盈利,后期仅仅靠5条手工线的竞争能力可能偏弱。

表5-17是该方案第一年财务报表。

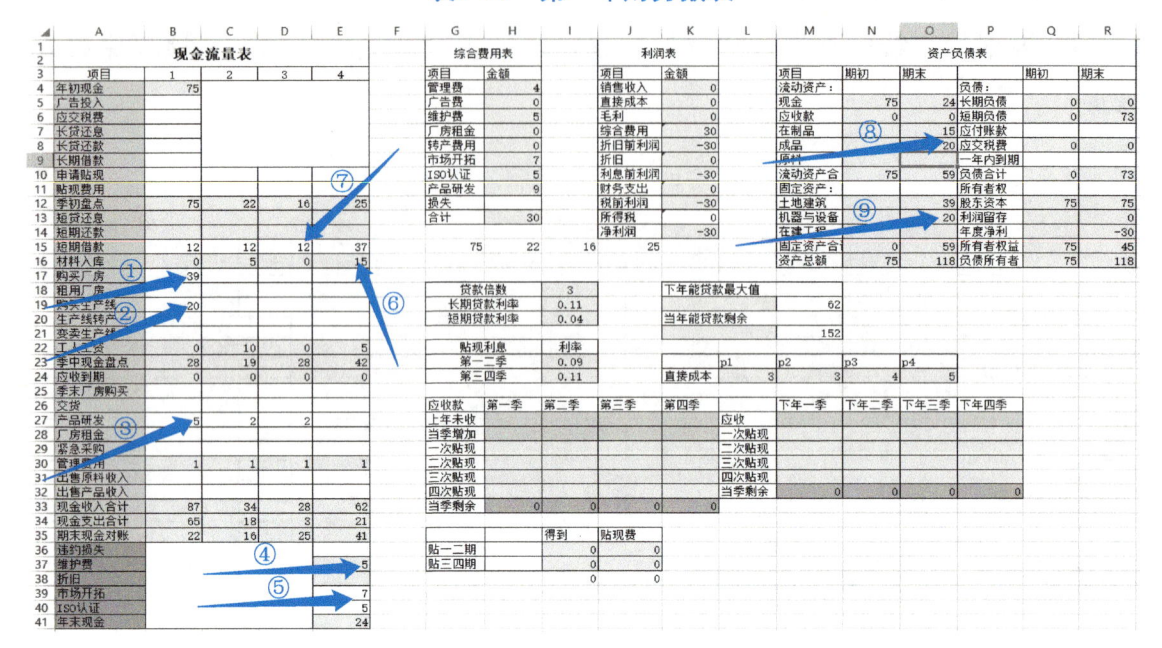

表5-17 第一年财务报表

①购买一个大厂房。

②第一季度建造5条手工线，用以在第二季度生产P1产品。

③第一季度开始研发P1、P3产品。

④手工线已建造完成，需要交纳维护费。

⑤市场开拓、ISO认证。

⑥根据生产线的建造，进行原料采购表的填制，见表5-18，并填写原料入库项目。

表5-18 第一年原料采购表

⑦根据现金流量表的资金需求以及贷款规则申请短期贷款。

⑧根据原料采购表计算在制品成本以及成品成本。

⑨填入厂房价值并计算机器与设备价值。

表5-19是该方案第二年财务报表。

表5-19　第二年财务报表

① 进行广告的预投。

② 进行长期贷款、短期贷款的借入。

③ 租用厂房，用以建造租赁线。

④ 计算维护费、折旧费、市场开拓费、ISO认证费。

⑤ 预测销售情况进行销售统计表的填制。

该方案销售数量少算，销售价格预测偏低却还能有8万元利润，说明该方案还是可行的，虽然还有现金流量表的资金漏洞没有弥补，但是手工线第一年就开始生产，交货期分别是1交货期、2交货期、4交货期，这几类交货期肯定是可以出货的，这样就可以用应收款来弥补资金的漏洞。

三、激进与保守兼顾方案

3条自动线，生产P2产品，3条租赁线，生产P4产品，属于激进与保守兼顾方案，第一年第二季度租用中厂房建造3条自动线用以提前生产P2产品，在第一年提前购买3条租赁线生产P4产品的原料。这样可以灵活决定第二年是否建造租赁线。

优势：P2产品和P4产品的利润都不低，有利于后期的发展，P4产品的生产期有利于交货。

劣势：P4产品利润很大，但在订单都是4交货期的前提下，竞争压力会很大；而且第二年P2产品的市场只有两个，在选单上也存在不小的压力。

表5-20是该方案第一年财务报表。

表5-20 第一年财务报表

①第二季度租用一间小厂房。

②第二季度购买3条自动线。

③从第一季度开始研发P2、P4产品。

④生产线已建造完工，需要交纳维护费。

⑤市场开拓、ISO认证。

⑥根据生产线的建造，进行原料采购表的填写，见表5-21，并填写原料入库项目。

表5-21 第一年原料采购表

⑦申请短期借款，弥补现金流量表的现金漏洞。

⑧根据原料采购表计算在制品成本以及成品成本。

⑨计算固定资产价值。

表5-22是该方案第二年财务报表。

表5-22 第二年财务报表

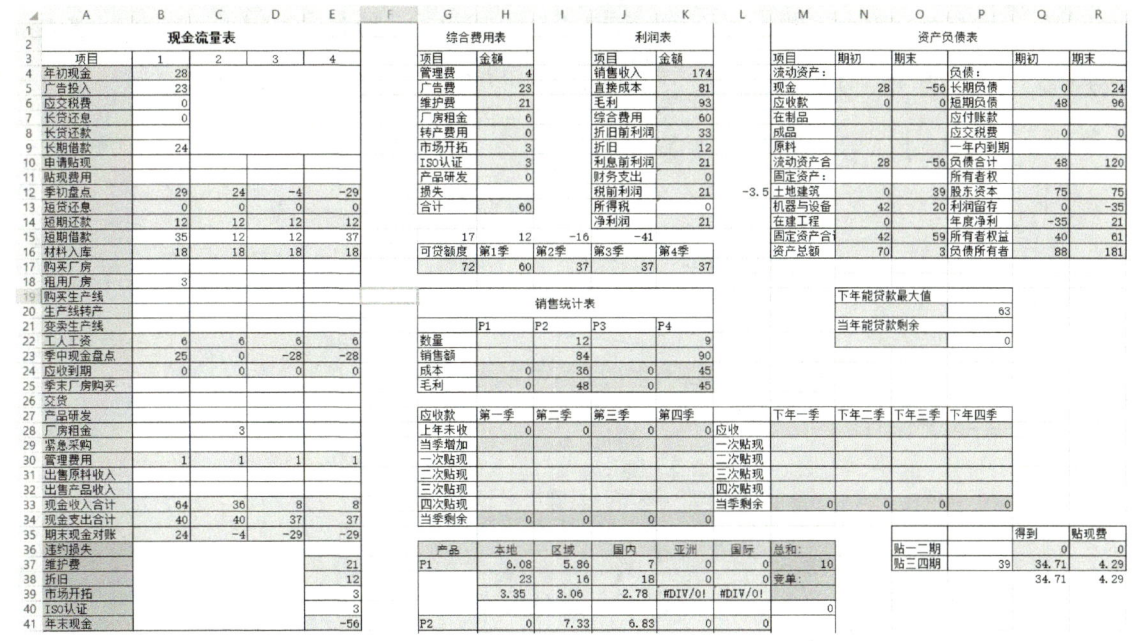

①预估所需广告额度。

②计算长期借款、短期借款。

③第二年第一季度租用厂房,用以建造租赁线;第二年第二季度末支付厂房续租费用。

④计算维护费、折旧费、市场开拓费、ISO认证费。

⑤计算产品数量,根据市场预测表估算产品价值,并填写销售统计表。

任务五 了解间谍与广告策略

沙盘模拟企业经营竞技以增加权益且资金不断流为底线,力求厚利多销,扩大销售为主,节约成本为辅。决策靠规划,应变靠功夫,根据竞争对手分析和市场分析,集中优势打广告,以销定产,适时扩张。

间谍主要分析每个竞争企业生产哪些产品、是否认证ISO资格、市场开拓情况、厂房是购买还是租用、购买或租用哪种厂房、建造了何种生产线及建造了多少条、订购的原料数量及其到达时间以及已经拥有的库存商品的种类及其数量。

广告投放说简单也简单，无非就是在有产品的对应市场投放，但说难也非常难，市场上存在那么多生产同样产品的企业，每个企业都想得到好的订单，这就需要知己知彼，这样才能精准地投放出合适的广告，拿到心仪的订单。

第一年所有参赛队伍全部做完并提交报表之后，教师（裁判）可通过教师/裁判端"巡盘发布"进行三张报表及间谍信息的发布，如图5-9所示。

图5-9　巡盘发布

学生端通过"商业情报"，下载并查看三张报表信息以及间谍信息，如图5-10所示。

图5-10　商业情报

通过查阅各组的年度净利润，了解各组亏损的情况，在后面几年的三张报表中也可以根据年度净利润了解本企业的排名情况，见表5-23（本数据来源于真实比赛，不同于任务四设计方案的规则、市场）。

表5-23 三张报表

用户名	HH01	HH02	HH03	HH04	HH05	HH07	HH08	HH09	HH10	HH11	HH12	HH13	HH14	HH15	HH16	HH17	HH18
管理费	4	4	4	4	4	4	4	4	4	4	4	4	4	4	4	4	4
广告费	0	0	0	0	0	0	0	0	0	0	0	0	0	0	0	0	0
维护费	0	6	4	6	4	0	0	0	0	6	8	8	3	6	8	0	12
损失	0	0	0	0	0	0	0	0	0	0	0	0	0	0	0	0	0
转产费	0	0	0	0	0	0	0	0	0	0	0	0	0	0	0	0	0
租金	4	3	4	3	0	5	5	5	5	5	0	2	3	4	5	6	6
市场开拓费	5	5	5	4	5	5	5	5	5	5	4	5	4	5	5	5	5
产品研发费	12	6	6	4	16	8	6	0	14	14	4	4	12	14	10	16	6
ISO认证费	3	3	3	3	3	3	3	3	3	3	3	3	3	3	3	3	3
信息费	0	0	0	0	0	0	0	0	0	0	0	0	0	0	0	0	0
合计	28	27	26	24	32	25	23	28	31	37	24	25	30	35	35	34	36

用户名	HH01	HH02	HH03	HH04	HH05	HH07	HH08	HH09	HH10	HH11	HH12	HH13	HH14	HH15	HH16	HH17	HH18
销售收入	0	0	0	0	0	0	0	0	0	0	0	0	0	0	0	0	0
直接成本	0	0	0	0	0	0	0	0	0	0	0	0	0	0	0	0	0
毛利	0	0	0	0	0	0	0	0	0	0	0	0	0	0	0	0	0
综合费用	28	27	26	24	32	25	23	28	31	37	24	25	30	35	35	34	36
折旧前利润	-28	-27	-26	-24	-32	-25	-23	-28	-31	-37	-24	-25	-30	-35	-35	-34	-36
折旧	0	0	0	0	0	0	0	0	0	0	0	0	0	0	0	0	0
支付利息前利润	-28	-27	-26	-24	-32	-25	-23	-28	-31	-37	-24	-25	-30	-35	-35	-34	-36
财务费用	0	0	0	0	0	0	0	0	0	0	0	0	0	0	0	0	0
税前利润	-28	-27	-26	-24	-32	-25	-23	-28	-31	-37	-24	-25	-30	-35	-35	-34	-36
所得税	0	0	0	0	0	0	0	0	0	0	0	0	0	0	0	0	0
年度净利润	-28	-27	-26	-24	-32	-25	-23	-28	-31	-37	-24	-25	-30	-35	-35	-34	-36

用户名	HH01	HH02	HH03	HH04	HH05	HH07	HH08	HH09	HH10	HH11	HH12	HH13	HH14	HH15	HH16	HH17	HH18
类型	系统	系统	系统	系统	系统	系统	系统	系统	系统	系统	系统	系统	系统	系统	系统	系统	系统
现金	28	38	33	36	30	45	47	46	39	38	38	38	70	43	38	27	34
应收款	0	0	0	0	0	0	0	0	0	0	0	0	0	0	0	0	0
在制品	0	24	8	9	6	0	0	0	0	14	12	15	15	15	14	0	15
产成品	0	0	0	9	6	0	0	0	0	0	0	0	0	0	0	0	0
原料	0	0	0	0	0	0	0	0	0	0	0	0	0	0	14	0	15
流动资产合计	28	62	41	54	42	45	47	46	39	52	50	53	85	58	66	27	64
厂房	0	30	0	0	40	20	20	40	20	0	0	40	40	40	0	0	0
机器设备	0	24	24	36	24	0	0	0	0	35	48	44	12	45	48	0	72
在建工程	48	0	24	0	24	72	72	48	72	0	0	0	24	15	0	72	0
固定资产合计	48	54	48	36	88	92	92	88	92	35	88	84	76	60	48	72	72
资产总计	76	116	89	90	130	137	139	134	131	87	138	137	161	118	114	99	136
长期贷款	0	0	0	0	0	0	0	0	0	0	0	0	0	0	0	0	0
短期贷款	29	68	40	39	87	87	87	87	87	49	87	87	116	78	74	58	97
特别贷款	0	0	0	0	0	0	0	0	0	0	0	0	0	0	0	0	0
所得税	0	0	0	0	0	0	0	0	0	0	0	0	0	0	0	0	0
负债合计	29	68	40	39	87	87	87	87	87	49	87	87	116	78	74	58	97
股东资本	75	75	75	75	75	75	75	75	75	75	75	75	75	75	75	75	75
利润留存	0	0	0	0	0	0	0	0	0	0	0	0	0	0	0	0	0
年度净利	-28	-27	-26	-24	-32	-25	-23	-28	-31	-37	-24	-25	-30	-35	-35	-34	-36
所有者权益合计	47	48	49	51	43	50	52	47	44	38	51	50	45	40	40	41	39
负债和所有者权益总计	76	116	89	90	130	137	139	134	131	87	138	137	161	118	114	99	136

间谍信息（图5-11）里面的Excel工作表就是每个参赛队的所有信息。可以看出缺少HH06组，这种情况是由于HH06组违反了比赛规则，直接被裁判点破出局了。

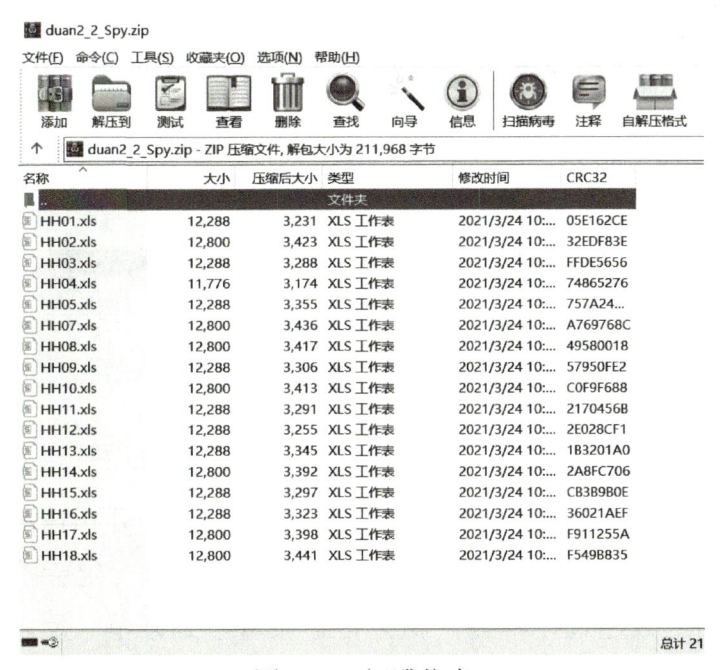

图5-11 间谍信息

根据企业信息（图5-12）可以了解该竞争企业的可用现金。

	HH01公司详细资料		
制表人	国际企业调查公司	制表时间	2021/3/24 10:00:56
公司现金	28W	公司状态	正在经营
股东注资	0W	系统时间	第2年1季
公司名称	1	所属学校	1
组织结构	总经理:11 财务总监:1 市场总监:1 运营总监:1		
公司宣言	1		

图5-12　企业信息

根据库存信息（表5-24）可以了解该竞争企业的原料订购数量以及订购时间，计算出原料到货的时间以及数量，再根据原料的组成规则大致可以计算出该竞争企业的产量；可以从产品库存情况了解竞争企业下一年1交货期产品的大概数量。

表5-24　库存信息

原料订购					原料库存		产品库存	
名称	数量	剩余时间	订购时间		名称	数量	名称	数量
R3	8	1季	第1年3季				
R2	4	1季	第1年4季				
R3	8	2季	第1年4季				
R4	4	1季	第1年4季				

根据应收款、长期贷款、短期贷款可以了解竞争企业的资金情况，见表5-25。

表5-25　银行贷款

应收款		长期贷款			短期贷款			特别贷款	
剩余账期	金额	剩余账期	金额	贷款时间	剩余账期	金额	贷款时间	金额	贷款时间
					4季	29W	第1年4季		

根据研发认证（表5-26）可以了解竞争企业的市场开拓情况、产品研发情况、ISO资格认证情况。一般情况下，研发某个产品就一定会投这个产品的广告。如果研发的组数超过订单数，就会有企业拿不到订单；反之，这个市场就会有回单。

表5-26 研发认证

市场开拓				
名称	开发费	周期	剩余时间	完成时间
本地	1W/年	1年	-	第1年4季
区域	1W/年	1年	-	第1年4季
国内	1W/年	1年	-	第1年4季
亚洲	1W/年	1年	-	第1年4季
国际	1W/年	2年	1	-

产品研发				
名称	开发费	周期	剩余时间	完成时间
P4	4W/季	3季	-	第1年3季

ISO认证				
名称	开发费	周期	剩余时间	完成时间
ISO9000	1W/年	2年	1	-
ISO14000	2W/年	2年	1	-

订单中有ISO 9000、ISO 14000资格的要求，如果有些组没有研发对应资格认证，则相当于少了一些竞争对手。

广告只能投在已经取得市场准入资格的市场内，如果没有取得市场准入资格，则无法在这个市场里投放广告。例如，某个组没开拓国际市场，则可以认为其放弃了国际市场。

从厂房的大小及置办时间，可以了解对方企业的生产规划。通过表5-27可以看出，该企业建造了4条自动线生产P4产品，状态显示在建，说明该企业没有1交货期的P4产品。一般情况下不会选择转产自动线，自动线可以很明显、直观地反映该企业的产品，但是如果企业拥有柔性线或者手工线，就需要根据原料的到库情况以及生产线的数量来确定柔性线可能生产的产品。

表5-27 厂房与生产线信息

厂房信息								
ID	名称	状态	容量	购价	租金	售价	最后付租	置办时间
9	小厂房	租用	0/2	20W	2W/年	20W	第1年3季	第1年3季
10	小厂房	租用	0/2	20W	2W/年	20W	第1年3季	第1年3季

生产线信息								
ID	名称	厂房	产品	状态	累计折旧	开产时间	转产时间	剩余时间	建成时间	开建时间
20	自动线	小厂房(9)	P4	在建	0W	-	-	0季	-	第1年3季
21	自动线	小厂房(9)	P4	在建	0W	-	-	0季	-	第1年3季
22	自动线	小厂房(10)	P4	在建	0W	-	-	0季	-	第1年3季
23	自动线	小厂房(10)	P4	在建	0W	-	-	0季	-	第1年3季

第一年暂无订单信息（表5-28），后续每年的间谍信息中是有该企业拿到的详细的订单信息的。

表5-28 订单信息

订单列表										
订单编号	市场	产品	数量	总价	状态	得单年份	交货期	账期	ISO	交货时间

根据间谍信息制作询盘表（表5-29），通过询盘表可以直观地了解各个产品有多少竞争队伍、拥有的资金总额、拥有生产线的数量以及生产线是否已经开始生产。

表5-29　询盘表

询盘表	P1	P2	P3	P4	现金	生产线
1				1	28	4自P4在建
2			1		38	6手P3开产
3			1		33	2自P3开产，2自P3在建
4		1			36	3自P2开产
5		1		1	30	2自P2开产，2自P4在建
7	1		1		45	3自P1，3自P3在建
8	1	1			47	2自P1，4自P2在建
9				1	46	2自P2，2自P4在建
10	1			1	39	3自P1，2自P4在建
11	1			1	38	1柔1自2手开产
12		1			38	4自P2开产
13		1			38	2手3自P2开产
14				1	70	3手P4开产，2自P4在建
15	1			1	43	3柔开产，1柔在建
16		1	1		38	2自P2，2自P3开产
17		1		1	27	3自P2，3自P4在建
18	1	1			34	3自P1，3自P2开产
合计	6	9	4	8		

根据订单张数可以了解各产品的订单数。根据表5-30，P1、P2产品订单张数略大于询盘时各队研发P1、P2产品的数量之和，这说明P1、P2产品市场投放广告略高的几组还会存在回单；P3产品订单数量超过询盘时各队研发P3产品的数量之和很多，说明P3产品的市场非常宽松，每个企业至少可以拿到两张订单，大部分企业可以拿到三张订单；P4产品的订单张数等于询盘时各队研发P4产品的数量之和，说明P4产品的市场刚刚饱和。了解产品的市场宽松程度有利于计算广告额度。

表5-30　市场预测表——订单张数

市场预测表——订单张数

序号	年份	产品	本地	区域	国内	亚洲	国际
1	第2年	P1	10	12	0	9	0
2	第2年	P2	0	14	10	11	0
3	第2年	P3	0	11	11	11	0
4	第2年	P4	8	0	8	8	0
5	第3年	P1	14	14	0	15	0
6	第3年	P2	11	10	12	0	0
7	第3年	P3	0	0	13	12	8
8	第3年	P4	9	0	10	0	11
9	第4年	P1	14	13	9	12	11
10	第4年	P2	11	9	11	0	9
11	第4年	P3	12	9	11	11	8
12	第4年	P4	10	11	11	0	12

任务六 复盘

在无数次的练习以及对抗中，往往会遇见这样的情况：明明是同样的方案，另外一组能一路高歌猛进，而本组却濒临破产。本任务主要介绍在拿到比赛数据之后如何进行分析，本任务是提升ERP沙盘模拟经验水平和能力的重要环节。

一场比赛打完之后，教师（裁判）可以通过裁判端一键导出所有数据（如图5-13所示），然后将数据下发给学生。

图5-13　数据导出

图5-14是学生拿到的数据压缩包，里面的文件就是这场比赛产生的所有数据。

名称	大小	压缩后大小	类型	修改时间	CRC32
..			文件夹		
1.xls	47,616	9,691	XLS 工作表	2021/3/24 16:...	81CD32...
2.xls	47,616	10,424	XLS 工作表	2021/3/24 16:...	C3FB603B
3.xls	47,104	10,358	XLS 工作表	2021/3/24 16:...	C2AA85...
4.xls	47,104	10,518	XLS 工作表	2021/3/24 16:...	CE50C289
HH01.xls	36,864	9,823	XLS 工作表	2021/3/24 16:...	D344D0...
HH02.xls	41,984	11,026	XLS 工作表	2021/3/24 16:...	46337E41
HH03.xls	39,936	10,528	XLS 工作表	2021/3/24 16:...	9584A119
HH04.xls	40,960	10,766	XLS 工作表	2021/3/24 16:...	F5250AD2
HH05.xls	38,400	10,212	XLS 工作表	2021/3/24 16:...	8F5860A0
HH06.xls	15,872	3,838	XLS 工作表	2021/3/24 16:...	690B7A2F
HH07.xls	40,448	10,689	XLS 工作表	2021/3/24 16:...	4BF772D9
HH08.xls	28,672	7,741	XLS 工作表	2021/3/24 16:...	09D8DF3E
HH09.xls	37,888	10,008	XLS 工作表	2021/3/24 16:...	378CC8...
HH10.xls	29,696	8,045	XLS 工作表	2021/3/24 16:...	72B9060F
HH11.xls	40,448	10,698	XLS 工作表	2021/3/24 16:...	9C4E6629
HH12.xls	37,888	9,995	XLS 工作表	2021/3/24 16:...	7942A182
HH13.xls	39,424	10,514	XLS 工作表	2021/3/24 16:...	E3E5346C
HH14.xls	42,496	11,246	XLS 工作表	2021/3/24 16:...	DB79D5...
HH15.xls	44,544	11,799	XLS 工作表	2021/3/24 16:...	12E86F6E
HH16.xls	39,424	10,542	XLS 工作表	2021/3/24 16:...	AD5AA...

图5-14　数据文件

以1、2、3、4命名的文件分别是第一年、第二年、第三年、第四年的三张报表数据以及该年各组广告投放的具体金额等，第二年数据举例见表5-31。

表5-31　第二年数据举例

	A	B	C	D	E	F	G	H	I	J
1				HH01广告投放情况						
2		产品	本地	区域	国内	亚洲	国际			
3		P1	0	0	0	0	0			
4		P2	0	0	0	0	0			
5		P3	0	0	0	0	0			
6		P4	11	0	8	9	0			
7										
8				HH02广告投放情况						
9		产品	本地	区域	国内	亚洲	国际			
10		P1	0	0	0	0	0			
11		P2	0	0	0	0	0			
12		P3	0	8	9	8	0			
13		P4	0	0	0	0	0			
14										
15				HH03广告投放情况						
16		产品	本地	区域	国内	亚洲	国际			
17		P1	0	0	0	0	0			
18		P2	0	0	0	0	0			
19		P3	0	5	9	3	0			
20		P4	0	0	0	0	0			
21										
22				HH04广告投放情况						
23		产品	本地	区域	国内	亚洲	国际			
24		P1	0	0	0	0	0			
25		P2	0	8	6	13	0			
26		P3	0	0	0	0	0			
27		P4	0	0	0	0	0			
28										
29				HH05广告投放情况						
30		产品	本地	区域	国内	亚洲	国际			
31		P1	0	0	0	0	0			
32		P2	0	4	5	1	0			
33		P3	0	0	0	0	0			

图5-14中，以HH命名的文件是各组队伍的详细信息，双击打开后见表5-32。

表5-32　队伍详细数据

HH01公司详细资料			
制表人	国际企业调查公司	制表时间	2021/3/24 16:37
公司现金	365W	公司状态	正在经营
股东注资	0W	系统时间	第5年1季
公司名称	1	所属学校	1
组织结构	总经理:1 财务总监:1 市场总监:1 运营总监:1		
公司宣言	1		

通过队伍详细数据可以全面分析优秀队伍的打法、开局、广告投放以及一些重要决策，也可以分析失误队伍的方案存在的问题。如果只是单纯的打比赛，不懂得总结，很快就会出现瓶颈，取长补短才是打比赛的目的。

通过了解公司的订单信息，可以计算出该公司的销售情况；通过了解公司的广告费用，可以分析出是广告费多策略还是广告费低策略；通过了解现金流量表，可以直观地分析出该公司每个节点都做了哪些操作，其中哪些是对本次比赛有帮助的，哪些是导致本次比赛失利的。

接下来就对本次比赛名列前茅的队伍进行经营情况分析、还原。

一、全面分析，取其精华

通过第四年的三张报表（表5-33）可以看出最后一年权益最高的队伍是HH17组，以137万元的权益占据榜首，HH15组以136万元的权益屈居第二，接下来对这两组数据进行分析。

表5-33　第四年三张报表

用户名	HH01	HH02	HH03	HH04	HH05	HH07	HH09	HH11	HH12	HH13	HH14	HH15	HH16	HH17	HH18
类型	系统	系统	系统	系统	系统	系统	系统	系统	系统	系统	系统	系统	系统	系统	系统
现金	259	54	65	71	210	198	104	12	140	147	76	72	60	128	126
应收款	110	79	162	135	114	104	116	43	50	67	110	207	86	183	110
在制品	20	16	24	0	0	0	0	2	0	0	0	0	0	0	0
产成品	10	4	0	3	11	12	8	5	27	3	0	0	18	30	17
原料	0	8	0	0	0	6	8	9	0	0	6	4	12	0	18
流动资产合计	399	161	251	209	335	320	236	71	217	217	192	283	176	341	271
厂房	40	30	60	60	40	20	0	100	60	60	70	90	60	30	90
机器设备	24	10	36	36	18	36	24	26	18	21	32	67	18	36	30
在建工程	0	0	0	0	0	0	0	0	0	0	0	0	0	0	0
固定资产合计	64	40	96	96	58	56	24	126	78	81	102	157	78	66	120
资产总计	463	201	347	305	393	376	260	197	295	298	294	440	254	407	391
长期贷款	177	37	130	71	151	180	68	55	82	59	68	134	95	139	162
短期贷款	156	116	116	136	116	87	100	98	116	116	116	157	78	113	117
特别贷款	0	0	0	0	0	0	0	0	0	0	0	0	0	0	0
所得税	5	0	5	6	9	5	4	0	6	10	9	13	2	18	5
负债合计	338	153	251	213	276	272	172	153	204	185	193	304	175	270	284
股东资本	75	75	75	75	75	75	75	75	75	75	75	75	75	75	75
利润留存	36	-24	7	-6	14	14	-19	-24	1	7	-11	22	-16	9	18
年度净利	14	-3	14	23	28	15	32	-7	15	31	37	39	20	53	14
所有者权益合计	125	48	96	92	117	104	88	44	91	113	101	136	79	137	107
负债和所有者权益总计	463	201	347	305	393	376	260	197	295	298	294	440	254	407	391

通过询盘（表5-34），可以看出第一年研发P1产品、P2产品、P3产品、P4产品的组数分别为6、9、4、8。HH15组研发的是P1产品和P4产品，HH17组研发的是P2产品和P4产品。

从表5-35的均价可以看出，P4产品的平均利润在第二年达到7万元，这是远远高于其他三种产品的；从表5-35的订单张数以及询盘表可以看出，P4产品的市场处于饱和状态。

表5-34　第一年询盘表

询盘表	P1	P2	P3	P4	现金	生产线
1				1	28	4自P4在建
2			1		38	6手P3开产
3			1		33	2自P3开产，2自P3在建
4		1			36	3自P2开产
5		1		1	30	2自P2开产，2自P4在建
7	1		1		45	3自P1，3自P3在建
8	1	1			47	2自P1，4自P2在建
9		1		1	46	2自P2，2自P4在建
10	1			1	39	3自P1，2自P4在建
11	1			1	38	1柔1自2手开产
12		1			38	4自P2开产
13		1			38	2手3自P2开产
14				1	70	3手P4开产，2自P4在建
15	1			1	43	3柔开产，1柔在建
16		1	1		38	2自P2，2自P3开产
17		1		1	27	3自P2，3自P4在建
18	1	1			34	3自P1，3自P2开产
合计	6	9	4	8		

表5-35　市场预测表

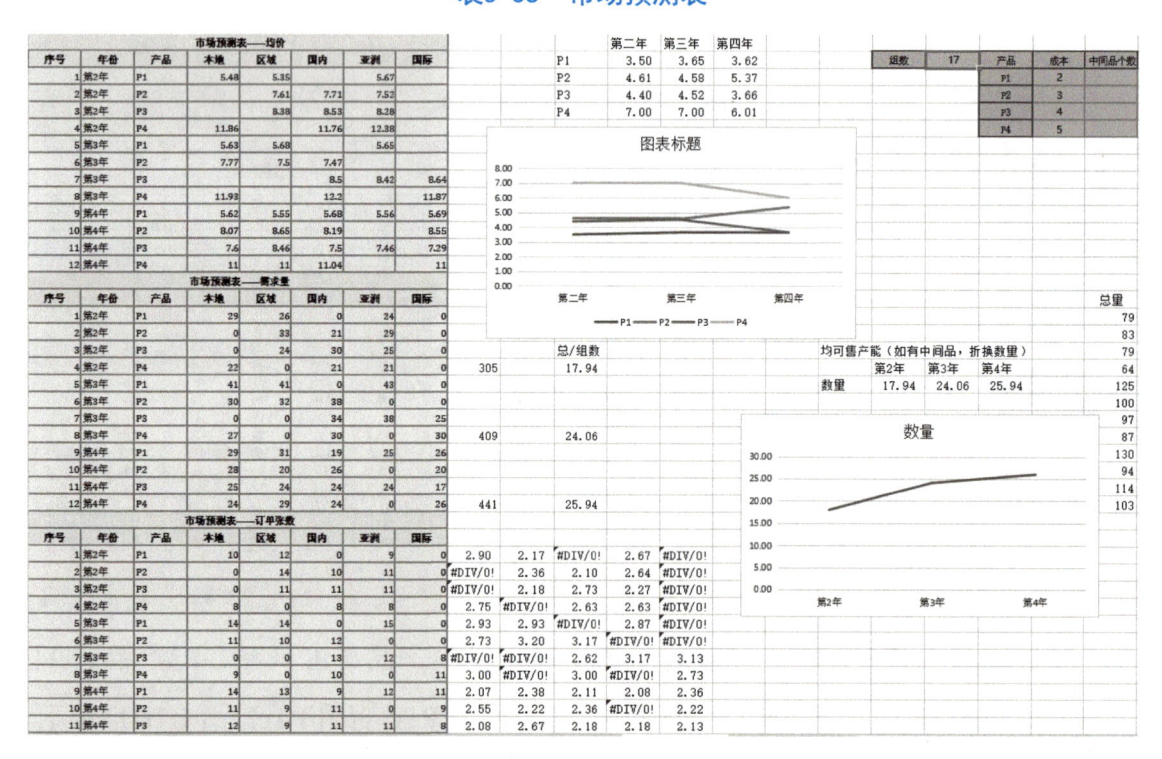

从广告投放情况（表5-36）可以看出，两组在第二年P4产品饱和的情况下做出的两种完全不同的决策：HH15组采取了P1产品直接"划水"的方式，P4产品采取加大广告投放拿大单的方式；HH17组采取了P2产品和P4产品均投的方式。

表5-36 第二年广告投放情况

HH15广告投放情况

产品	本地	区域	国内	亚洲	国际
P1	1	0	0	1	0
P2	0	0	0	0	0
P3	0	0	0	0	0
P4	11	0	1	12	0

HH17广告投放情况

产品	本地	区域	国内	亚洲	国际
P1	0	0	0	0	0
P2	0	1	5	7	0
P3	0	0	0	0	0
P4	1	0	6	7	0

从第二年三张报表（表5-37）可以看到，HH15组第二年的净利润为27万元，HH17组的净利润只有8万元。但这并不能说明HH15组的决策是完美的，接下来看看其他数据。

表5-37 第二年三张报表

用户名	HH01	HH02	HH03	HH04	HH05	HH07	HH08	HH09	HH10	HH11	HH12	HH13	HH14	HH15	HH16	HH17	HH18
类型	系统	系统	系统	系统	系统	系统	系统	系统	系统	系统	系统	系统	系统	系统	系统	系统	系统
现金	6	44	57	28	17	28	23	8	0	15	51	40	8	21	52	21	38
应收款	131	59	50	60	51	71	54	54	3	24	38	31	79	98	45	34	52
在制品	20	32	16	9	16	18	16	16	21	14	12	15	30	20	14	24	15
产成品	5	0	8	3	21	6	19	18	20	10	15	12	0	0	6	21	15
原料	0	0	0	0	0	0	0	0	0	0	0	0	0	0	0	0	0
流动资产合计	162	135	131	100	105	123	112	96	44	63	116	98	117	139	117	100	120
厂房	0	30	0	30	40	20	20	0	0	0	40	40	40	0	0	0	0
机器设备	48	26	42	27	42	72	72	48	72	26	36	33	37	48	36	72	54
在建工程	0	0	0	36	0	0	0	0	0	0	0	12	0	0	24	0	0
固定资产合计	48	56	42	93	82	92	92	88	72	26	76	85	77	48	60	72	54
资产总计	210	191	173	193	187	215	204	184	116	89	192	183	194	187	177	172	174
长期贷款	0	28	0	0	13	34	34	34	14	0	24	14	14	13	44	14	0
短期贷款	136	116	116	136	116	116	116	107	116	49	116	116	116	107	76	109	117
特别贷款	0	0	0	0	0	0	0	0	0	0	0	0	0	0	0	0	0
所得税	0	0	0	0	0	0	0	0	0	0	0	0	0	0	0	0	0
负债合计	136	144	116	136	129	150	150	141	130	49	140	130	130	120	120	123	117
股东资本	75	75	75	75	75	75	75	75	75	75	75	75	75	75	75	75	75
利润留存	-28	-27	-26	-24	-32	-25	-23	-28	-31	-37	-24	-25	-30	-35	-35	-34	-36
年度净利	27	-1	8	6	15	15	2	-4	-58	2	1	3	19	27	17	8	18
所有者权益合计	74	47	57	57	58	65	54	43	-14	40	52	53	64	67	57	49	57
负债和所有者权益总计	210	191	173	193	187	215	204	184	116	89	192	183	194	187	177	172	174

对这两个组第二年的订单进行简单分析，相关数据见表5-38和表5-39。HH15组销售了5个P1产品、10个P4产品，总成本为60万元，销售金额为150万元，毛利为90万元；HH17组销售了7个P2产品、7个P4产品，总成本为56万元，销售金额为135万元，毛利为79万元。

表5-38 HH15组第二年订单

订单编号	市场	产品	数量	总价	状态	得单年	交货期	账期	ISO	交货时
X21-0004	本地	P1	3	16W	已交单	第2年	2季	1季		第2年2季
X21-0017	本地	P4	3	37W	已交单	第2年	4季	2季		第2年3季
X24-0091	亚洲	P1	2	11W	已交单	第2年	4季	4季		第2年4季
X23-0077	国内	P4	2	23W	已交单	第2年	4季	3季		第2年2季
X24-0120	亚洲	P4	3	37W	已交单	第2年	4季	4季		第2年4季
X24-0121	亚洲	P4	2	26W	已交单	第2年	2季	1季		第2年1季
		5个P1	10个P4	成本		60	生产线	3柔性开产	1柔性在建	
		销售		150						
		毛利		90						

表5-39 HH17组第二年订单

订单编	市场	产品	数量	总价	状态	得单年	交货期	账期	ISO	交货时
X23-0056	国内	P2	2	15W	已交单	第2年	4季	3季		第2年4季
X21-0013	本地	P4	1	12W	违约	第2年	4季	1季		-
X22-0044	区域	P2	2	35W	已交单	第2年	2季	0季		第2年2季
X23-0081	国内	P4	3	23W	已交单	第2年	3季	2季		第2年2季
X24-0101	亚洲	P2	3	23W	已交单	第2年	3季	1季		第2年3季
X23-0082	国内	P4	3	35W	已交单	第3年	3季	3季		第2年3季
			6个P2	7个P4	53		生产线	3自P2	3自P4	
			销售	131						
			毛利	78						

HH15组第二年产量为15个产品,生产线为3条柔性线,生产P4产品,在建1条柔性线,从订单上看,相当于全部销售;HH17组第二年产量为18个产品,生产线为3条自动线,生产P2产品,在建3条自动线,生产P4产品,相当于库存3个P2产品、2个P4产品。

HH15组选择建设可以灵活转产的柔性线,前期研发P1产品和P4产品。第二年P1产品市场相对稍空,而P4产品市场处于饱和状态。通过提高P4产品的广告费,来增加第二年的利润,为第三年争取贷款额度,给第三年建造生产线打下基础。

HH17组选择建设6条自动线,在产品数量上占得优势,但第二年P2产品的市场处于半饱和状态,则P2产品的广告费不能降低。万一无法全部销售,可以留存下一年销售,毕竟P2产品拥有可观的利润。

从第三年的三张报表(表5-40)可以看出HH15组净利润为30万元,HH17组净利润有35万元。

表5-40 第三年三张报表

用户名	HH01	HH02	HH03	HH04	HH05	HH07	HH09	HH11	HH12	HH13	HH14	HH15	HH16	HH17	HH18
类型	系统	系统	系统	系统	系统	系统	系统	系统	系统	系统	系统	系统	系统	系统	系统
现金	118	45	69	72	51	25	75	71	53	23	1	104	98	35	116
应收款	84	59	68	64	80	86	28	28	75	106	86	50	38	52	64
在制品	20	32	24	15	16	18	16	18	18	21	37	20	21	24	15
产成品	5	8	0	5	26	12	21	10	12	6	33	0	25	39	9
原料	0	0	0	0	0	0	5	0	0	0	0	0	0	0	0
流动资产合计	227	144	161	156	173	141	140	132	158	156	157	174	182	150	204
厂房	40	30	40	30	40	20	0	40	40	40	40	0	30	30	30
机器设备	36	18	54	54	30	54	36	25	32	38	51	32	48	54	36
在建工程	0	0	0	0	0	0	12	0	0	0	0	60	0	0	0
固定资产合计	76	48	94	84	70	74	36	37	72	78	91	132	48	84	66
资产合计	303	192	255	240	243	215	176	169	230	234	248	306	230	234	270
长期贷款	24	25	55	35	33	34	34	20	38	34	68	44	95	34	54
短期贷款	156	116	116	136	116	87	86	98	116	116	116	157	76	113	117
特别贷款	0	0	0	0	0	0	0	0	0	0	0	0	0	0	0
所得税	12	0	2	0	5	5	0	0	0	2	0	8	0	3	6
负债合计	192	141	173	171	154	126	120	118	154	152	184	209	171	150	177
股东资本	75	75	75	75	75	75	75	75	75	75	75	75	75	75	75
利润留存	-1	-28	-18	-18	-17	-10	-32	-35	-23	-11	-8	-18	-26	-18
年度净利	37	4	25	12	31	24	13	11	24	29	0	30	2	35	36
所有者权益合计	111	51	82	69	89	89	56	51	76	82	64	97	59	84	93
负债和所有者权益总计	303	192	255	240	243	215	176	169	230	234	248	306	230	234	270

对这两个组第三年的订单进行简单分析,相关数据见表5-41和表5-42。第三年HH15组销售16个产品,HH17组销售20个产品,两个组的净利润只相差5万

元。虽然HH15组在产品数量上不占优势，但P4产品的利润明显大于其他产品，所以两组的利润也相差不大。

表5-41 HH15组第三年订单

订单编号	市场	产品	数量	总价	状态	得单年	交货期	账期	ISO	交货时间
X34-0218	亚洲	P1	1	6W	已交单	第3年	4季	0季	ISO9000	第3年4季
X33-0211	国内	P4	4	48W	已交单	第3年	3季	1季		第3年3季
X31-0152	本内	P4	4	47W	已交单	第3年	1季	2季		第3年1季
X33-0209	国内	P4	2	24W	已交单	第3年	2季	3季		第3年2季
X35-0253	国际	P4	3	36W	已交单	第3年	4季	3季		第3年4季
X35-0259	国际	P4	2	24W	已交单	第3年	2季	3季		第3年2季
		1个P1	15个P4	成本	77		生产线	3柔性开产1柔性在建		
		销售	185							
		毛利	108							

表5-42 HH17组第三年订单

订单编号	市场	产品	数量	总价	状态	得单年	交货期	账期	ISO	交货时间
X33-0188	国内	P2	3	22W	已交单	第3年	3季	3季		第3年3季
X33-0193	国内	P2	3	22W	已交单	第3年	2季	4季	ISO9000	第3年2季
X31-0148	本地	P2	3	23W	已交单	第3年	1季	3季		第3年1季
X32-0174	区域	P2	2	16W	已交单	第3年	2季	4季	ISO9000	第3年1季
X31-0155	本地	P4	2	24W	已交单	第3年	2季	3季		第3年1季
X33-0210	国内	P4	3	37W	已交单	第3年	2季	1季		第3年2季
X33-0212	国内	P4	4	48W	已交单	第3年	1季	4季		第3年1季
		11个P2	9个P4	78		生产线	3自P2	3自P4		
		销售	192							
		毛利	114							

从表5-43可以了解到HH15组第三年第三季度建造了3条自动线生产P1产品，2条自动线生产P4产品。到第四年的时候相当于有31个产品，根据第三年的三张报表可以看出第三年有两组破产，只剩下15组，所以最后一年组均数为29.4。

表5-43 HH15组的厂房与生产线信息

厂房信息								
ID	名称	状态	容量	购价	租金	售价	最后付租	置办时间
33	小厂房	购买	2/2	20W	2W/年	20W	-	第1年1季
34	小厂房	购买	1/2	20W	2W/年	20W	-	第1年1季
51	中厂房	购买	0/3	30W	3W/年	30W	-	第3年3季
52	小厂房	购买	0/2	20W	2W/年	20W	-	第3年3季

生产线信息									
ID	名称	厂房	产品	状态	累计折旧	开产时间	转产时间	剩余时间	建成时间	开建时间
102	柔性线	小厂房(34)	P4	空闲	8W	-	-	0季	第2年1季	第1年2季
137	自动线	中厂房(51)	P1	空闲	0W	-	-	0季	第4年1季	第3年3季
138	自动线	中厂房(51)	P1	空闲	0W	-	-	0季	第4年1季	第3年3季
139	自动线	中厂房(51)	P1	空闲	0W	-	-	0季	第4年1季	第3年3季
140	自动线	小厂房(52)	P4	空闲	0W	-	-	0季	第4年1季	第3年3季
141	自动线	小厂房(52)	P4	空闲	0W	-	-	0季	第4年1季	第3年3季

从表5-44可以看出HH17组第三年没有新建生产线。第二年产能18个，销售13个，库存5个，这4个产品用于第三年的1交货期订单；第三年产能29个，销售20个，库存9个，这8个产品用于第四年的1交货期订单；第四年产能33个，这已经赶上了市场的需求量，没必要建造新的生产线。

表5-44　HH17组的厂房与生产线信息

\multicolumn{10}{c	}{厂房信息}
ID	名称	状态	容量	购价	租金	售价	最后付租	置办时间	
27	中厂房	购买	0/3	30W	3W/年	30W	-	第1年3季	
28	中厂房	租用	0/3	30W	3W/年	30W	第4年3季	第1年3季	

\multicolumn{11}{c	}{生产线信息}
ID	名称	厂房	产品	状态	累计折旧	开产时间	转产时间	剩余时间	建成时间	开建时间
74	自动线	中厂房(27)	P2	空闲	6W	-	-	0季	第2年1季	第1年3季
75	自动线	中厂房(27)	P2	空闲	6W	-	-	0季	第2年1季	第1年3季
76	自动线	中厂房(27)	P2	空闲	6W	-	-	0季	第2年1季	第1年3季
77	自动线	中厂房(28)	P4	空闲	6W	-	-	0季	第2年1季	第1年3季
78	自动线	中厂房(28)	P4	空闲	6W	-	-	0季	第2年1季	第1年3季
79	自动线	中厂房(28)	P4	空闲	6W	-	-	0季	第2年1季	第1年3季

根据第四年的订单情况（表5-45和表5-46）以及广告情况（表5-47和表5-48）可以看出HH15组的毛利是150万元，广告费是53万元；HH17组的毛利是144万元，广告费是28万元。毛利相差6万元的情况下，广告费却相差了25万元，这是HH17组反超的重要原因。

表5-45　HH15组第四年订单

\multicolumn{11}{c	}{订单列表}
订单编号	市场	产品	数量	总价	状态	得单年	交货期	账期	ISO	交货时间
X43-0360	国内	P1	2	11W	已交单	第4年	4季	3季		第4年3季
X41-0276	本地	P1	3	17W	已交单	第4年	2季	1季		第4年2季
X42-0318	区域	P1	2	11W	已交单	第4年	3季	3季	ISO14000	第4年3季
X42-0344	区域	P4	3	33W	已交单	第4年	3季	2季		第4年3季
X41-0302	本地	P4	2	22W	已交单	第4年	4季	4季		第4年4季
X43-0393	国内	P4	2	22W	已交单	第4年	4季	4季	ISO14000	第4年4季
X42-0348	区域	P4	2	22W	已交单	第4年	1季	4季		第4年1季
X41-0305	本地	P4	2	22W	已交单	第4年	1季	3季	ISO9000	第4年1季
X45-0418	国际	P1	3	17W	已交单	第4年	4季	4季		第4年4季
X44-0405	亚洲	P1	3	17W	已交单	第4年	3季	2季	9000 ISO14	第4年3季
X45-0425	国际	P1	4	23W	已交单	第4年	2季	3季		第4年2季
X45-0427	国际	P1	1	6W	已交单	第4年	4季	3季	ISO14000	第4年4季
X45-0448	国际	P4	2	22W	已交单	第4年	4季	3季	ISO9000	第4年4季
X45-0446	国际	P4	1	11W	已交单	第4年	2季	3季		第4年2季
		18个P1	14个P4	成本	106		生产线	3柔性开产	1柔性在建	
		销售		256						
		毛利		150						

表5-46　HH17组第四年订单

订单编号	市场	产品	数量	总价	状态	得单年	交货期	账期	ISO	交货时
X43-0369	国内	P2	2	16W	已交单	第4年	4季	4季		第4年3季
X42-0331	区域	P2	3	26W	已交单	第4年	1季	4季	ISO9000	第4年1季
X41-0283	本地	P2	2	1W	违约	第4年	2季	3季	9000 ISO14	-
X43-0389	国内	P4	2	22W	已交单	第4年	3季	4季	ISO14000	第4年3季
X42-0350	区域	P4	2	22W	已交单	第4年	2季	3季	ISO9000	第4年2季
X41-0306	本地	P4	3	33W	已交单	第4年	2季	3季		第4年1季
X43-0384	国内	P4	3	33W	已交单	第4年	1季	3季	ISO9000	第4年1季
X42-0351	区域	P4	3	33W	已交单	第4年	1季	4季		第4年1季
X45-0429	国际	P2	3	25W	已交单	第4年	2季	4季		第4年1季
X45-0435	国际	P2	2	17W	已交单	第4年	2季	3季		第4年2季
X45-0454	国际	P4	1	11W	已交单	第4年	4季	4季		第4年3季
X45-0452	国际	P4	1	11W	已交单	第4年	2季	4季		第4年2季
		12个P2	15个P4	105		生产线	3自P2	3自P4		
		销售		249						
		毛利		144						

表5-47　HH15组第四年广告

第4年广告投放情况						
产品	本地	区域	国内	亚洲	国际	
P1	1	1	1	1	5	
P2	0	0	0	0	0	
P3	0	0	0	0	0	
P4	10	12	9	0	13	53

表5-48　HH17组第四年广告

第4年广告投放情况						
产品	本地	区域	国内	亚洲	国际	
P1	0	0	0	0	0	
P2	1	1	5	0	7	
P3	0	0	0	0	0	
P4	1	3	5	0	5	
						28

二、全面分析，去其糟粕

根据第一年询盘表（表5-49）可以看出P3产品第一年只有4组研发，市场预测表显示有11张订单，这说明P3产品第二年市场很空。接下来分析这些研发P3产品的队伍成绩不佳的原因，即具体分析HH02组、HH03组、HH07组、HH16组。

表5-49　第一年询盘表

询盘表	P1	P2	P3	P4	现金	生产线
1				1	28	4自P4在建
2			1		38	6手P3开产
3			1		33	2自P3开产，2自P3在建
4		1			36	3自P2开产
5		1		1	30	2自P2开产，2自P4在建
7	1		1		45	3自P1，3自P3在建
8	1	1			47	2自P1，4自P2在建
9		1		1	46	2自P2，2自P4在建
10	1			1	39	3自P1，2自P4在建
11	1			1	38	1柔1自2手开产
12		1			38	4自P2开产
13		1			38	2手3自P2开产
14				1	70	3手P4开产，2自P4在建
15	1			1	43	3柔开产，1柔在建
16		1	1		38	2自P2，2自P3开产
17		1		1	27	3自P2，3自P4在建
18	1	1			34	3自P1，3自P2开产
合计	6	9	4	8		

HH02组第一年采用6条手工线生产P3产品，6条手工线一年只能生产12个产品，在第二年人均17.94个产品的情况下，这个开局就是一个大问题，而且P3产品的利润并没有P4产品高。根据表5-50可以看出6条手工线不是一次性建成，分别是第三季度建成3条，第四季度建成3条，这样操作使得该企业的产品交货期变差，不利于后期的销售。

表5-50　HH02组的生产线

厂房信息									
ID	名称	状态	容量	购价	租金	售价	最后付租	置办时间	
7	中厂房	租用	0/3	30W	3W/年	30W	第5年1季	第1年2季	
8	中厂房	租用	0/3	30W	3W/年	30W	第4年2季	第1年2季	
45	小厂房	租用	0/2	20W	2W/年	20W	第4年2季	第2年2季	

生产线信息									
ID	名称	厂房	产品	状态	累计折旧	开产时间	转产时间	剩余时间	建成时间	开建时间
14	手工线	中厂房(7)	P3	在产	3W	第4年3季	-	0季	第1年3季	第1年2季
15	手工线	中厂房(7)	P3	在产	3W	第4年3季	-	0季	第1年3季	第1年2季
16	手工线	中厂房(7)	P3	在产	3W	第4年3季	-	0季	第1年3季	第1年2季
17	手工线	中厂房(8)	P3	空闲	3W	-	-	0季	第1年4季	第1年2季
18	手工线	中厂房(8)	P3	空闲	3W	-	-	0季	第1年4季	第1年2季
19	手工线	中厂房(8)	P3	空闲	3W	-	-	0季	第1年4季	第1年2季
125	手工线	小厂房(45)	P3	在产	2W	第4年3季	-	0季	第2年3季	第2年2季
126	手工线	小厂房(45)	P3	空闲	2W	-	-	0季	第2年4季	第2年3季

表5-51是HH02组在第二年的广告投放情况，在只有4组生产P3产品的情况下，投出了8万元、9万元、8万元这样高额的广告费用，这就是出现亏损的原因。

表5-51　HH02组第二年广告

第2年广告投放情况					
产品	本地	区域	国内	亚洲	国际
P1	0	0	0	0	0
P2	0	0	0	0	0
P3	0	8	9	8	0
P4	0	0	0	0	0

查看规则可知，P3产品研发时间是2个季度，HH03组有2条生产线选择提前生产，原料提前2个季度预订，所以第二季度建造自动线，第四季度就可以生产，这样可以多生产出2个1交货期的P3产品，见表5-52。

表5-52　HH03组的生产线

厂房信息								
ID	名称	状态	容量	购价	租金	售价	最后付租	置办时间
24	小厂房	购买	0/2	20W	2W/年	20W	-	第1年2季
25	小厂房	购买	0/2	20W	2W/年	20W	-	第1年2季
47	小厂房	购买	0/2	20W	2W/年	20W	-	第3年2季

生产线信息									
ID	名称	厂房	产品	状态	累计折旧	开产时间	转产时间	剩余时间	建成时间	开建时间
66	自动线	小厂房(24)	P3	在产	9W	第4年4季	-	0季	第1年4季	第1年2季
67	自动线	小厂房(24)	P3	在产	9W	第4年4季	-	0季	第1年4季	第1年2季
68	自动线	小厂房(25)	P3	在产	6W	第4年4季	-	0季	第2年1季	第1年3季
69	自动线	小厂房(25)	P3	在产	6W	第4年4季	-	0季	第2年1季	第1年3季
128	自动线	小厂房(47)	P3	在产	3W	第4年4季	-	0季	第3年4季	第3年2季
129	自动线	小厂房(47)	P3	在产	3W	第4年4季	-	0季	第3年4季	第3年2季

HH03组的广告安排还不错，国内有4个4交货期的订单，在这里投了高额的9万元广告，见表5-53，只不过被HH02组的相同广告压制了，应该是HH02组的广告投放比HH03组早，在第二年没有市场销售的情况下，很容易出现被相同广告压制的情况，说明第二年的广告要及早投放。

表5-53　HH03组第二年广告

第2年广告投放情况					
产品	本地	区域	国内	亚洲	国际
P1	0	0	0	0	0
P2	0	0	0	0	0
P3	0	5	9	3	0
P4	0	0	0	0	0

HH07组与前两组的最大区别在于该组生产P1产品和P3产品。6条自动线分别生产P1产品和P3产品，在产能安排上也非常合理，但是从表5-54中可以看出HH07组只有第一年建造了生产线，后期是没有进行加建的。

表5-54　HH07组的生产线

厂房信息								
ID	名称	状态	容量	购价	租金	售价	最后付租	置办时间
13	小厂房	购买	0/2	20W	2W/年	20W	-	第1年3季
14	大厂房	租用	0/4	40W	5W/年	40W	第4年3季	第1年3季

生产线信息										
ID	名称	厂房	产品	状态	累计折旧	开产时间	转产时间	剩余时间	建成时间	开建时间
30	自动线	小厂房(13)	P1	空闲	6W	-	-	0季	第2年1季	第1年3季
31	自动线	小厂房(13)	P1	空闲	6W	-	-	0季	第2年1季	第1年3季
32	自动线	大厂房(14)	P1	空闲	6W	-	-	0季	第2年1季	第1年3季
33	自动线	大厂房(14)	P3	空闲	6W	-	-	0季	第2年1季	第1年3季
34	自动线	大厂房(14)	P3	空闲	6W	-	-	0季	第2年1季	第1年3季
35	自动线	大厂房(14)	P3	空闲	6W	-	-	0季	第2年1季	第1年3季

HH07组属于保守派，为了保证第一年的权益，而不让自动线提前生产。从表5-55可以看出，在投放广告时，偏向平均投放。从后面几年的报表中可以看到，该组一直处于盈利状态，但没有爆发，所以无法取得很好的名次。

表5-55　HH07组第二年广告

第2年广告投放情况				
产品	本地	区域	国内	亚洲	国际
P1	3	3	0	1	0
P2	0	0	0	0	0
P3	0	3	3	3	0
P4	0	0	0	0	0

HH16组只有两条生产线，这种情况一般不会出现在比赛中，所以需要查看现金流量表，见表5-56。

表5-56　HH16组的生产线

厂房信息								
ID	名称	状态	容量	购价	租金	售价	最后付租	置办时间
15	大厂房	购买	4/4	40W	5W/年	40W	-	第1年1季
44	小厂房	购买	0/2	20W	2W/年	20W	-	第2年3季

生产线信息										
ID	名称	厂房	产品	状态	累计折旧	开产时间	转产时间	剩余时间	建成时间	开建时间
123	自动线	小厂房(44)	P2	空闲	3W	-	-	0季	第3年1季	第2年3季
124	自动线	小厂房(44)	P3	空闲	3W	-	-	0季	第3年1季	第2年3季

根据表5-57，HH16组在第一年就建造过4条自动线，但在表5-56中没有体现，因此肯定是在第四年的时候把生产线拆除了，这里可以节省一部分费用。创业者需要记住拆除生产线的原则：（生产线的净值-残值）<（维护+折旧），符合这一点就可以进行生产线的拆除。

表5-57 HH16组现金流量表

ID	动作	资金	余额	时间	现金流量表
2	Pay_Capital	75	75	第1年1季	公司成立,股东注资
166	Buy_Material	0	75	第1年1季	订购原料 R1:4 R3:4
170	Rent_Workshop	-5	70	第1年1季	租用[大厂房]
171	Buy_ProductLine	-6	64	第1年2季	订购[自动线]生产[P2]
172	Buy_ProductLine	-6	58	第1年2季	订购[自动线]生产[P2]
173	Buy_ProductLine	-6	52	第1年3季	订购[自动线]生产[P3]
175	Buy_ProductLine	-6	48	第1年3季	订购[自动线]生产[P3]

从询盘表可以看出P3产品市场很空,通过详单(表5-58)可以筛选出1、2交货期的订单偏多,而4交货期的订单只有6张,其中有4张订单是一个货的。在订单方面,P3产品的市场配置相对比较差,再加上P4产品的利润高,最终导致P3产品市场很空,P4产品市场稍挤的状态。

表5-58 P3产品第二年详单

订单编	类型	年份	市场	产品	数量	总价	交货期	账期	ISO	单价
X22-0048	选单	2	区域					4	-	9
X22-0049	选单	2	区域					3	-	8
X22-0052	选单	2	区域					1	-	9
X22-0045	选单	2	区域					3	-	8.5
X22-0047	选单	2	区域					1	-	9
X22-0053	选单	2	区域					1	-	8
X22-0054	选单	2	区域					4	-	8
X22-0055	选单	2	区域					2	-	8.5
X22-0046	选单	2	区域					3	-	8.333333333
X22-0050	选单	2	区域					3	-	8.333333333
X22-0051	选单	2	区域					0	-	9
X23-0066	选单	2	国内					3	-	9
X23-0076	选单	2	国内					4	-	8.25
X23-0070	选单	2	国内					0	-	8.666666667
X23-0071	选单	2	国内					1	-	8.5
X23-0075	选单	2	国内					1	-	8.666666667
X23-0067	选单	2	国内					3	-	8.666666667
X23-0068	选单	2	国内					2	-	8.666666667
X23-0069	选单	2	国内					1	-	8.25
X23-0074	选单	2	国内					3	-	8.666666667
X23-0072	选单	2	国内					2	-	8
X23-0073	选单	2	国内					2	-	8.666666667
X24-0107	选单	2	亚洲	P3	2	16	4	4	-	8

根据上面的一些分析可以看出,在这样的市场条件下,想要争取第一名,基本上只能生产P4产品。虽然该产品的利润是逐年下降的,但是利润还是大于其他的产品,只要抢占P4产品的市场,取得大量份额,就可以使利润上升;P3产品不能作为单一产品销售,因为第一年很难销售4个交货期的P3产品,但可以考虑销售4个交货期的其他产品,后期在研发不了P4产品的前提下,也可以研发P2产品,因为相较于P3产品,P2产品的利润不低反高。

上述是一些简单的分析方法，可以通过分析比赛数据了解市场的情况，了解对手的比赛情况，了解对手的开局思路，了解对手如何处理细节；通过寻找别人的失误来使自己警惕；通过学习别人的好方法来提高自己的实力。打好一场比赛固然很重要，但最重要的是赛后总结分析，通过总结分析可以更加全面、具体地了解对手、学习对手。

职业能力测评

一、单选题

1. 查看生产线规则时以下最不需要关注的是（　　）。
   A．投资总额　　　B．维护费　　　C．折旧费　　　D．分数
2. 在资金不足的情况下，如果需要产能我们该建造（　　）。
   A．手工线　　　B．自动线　　　C．柔性线　　　D．租赁线
3. 如果第二年市场第一季度的产品很多，我们第一年不应该建造（　　）。
   A．手工线　　　B．自动线　　　C．柔性线　　　D．租赁线
4. 如果市场上第四季度的产品偏少，我们优先建造（　　）。
   A．手工线　　　B．自动线　　　C．柔性线　　　D．租赁线
5. 管理费用在（　　）时进行扣除。
   A．年初　　　B．季初　　　C．季中　　　D．季末
6. 如果预算表下一年现金断流，首先应（　　）。
   A．直接点破　　　　　　　　B．停产营销
   C．减少原料采购　　　　　　D．违约选单
7. 在查看各组三张报表时，衡量企业最终排名因素的是（　　）。
   A．净利润　　　　　　　　B．负债与所有者权益合计
   C．所有者权益　　　　　　D．综合费用
8. 某公司第一年净利润为-25万元，第二年税前利润为16万元，则第二年所得税为（　　）万元。（税率25%）
   A．2　　　B．1　　　C．5　　　D．0

9. 在正常市场下，第一年短期贷款应采用（　　）。

　　A．四个季度平铺　　　　　　　　B．只贷最后两个季度

　　C．根据下年资金情况贷款　　　　D．重投后两个季度

10. 假设第一年计划生产P3产品，结果第四季度P3产品少订了原料，第二年投广告应该（　　）。

　　A．减少广告额，少抢点单子

　　B．广告额度不变，紧急采购原料去抢P3产品的单子

　　C．加大广告额度，单子越多越好

　　D．分析对手后再把控广告额度

二、多选题

1. 以下费用计算属于四舍五入的是（　　）。

　　A．违约金扣除　　　　　　　　　B．库存拍卖所得现金

　　C．贴现费用　　　　　　　　　　D．扣税

2. 财务总监在实战中需要注意的有（　　）。

　　A．在年初和季度初分别计算长期贷款和短期贷款额度

　　B．合理安排交货时间，计算应收账款

　　C．计算合计综合费用

　　D．报表的填写

3. 关于选单规则优先级，正确的是（　　）。

　　A．本市场广告额

　　B．广告额相同，看本市场广告总额

　　C．看上一年本市场销售总额

　　D．广告总额相同，比较投广告速度

4. 关于银行贷款（若长期贷款利率为10%，短期贷款利率为5%）需要注意（　　）。

　　A．长期贷款在每年年初可以申请，要贷10的倍数

　　B．短期贷款在每个季度初都可以申请，要贷20的倍数+9

　　C．一般情况下，使用滚短贷来解决资金问题

　　D．长期贷款，在第4年年初的时候一次还本付息，如果第一年长期贷款贷得多的话，很有可能在还完本息之后就面临破产的困境

5. 下列各项中，与综合费用有关的项目有（　　　）。

　　A．研发　　　　B．信息　　　　C．折旧　　　　D．转产

6. 下列与利润表中的损失项目计算有关的有（　　　）。

　　A．违约费用　　　　　　　　B．变卖原料

　　C．紧急采购原料　　　　　　D．变卖生产线

7. 某年季初现金为40万元，短期贷款的本金为29万元，短期贷款的利息为1万元，原料与人工共40万元，则短期贷款（　　　）万元，季中为正数。

　　A．29　　　　B．49　　　　C．19　　　　D．69

8. 关于生产线维护和折旧，下列说法正确的有（　　　）。

　　A．安装完成当年，要交维护费

　　B．安装完成当年，不交折旧费

　　C．安装完成次年，不交维护费

　　D．正在进行转产的生产线，要交维护费

9. 决定下年生产计划时，下列行为正确的有（　　　）。

　　A．看前几年哪个对手赚得多，就去做相应的产品

　　B．根据下年市场组均变化，决定产能变化

　　C．根据下年产品利润变化，决定产能变化

　　D．分析上年广告投放情况再决定产品

10. 在第二年市场偏大的情况下，更适合建造（　　　）。

　　A．手工线　　　B．自动线　　　C．租赁线　　　D．柔性线

三、判断题

1. 企业经营者需要进行组间配合，企业需要由财务、运营、采购、决策等成员组成。（　　）

2. 在财务人员打完预算表后，CEO再进行产品决策研发与分析。（　　）

3. 在实战过程中，财务人员需要在年末提前排算各种产品生产计划，优化下一年交货前的现金流。（　　）

4. 经营者应该选择利润高的产品，而不分析市场竞争强度。（　　）

5. 所得税费用=税前利润×所得税税率。（　　）

6. 折旧前费用=收入-成本-综合费用。（　　）

7. 财务费用就是贴息与长短息之和。（　　）

8. 生产线净值等于残值不再计提折旧。（　　）
9. 年末现金无须扣除折旧费。（　　）
10. 在资金流短缺的情况下，贷款往往优先于贴现。（　　）

项目小结

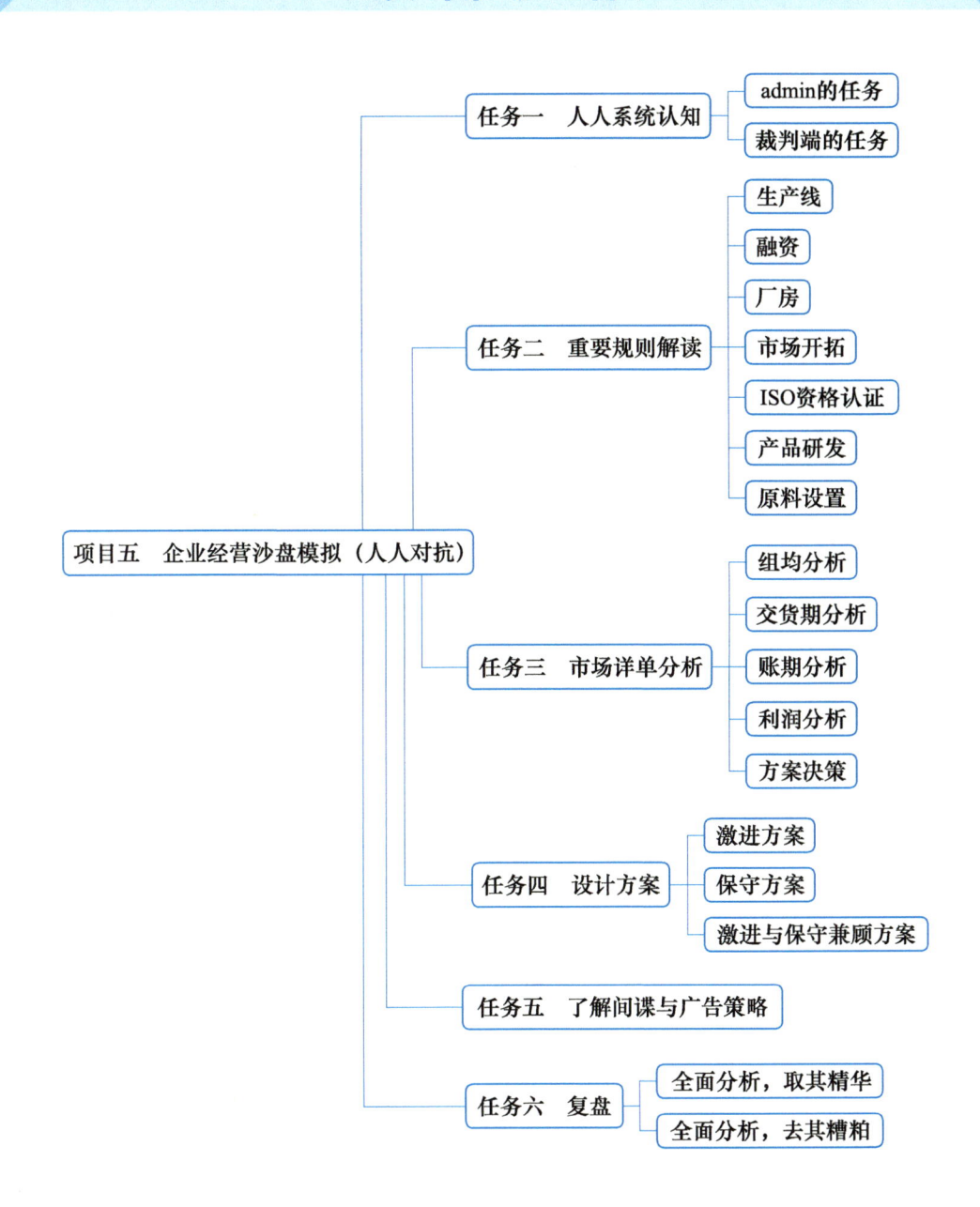

项目五 企业经营沙盘模拟（人人对抗）
- 任务一 人人系统认知
  - admin的任务
  - 裁判端的任务
- 任务二 重要规则解读
  - 生产线
  - 融资
  - 厂房
  - 市场开拓
  - ISO资格认证
  - 产品研发
  - 原料设置
- 任务三 市场详单分析
  - 组均分析
  - 交货期分析
  - 账期分析
  - 利润分析
  - 方案决策
- 任务四 设计方案
  - 激进方案
  - 保守方案
  - 激进与保守兼顾方案
- 任务五 了解间谍与广告策略
- 任务六 复盘
  - 全面分析，取其精华
  - 全面分析，去其糟粕

项目六

企业经营分析与总结

项目综述

企业ERP沙盘模拟经营体验之后,如何进行经营分析与总结是企业管理者提高经营能力的重要环节。本项目主要介绍企业经营本质、经营成果分析、经营业绩衡量。学习本项目有助于在后续模拟经营中提升企业经营核心竞争力。

学习目标

1. 了解企业经营的本质。
2. 明确企业发展战略规划。
3. 掌握市场分析与定位。
4. 熟悉生产与运营管理。
5. 学会财务预算的编制。
6. 能够进行企业经营成果分析。
7. 掌握企业经营业绩衡量的方法。

重点难点

企业发展战略选择、市场营销分析方法与技巧、财务预算的编制以及财务控制的方法、生产计划与采购方式调整。

企业经营本质

任务一　了解企业经营的本质

企业利用一定的经济资源，通过向社会提供产品和服务，获取利润。

在企业实现销售之前，必须先要采购原料，支付工人工资，还有其他生产加工时必需的费用，才能最终生产出产品，收入中当然要抵扣掉这些直接成本；还要抵扣掉企业为形成这些销售支付的各种费用，包括产品研发费用、广告投入费用、市场开拓费用、设备维修费用、管理费用等；机器设备在生产运行后会贬值，就好比一辆10万元的汽车，使用3年之后可变现价值为5万元，资产缩水了，这部分损失应当从销售额中得到补偿，这就是折旧。经过三个方面的抵扣之后，剩下的部分形成支付利息前的利润，归三方所有。首先资本中有一部分来自银行的贷款，企业在很大程度上是靠银行的资金产生利润的；而银行之所以贷款给企业，是要收取利息回报的，即财务费用；企业的运营，离不开国家的"投入"，如道路、环境、安全等，所以一部分归国家，即税收；最后的净利润，才是股东的。

企业经营的本质如图6-1所示。

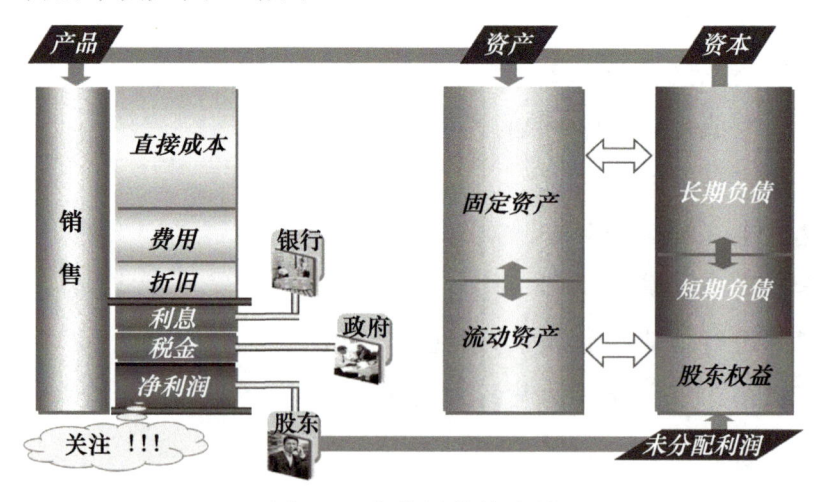

图6-1　企业经营的本质

一、企业资本来源

（1）负债：长期负债和短期负债。

（2）股东权益：企业创建之初所有股东投入的资本和年末未分配的利润。

二、企业资产（会计恒等式的应用）

会计恒等式：资产=负债+所有者权益

在企业筹集了初始资本之后，将进行采购厂房、建设生产线、购买原料、生产加工产品等活动，余下的资本（资金），就是企业的流动资金。这时，企业的资本就等值地转换成了企业的资产。通俗地讲，资产就是企业的"钱"都花到哪儿了，资本就是这"钱"是属于谁的，两者从价值上讲必然是相等的，即资产负债表中左边等于右边。

三、企业净利润增加的途径

企业获取利润的主要途径有两个：一是扩大销售收入（开源）；二是降低成本费用（节流）。

（1）扩大销售收入（开源）：扩大企业生产规模是企业发展规划中最重要的一步。企业可通过扩大市场范围、进行品牌认证、合理广告投入、增加新生产线等一系列操作，进行市场开拓实现利润最大化，如图6-2所示。

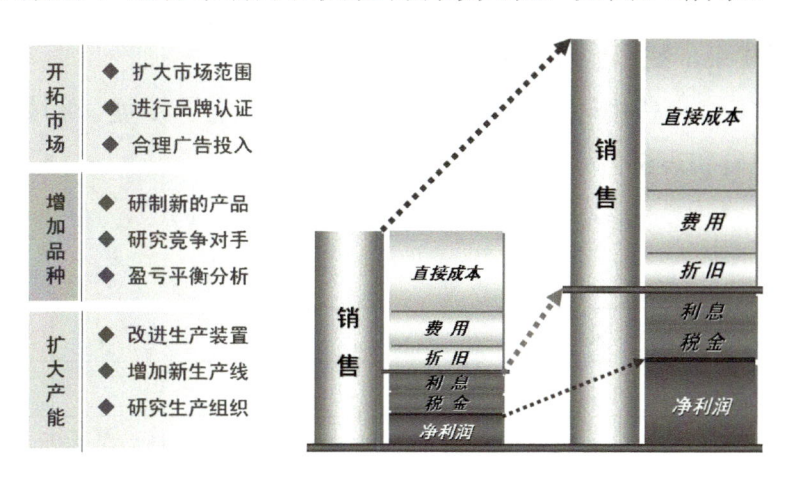

图6-2 开源——努力扩大销售

（2）降低成本费用（节流）：降低各项成本费用开支是企业财务管理的一项重要内容。通过列示各项成本费用开支，有利于企业进行成本费用的结构分析，加强成本控制，以便为寻求降低成本费用的途径提供依据，如图6-3所示。

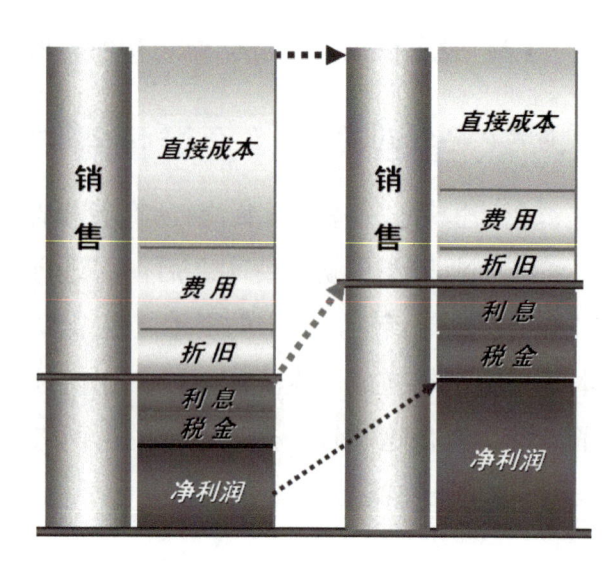

图6-3 节流——尽力降低成本

任务二　分析企业经营成果

本任务是从系统角度出发，将某企业四年的综合费用表和利润表展示出来，并分别从产品贡献度、本量利分析等财务指标角度进行分析，让学生通过数据分析经营成果，找出影响企业利润的关键因素。

某企业四年综合费用表和利润表（数据来源于电子沙盘，初始资金为72万元）分别见表6-1和表6-2。

表6-1　综合费用表

单位：万元

项目	第一年	第二年	第三年	第四年
管理费	4	4	4	4
广告费	3	8	15	20
维护费	0	6	12	12
损失	0	0	0	0
转产费	0	0	0	0
租金	0	0	4	4
市场开拓费	5	2	1	0

（续）

项目	第一年	第二年	第三年	第四年
产品研发费	6	2	0	0
ISO认证费	2	2	0	0
信息费	0	0	0	0
合计	20	24	36	40

表6-2 利润表

单位：万元

项目	第一年	第二年	第三年	第四年
销售收入	0	80	160	200
直接成本	0	40	80	100
毛利	0	40	80	100
综合费用	20	24	36	40
折旧前利润	−20	16	44	60
折旧	0	0	9	18
支付利息前利润	−20	16	35	42
财务费用	0	3	7	12
税前利润	−20	13	28	30
所得税	0	0	5	8
年度净利润	−20	13	23	22

从表6-2我们可以看出该企业逐年实现盈利，企业发展得越来越好。

一、产品贡献度分析

企业经营的成果可以从利润表中看到，但财务反映的损益情况是企业经营的综合情况，并没有反映具体业务、具体合同、具体产品、具体项目等明细项目的利润情况。利润分析就是对企业销售的所有产品和服务分项进行利润细化核算，核算的基本公式为

单产品利润=某产品销售收入−该产品直接成本−分摊给该产品的费用

这是一项非常重要的分析，它可以告诉企业经营者有哪些产品是赚钱的，哪些产品是不赚钱的。

在这个公式中，分摊费用是指不能够直接认定到产品（服务）上的间接费用，如广告费、管理费、维护费、租金、开发费等，都不能直接认定到某一产品（服务）上，需要在当年的产品中进行分摊。分摊费用的方法有很多种，传统的方法有按收入比例、按成本比例等进行分摊，这些传统的方法多是一些不精确的方法，很难谈到合理。本课程中的费用分摊是按照产品数量进行分摊，即：

某类产品分摊的费用=分摊费用/各类产品销售数量总和×某类产品销售的数量

按照这样的计算方法得出各类产品的分摊费用，根据利润分析公式，计算出各类产品的利润，再用利润率来表示对整个企业的利润贡献度，即：

$$\frac{某类产品的利润}{该类产品的销售收入}=\frac{（某类产品的销售收入-直接成本-分摊给该类产品的费用）}{该类产品的销售收入}$$

尽管分摊的方法有一定的偏差，但分析的结果可以说明哪些产品是赚钱的，是值得企业大力发展的，哪些产品赚得少或根本不赚钱。企业的经营者可以对这些产品进行更加仔细的分析，以确定企业发展的方向。

二、本量利分析

本量利分析也称为盈亏平衡分析法，是通过分析企业生产成本、销售利润和产品数量三者之间的关系，掌握盈亏变化规律，指导企业选择获得最大利润的经营方案。

销售额和销售数量成正比，而企业成本支出分为固定成本和变动成本两部分，固定成本和销售数量无关，如综合费用、折旧及利息等。成本曲线和销售金额曲线的交点即为盈亏平衡点（Q^*），如图6-4所示。

$$Q^* = \frac{固定成本}{单价-单位变动成本}$$

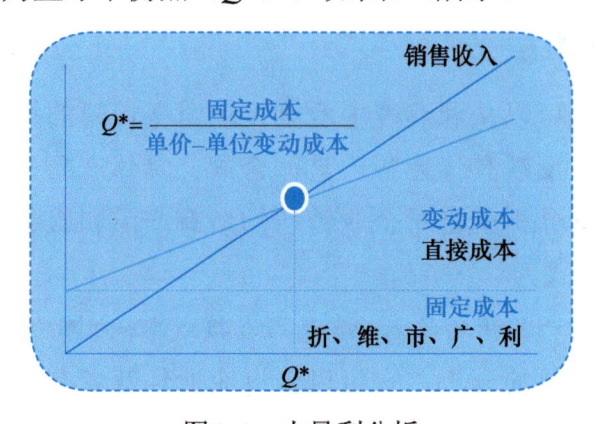

图6-4 本量利分析

利润=销售额−变动成本−固定成本=单价×数量−单位变动成本×数量−固定成本

盈亏平衡点销售量=固定成本÷（单价−单位变动成本）

例：假设P2产品的销售单价为7万元，为生产及销售该产品会发生原料2万元、加工费1万元、折旧费3万元、生产线维护费2万元、广告费5万元、市场开拓及认证费用5万元和财务费用1万元，则：

固定成本=折旧费+维护费+广告费+市场开拓及认证费用+财务费用
　　　　=3+2+5+5+1=16（万元）

变动成本=原料+加工费=2+1=3（万元）

产品单价=7（万元）

盈亏平衡点销售量=16÷（7−3）=4（个）

以上计算结果表明：如果P2产品销量不足4个，本年度就亏损了。

任务三　衡量企业经营业绩

经营业绩衡量

在"ERP沙盘模拟"课程中，企业评价如何接近企业的真实价值，并且反映企业未来的发展和成长性，需要集中体现在总成绩中。在综合考虑各方面因素的基础上，定义了企业经营业绩衡量的公式，即：

总成绩=所有者权益×（1+企业综合发展潜力÷100）−罚分

企业综合发展潜力=市场资格分值+ISO资格分值+生产资格分值
　　　　　　　　+厂房分值+各条生产线分值

> ▽ **温馨提示**
>
> 目前中职创业者电子沙盘竞赛中"总成绩=最后一年年末的所有者权益−罚分"。

一、权益评价因素分析

沙盘中各企业的权益结构很简单，所有者权益=股东资本+利润，利润是利润留存（以前年度未分配利润）与当年净利润之和。当然，利润越大，意味着"赚钱越多"。股东资本是企业经营之初，所有股东投入的资金。这个初始资金对每个小组都是一样的，一般情况下不追加投资，因此该数据每组都保持不变。

1. 收入对所有者权益的影响

利润=收入−成本。企业收入的来源主要是企业在订货会上投放广告后获取的订单价值总和。在成本保持不变的情况下，收入越高，利润也越高，说明企业的经济效益越好；反之，则企业的经济效益不好。利润的增加直接影响所有者权益的上升，从而影响沙盘竞赛的排名。由此可见，收入的高低是决定所有者权益高低的关键因素之一。

2. 费用对所有者权益的影响

费用会导致利润减少，从而导致所有者权益减少。中职创业者沙盘中的费用主要包括管理费用、广告费用、设备维护费、转产费、厂房租金、市场开拓费、产品研发费、ISO认证费、财务费用和所得税费用等费用。

（1）管理费用：根据系统规则每年恒定的费用，一般情况下一季度需交1万元的管理费用，一年需交4万元的管理费用。

（2）广告费用：根据企业产品数量、市场分析等因素，投放于各个市场的广告额。

（3）设备维护费：生产线数量决定了生产能力，生产线越多、越先进，企业未来的产能越大，维护费用越高。

（4）转产费：企业根据实际经营情况，决定是否转产（额外费用，根据需要决定）。

（5）厂房租金：自主厂房越多，意味着企业固定资产规模越大，未来生产经营中"租金"费用越低。

（6）市场开拓费：可认为其是一种投资回报，有利于更好地定位于需求量大的市场。

（7）产品研发费：研发产品，可以使产品市场选择范围更广，而且可以更好地定位于价格高、毛利大的产品，加大"毛利率"，降低广告费用分摊比率，提高盈利能力。

（8）ISO认证费：进行ISO认证的费用。有ISO认证需要的订单一般其价格和应收款期限都比较优惠，广告成本小，可以提高盈利能力。

（9）财务费用：财务费用的计算公式为

财务费用=上年度长短贷利息+本年度贴现利息

业绩的衡量：企业价值最大化

财务费用越低表示以往的运营过程中"现金流"控制越得当，财务预算与执行能力越强，财务成本越低。这样对企业未来的财务费用控制能力也可以有较高的预期。

（10）所得税费用：这方面主要是指企业弥补以前年度亏损后，按税前盈利部分所缴的款项。

例：一般制造业企业所得税税率为25%。第一年发生净亏损20万元，第二年实现净利润15万元，第三年实现净利润9万元。请问：企业第三年是否需要缴纳税款？如需要，应缴纳多少税款？

9+（15-20）=4>0，因此需要缴纳税款，税款=4×25%=1（万元）

二、罚分控制分析

1. 报表错误罚分

必须按规定的时间在系统中填制报表，如果提交的报表与系统自动生成的报表对照有误，在总得分中扣罚4权益/次（每年一次），并以系统提供的报表为准修订。

> **注意** 系统对上交报表时间会做规定，延迟提交报表即视为错误一次，即使后来在系统中填制正确也要罚分。由运营超时引发延迟提交报表视同报表错误并罚分（即如果某队超时3分钟，将被扣除1×3+4=7权益）。

2. 超时罚分

运行超时有两种情况：一是指不能在规定时间完成广告投放（可提前投放广告）；二是指不能在规定时间完成当年经营（以单击系统中"当年结束"按钮并确认为准）。若超时按1权益/分钟（不满一分钟按一分钟计算）计算罚分，最多不能超过10分钟。如果10分钟后还不能完成相应的运行，则将取消其参赛资格。

> **注意** 投放广告时间、完成经营时间及提交报表时间系统均会记录，作为罚分依据。

> **温馨提示**
> 所有罚分在第4年经营结束后计算总成绩时一起扣除。

职业能力测评

一、单选题

1. 在第三年，以降低费用来提高企业利润的方法，以下正确的是（　　）。
   A．ISO都不开发
   B．每个市场都投最小广告额
   C．出售生产线以不交维护费
   D．尽可能做到零库存

2. 在第一年第三季度生产4个P2（R1+R3），R1提前一季度，R3提前两季度，第一年第一季度需要下（　　）。
   A．4个R1   B．4个R3
   C．4个R1和4个R3   D．不需要下料

3. 如果使用手工线生产P4（研发需要6个季度），则最早完成P4产品的时间为（　　）。
   A．第二年第三季度   B．第三年第一季度
   C．第三年第二季度   D．第三年第三季度

4. 关于建成的生产线维护费，下列说法不正确的是（　　）。
   A．安装完成，不开工生产，要交维护费
   B．安装完成当年，开工生产，要交维护费
   C．安装完成，不开工生产，不交维护费
   D．正在进行转产的生产线，要交维护费

5. 下列企业资金的主要来源，不正确的是（　　）。
   A．长期贷款   B．短期贷款
   C．股东权益   D．融资

6. 当长期贷款的利率为11%，每年没有要归还的长期贷款本金时，以下贷款方式最合理的是（　　）。
   A．第一年贷13万元，第二年贷13万元
   B．第一年贷18万元，第二年贷18万元
   C．第一年贷13万元，第二年贷9万元
   D．第一年贷18万元，第二年贷15万元

7. P3销售单价8万元，原料3万元，加工费1万元，折旧费3万元，生产线维护费2万元，市场广告费5万元，市场开拓及认证费用5万元，财务费用1万元，为本年度不亏损，至少需要出售（　　）个P3。

  A．2　　　　　　B．4　　　　　　C．6　　　　　　D．8

8. 企业当年留存收益为-4万元，当年税前利润为28万元，则当年应缴所得税（　　）万元。

  A．5　　　　　　B．6　　　　　　C．7　　　　　　D．8

9. P2的研发周期为3个季度，P4的研发周期为4个季度，P4以P2作为其中一个原料。企业决定全部采用手工线生产且在第一年提前生产P2，则最早在（　　）能产出P4。

  A．第二年第一季度　　　　　　B．第二年第二季度
  C．第二年第三季度　　　　　　D．第二年第四季度

10. 紧急采购产品为其成本的3倍，紧急采购原料为其成本的2倍，企业紧急采购了一个P1价格为6万元，一个R4价格为2万元，当年没有其他损失，那么企业当年的损失为（　　）万元。

  A．4　　　　　　B．5　　　　　　C．6　　　　　　D．8

二、多选题

1. 影响企业综合发展潜力的有（　　）。
  A．生产线数量　　　　　　B．购买的厂房
  C．库存商品和原料　　　　D．ISO认证

2. 营销总监的职能包括（　　）。
  A．ISO认证规划　　　　　　B．产品研发
  C．市场规划　　　　　　　　D．订购原料

3. 关于每年年末留存的广告费，以下做法正确的有（　　）。
  A．根据现金流情况，越多越好
  B．根据对手和产品数量综合分析
  C．节省财务费用，越少越好
  D．计算广告的临界点，以保证利润为正

4. 要在年初考虑企业经营规划的战略问题，包括（　　）。
  A．开发的产品和进入的市场　　　　B．融资策略

　　　　C．广告策略　　　　　　　　　　D．是否需要进行ISO认证

5．资金流中断后的做法，可行的有（　　）。

　　　　A．直接破产　　　　　　　　　　B．出售生产线，建设租赁线

　　　　C．出售库存，订单违约　　　　　D．厂房买转租

6．在现金流充足的情况下，通过（　　）可以提升企业的利润。

　　　　A．加大广告投入　　　　　　　　B．开发其他产品

　　　　C．调整生产计划　　　　　　　　D．直接停产

7．利润受（　　）的影响。

　　　　A．销售收入　　B．直接成本　　C．折旧费　　　D．租金

8．企业可以通过（　　）等途径扩大收入。

　　　　A．扩大市场范围　　　　　　　　B．进行品牌认证

　　　　C．合理的广告投入　　　　　　　D．增加新生产线

9．厂房里有生产线，厂房贴现会影响以下（　　）项目。

　　　　A．损失　　　　B．财务费用　　C．厂房　　　　D．租金

10．抢单时应注意（　　）。

　　　　A．数量　　　　B．交货期　　　C．价格　　　　D．账期

三、判断题

1．自主厂房越多，意味着企业固定资产越大，未来生产经营中租金费用越低，盈利能力越强。　　　　　　　　　　　　　　　　　　　　　　（　　）

2．在最后一年，应当卖掉全部生产线，由此增加"额外收入"，提高利润，增加积分。　　　　　　　　　　　　　　　　　　　　　　　　　（　　）

3．在订购原料当季，需要支付原料费。　　　　　　　　　　　　（　　）

4．当年税前利润为正数，就需要缴纳所得税。　　　　　　　　　（　　）

5．净利润=销售收入−直接成本−综合费用−利息−所得税。　　　（　　）

6．P2由R2+R3构成，P3由R1+R3+R4构成，现有柔性线5条，为实现P2、P3的任意转换生产，需要在第一季度保证有R1、R2、R3、R4四种原料各五个。
　　　　　　　　　　　　　　　　　　　　　　　　　　　　　　（　　）

7．为降低财务利息，企业应该全部采用短期贷款。　　　　　　　（　　）

8．生产线应该在建成当年开始折旧。　　　　　　　　　　　　　（　　）

9．总成绩=所有者权益×（1+企业综合发展潜力÷100）−罚分。　（　　）

10．经营的本质是企业利用一定的经济资源，通过向社会提供产品和服务，获取利润。（　　）

项目小结

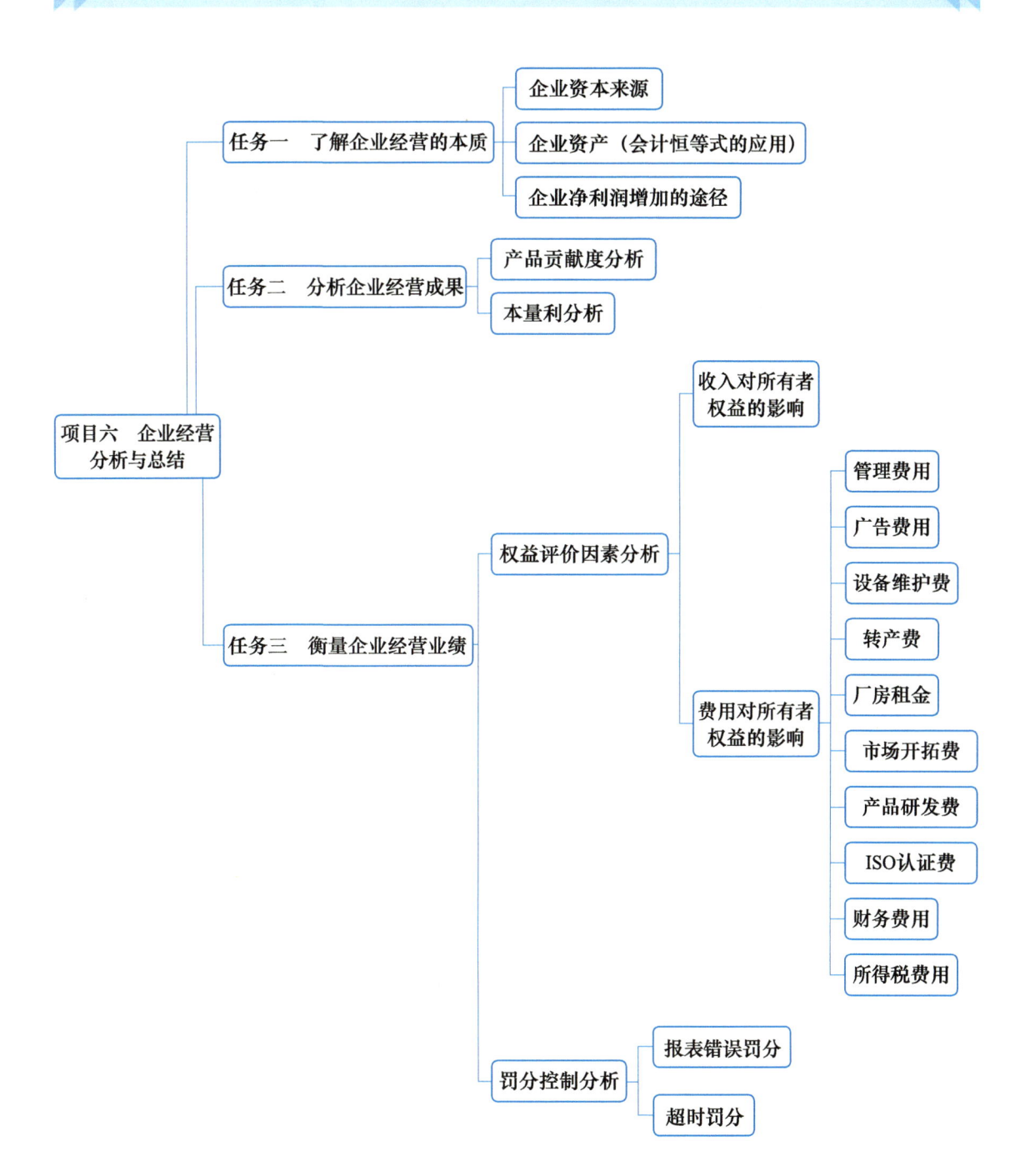

- 项目六　企业经营分析与总结
  - 任务一　了解企业经营的本质
    - 企业资本来源
    - 企业资产（会计恒等式的应用）
    - 企业净利润增加的途径
  - 任务二　分析企业经营成果
    - 产品贡献度分析
    - 本量利分析
  - 任务三　衡量企业经营业绩
    - 权益评价因素分析
      - 收入对所有者权益的影响
      - 费用对所有者权益的影响
        - 管理费用
        - 广告费用
        - 设备维护费
        - 转产费
        - 厂房租金
        - 市场开拓费
        - 产品研发费
        - ISO认证费
        - 财务费用
        - 所得税费用
    - 罚分控制分析
      - 报表错误罚分
      - 超时罚分

项目七

企业经营沙盘竞赛组织

项目综述

本项目主要介绍沙盘模拟企业经营作为教育部全国大赛（中职组）赛项的主要内容，包括竞赛规程发布、竞赛规则及订单设计、竞赛流程执行，是各地区组织沙盘竞赛的示范案例。

学习目标

1. 了解沙盘模拟企业经营竞赛规程。
2. 掌握沙盘模拟企业经营竞赛规则及订单设计。
3. 了解沙盘模拟企业经营竞赛流程的执行情况。

重点难点

沙盘模拟企业经营竞赛规程、沙盘模拟企业经营竞赛规则及订单设计、沙盘模拟企业经营竞赛流程的执行。

任务一 竞赛规程发布

一、赛项名称
赛项名称：沙盘模拟企业经营
赛项组别：中职组

二、竞赛目的
通过竞赛，增强学生对企业经营流程的认知，熟悉实际工作中各岗位具体工作内容，提升团队合作能力。在角色扮演对抗演练中，对所学知识、经营过程进行总结与点评，检验财经商贸类专业的教学改革成果，展示中职学生企业经营管理岗位通用技能和职业能力，引领和促进财经商贸类专业教学改革，提高教师专业教学水平，激发学生专业学习的主动性和积极性，引导行业、企业关注和参与中职学校教学改革，全面提升中职学校财经商贸类专业人才培养质量。

三、竞赛内容
沙盘模拟企业经营赛项将每个参赛队作为一个经营团队，每个团队分设总经理、财务总监、运营总监、营销总监4个岗位，各团队接手一个制造型企业，在仿真的竞争市场环境中，通过分岗位角色扮演，连续从事4个会计年度的模拟企业经营活动。

内容包括从战略层面进行内部资源与外部环境评估、长中短期策略制定、市场趋势预测及既定战略调整；从财务层面进行投资计划制订、掌握资金来源及用途、妥善控制成本、编制及分析财务报表；从运营层面进行产品研发决策、生产采购流程决策、库存管理、产销结合匹配市场需求；从营销层面进行市场开发决策、新产品开发、产品组合与市场决策定位。

在竞赛中，学生们将遇到企业经营中常出现的各种典型问题以及市场中的各种变化情况。参赛学生需要发现问题，分析问题，制定决策，并且加以执行，解决问题，从而实现企业盈利及可持续发展。

四、运行方式及监督

大赛采用"新道新创业者沙盘系统V5.0"（以下简称"系统"）运作企业，即所有的计划和决策均在电子沙盘上推演，最后的运行确认在"系统"中确定，最终结果以"系统"为准。运行中的销售订货会在电子沙盘系统中进行，各队在本队计算机上参加销售订货会、交易活动，包括贷款、原料入库、交货、应收账款贴现及回收等。

主办方为每个参赛队提供1台计算机和录屏软件，比赛过程中学生端必须启动录屏软件，全程录制经营过程，建议将每一年经营录制为一个独立的文件。一旦发生问题，以录屏结果为证。如果擅自停止录屏过程，按系统的实际运行状态执行。

比赛期间带队老师不允许进入赛场，所有参赛队员不得使用手机与外界联系，计算机仅限于作为系统运行平台，可以自制一些工具，但不得使用各种手段通过Internet与外界联系，否则取消参赛资格。

比赛时间以本赛区所用服务器时间为准，赛前选手可以按照服务器时间调整自己计算机上的时间。

企业运营流程建议按照系统中的流程执行，比赛期间不能还原。

每年经营结束后，各参赛队需要在系统中填制资产负债表、综合费用表、利润表。如果不填，则视同报表错误一次，并扣分（详见罚分规则），但不影响经营。比赛不需要交纸质报表给裁判核对。

填写报表时需注意：数值为0时也必须填写阿拉伯数字"0"，不填的话系统也视同填报错误。

五、竞赛日程

竞赛日程安排见表7-1。

表7-1　竞赛日程安排

竞赛规程发布	时间	内容
第一天	13:30-15:30	参赛队报到
	18:00	领队说明会
第二天	7:30	学生组队进入赛场
	7:30-7:40	抽工位号
	7:40-8:00	现场公布试题（市场规则与详细订单）
	8:00-16:00	完成4年模拟企业经营

六、选单规则

在一个回合中，每投放1万元广告费理论上将获得一次选单机会，此后每增加2万元理论上多获得一次选单机会。例如：本地P1投入3万元表示最多有两次选单机会，但是能否能有第二次机会取决于市场需求及竞争态势。

投放广告，只有裁判宣布的最晚时间，没有最早时间。也就是说，在系统里当年经营结束后，即可马上投下一年的广告。

先按当年本市场本产品广告额投放大小顺序依次选单；如果两队本市场本产品广告额相同，则看本市场广告投放总额；如果本市场广告总额也相同，则看上年本市场销售排名；如仍无法决定，先投广告者先选。第一年无订单。

选单时，各队需要关注市场的选单进展，第一个市场结束，第二个市场立即开单，选单时各队需要选择相应的市场按钮（如"本地"），某一市场选单结束，系统不会自动跳到其他市场。

> **注意**
> 出现确认框要在倒计时大于5秒时按下确认按钮，否则可能造成选单无效。
> 在某细分市场（如本地P1）有多次选单机会，只要放弃一次，则视同放弃该细分市场所有选单机会；选单时各队一台计算机联接入网；本次比赛无市场老大。

七、订单交货

订单必须在规定季（即订单中的交货期）或提前交货，应收账期从交货季开始算起。应收款由收回系统自动完成，不需要各队填写收回金额。

例：U01组第2年选到了如下订单，见表7-2。

表7-2　订单列表

订单编号	市场	产品	数量	总价	状态	得单年份	交货期	账期	ISO	交货时间
MN-007	本地	P1	4	22W	已违约	第2年	3季	2季	-	-
MN-006	本地	P1	5	26W	已交货	第2年	4季	1季	-	第2年第3季
MN-030	区域	P1	6	32W	已交货	第2年	4季	1季	-	第2年第2季
MN-028	区域	P1	3	17W	已违约	第2年	3季	1季	-	-

其中MN-007和MN-028订单的交货期为3个季度，代表这2张订单最迟必须在

当年第3季度交货（也可以在第1季度或第2季度交货），如果到了第3季度仍然无法交货，则系统自动认为该订单违约。

> **注意**
>
> 每市场每产品选单时第一个队选单时间为60秒，自第二个队起，选单时间设为45秒；信息费为每个队每次1万元，即交1万元可以查看一个队的企业信息，交费企业以Excel形式获得被调查企业详细信息。
>
> 比赛无初始经营数据。
>
> 重要参数是不变参数，如样题与重要参数重复，以重要参数为准。

八、竞赛排名

总成绩按最后一年权益排名计算，若最后一年权益（总成绩）计算结果相同，则按照各队最后一年系统自动生成的分数高者排名在前；若系统自动生成的分数仍相等，则参照最后一年经营结束时间，先结束最后一年经营的队伍排名在前。

系统自动生成的分数=所有者权益×（1+企业综合发展潜力÷100）-罚分

企业综合发展潜力见表7-3。

表7-3 企业综合发展潜力表

项目	综合发展潜力系数
自动线	+8分/条
柔性线	+10分/条
本地市场开发	+7分
区域市场开发	+7分
国内市场开发	+8分
亚洲市场开发	+9分
国际市场开发	+10分
ISO 9000	+8分
ISO 14000	+10分
P1产品开发	+7分
P2产品开发	+8分
P3产品开发	+9分
P4产品开发	+10分
大厂房	+10分/个
中厂房	+8分/个
小厂房	+7分/个

九、罚分细则

（1）运行超时罚分。运行超时有两种情况：一是指不能在规定时间完成广告投放（可提前投广告）；二是指不能在规定时间完成当年经营（以单击系统中"当年结束"按钮并确认为准）。

处罚：按1权益/分钟（不满一分钟按一分钟计算）计算罚分，最多不能超过10分钟。如果10分钟后还不能完成相应的操作，将取消其参赛资格。

> 注意：投放广告时间、完成经营时间及提交报表时间系统均会记录，作为罚分依据。

（2）报表错误罚分。必须按规定时间在系统中填制报表，如果上交的报表与系统自动生成的报表对照有误，在总得分中扣罚4权益/次，并以系统提供的报表为准修订。

> 注意：比赛会对上交报表时间做出规定，延误提交报表即视为错误一次，即使后来在系统中填制正确也要扣分。由运营超时引发延误提交报表视同报表错误并扣分（即如果某队超时3分钟，将被扣除1×3+4=7权益）。

（3）其他违规罚分。在运行过程中下列情况属违规：对裁判正确的判罚不服从；其他严重影响比赛正常进行的活动。如有以上行为者，在第4年经营结束后扣除该队总得分的20权益。

（4）所有罚分在第4年经营结束后计算总成绩时一起扣除。

十、破产处理

现金流断裂——企业破产

当参赛队权益为负（指当年结束系统生成资产负债表时所有者权益为负）或现金断流时（权益和现金可以为零），企业破产。参赛队破产后，直接退出比赛。

十一、其他说明

（1）违约金扣除——四舍五入；库存拍卖所得现金——向下取整；贴现费用——向上取整；扣税——四舍五入；长短贷利息——四舍五入。

（2）生产线变卖、紧急采购、订单违约、出售库存记入综合费用表中"其他或损失"项目。

（3）企业每年的运营时间以裁判现场公布时间为准，如果发生特殊情况，经裁判组同意后可做适当调整。

（4）每一年投放广告结束后，将给各组2分钟的时间观看各组广告单；每一年经营结束后，裁判将公布各队综合费用表、利润表、资产负债表。

（5）大赛过程中不需要物理询盘，使用系统中"一键下载"功能。每一年经营结束后，裁判在公告信息中公布各队综合费用表、利润表、资产负债表以及各队经营情况数据文件。

（6）经营过程中不允许转让订单、转让产品、转让财产，即不允许组间进行交易。

任务二　了解竞赛规则及订单设计

此任务主要展示沙盘网络比赛常用的百树沙盘系统规则及订单设计。

操作员登录百树沙盘教师端操作界面（图7-1），可以看到"规则订单"选项，单击进入，如图7-2所示。

操作员首先单击规则中"模板下载"，下载规则模板，下载文件如图7-3所示。

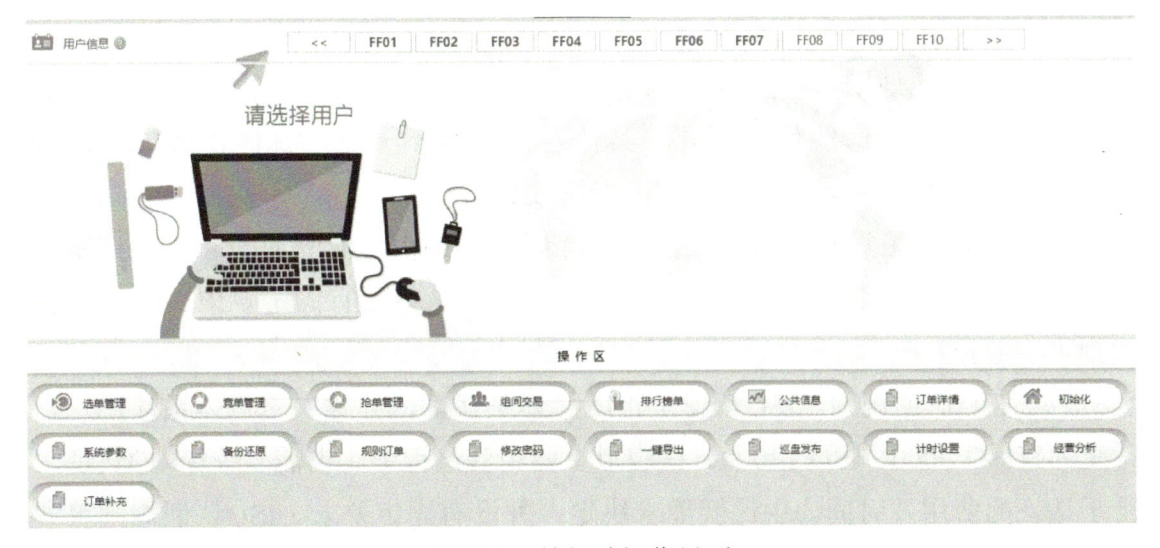

图7-1　教师端操作界面

图7-2　规则订单　　　　　　　图7-3　规则模板

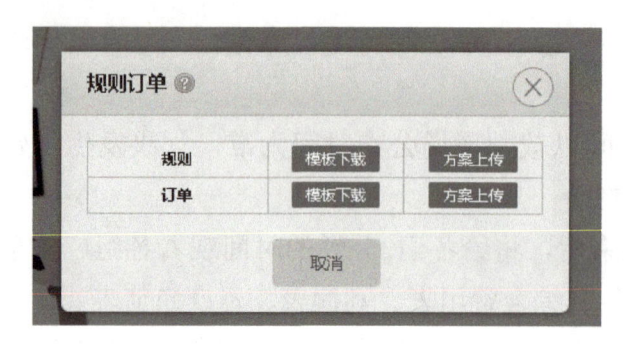

一、竞赛规则制作

具体内容根据教师实际需要修改，此部分只做基础规则案例展示。

（1）厂房规则。厂房分为大、中、小三种类型。不同类型的厂房价格不同，生产线容量也不一致，既可以购买，也可以租用，具体数值的设置由比赛需求决定。厂房规则可参考表7-4。

表7-4　厂房规则

ID	名称	购买价格	租用价格	出售价格	生产线容量	使用上限	分值
1	大厂房	41	4	41	4	4	10
2	中厂房	30	3	30	3	4	8
3	小厂房	20	2	20	2	4	6

（2）生产线规则。生产线分为手工线、自动线、柔性性、租赁线四种类型。不同类型的生产线价格不同，其他各参数也不一致，具体各参数如何设置，由比赛需求决定。生产线规则可参考表7-5。

（3）市场开拓规则。市场包括本地、区域、国内、亚洲和国际。开拓不同的市场所需的开发费及开发时间由比赛需求决定，并没有固定要求。市场开拓规则可参考表7-6。

（4）ISO认证规则。ISO认证是指质量体系认证，亦称"质量体系注册"，常见的有ISO 9000、ISO 14000。在模拟企业经营过程中，也需要进行ISO认证，至于认证的费用及时间，由比赛需求决定，并没有固定要求。ISO认证规则可参考表7-7。

表7-5　生产线规则

ID	名称	每季投资额	安装周期	生产周期	每季转产费	转产周期	维护费	残值	折旧费	折旧时间	分值
1	手工线	4	0	2	0	0	1	1	1	3	5
2	自动线	7	2	1	2	1	2	2	3	4	7
3	柔性线	6	3	1	0	0	2	2	4	4	10
4	租赁线	0	0	1	0	0	7	-7	0	0	0

表7-6　市场开拓规则

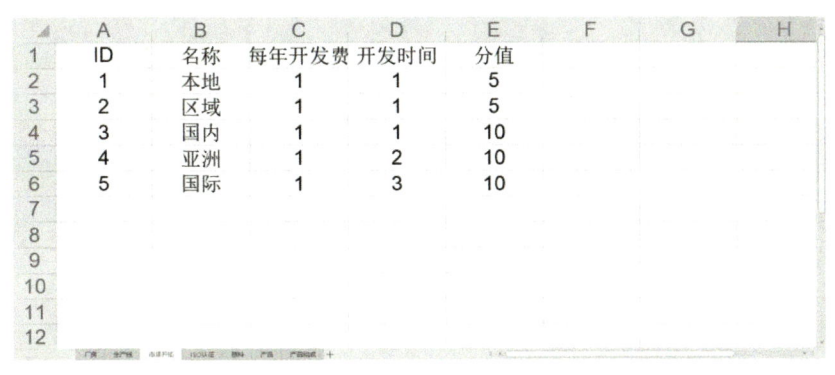

ID	名称	每年开发费	开发时间	分值
1	本地	1	1	5
2	区域	1	1	5
3	国内	1	1	10
4	亚洲	1	2	10
5	国际	1	3	10

表7-7　ISO认证规则

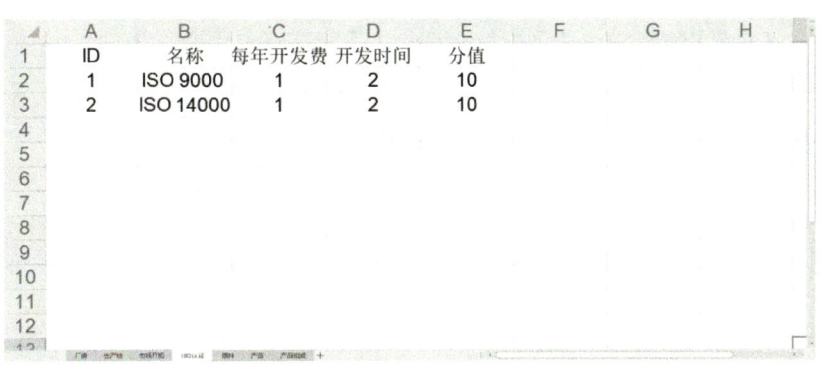

ID	名称	每年开发费	开发时间	分值
1	ISO 9000	1	2	10
2	ISO 14000	1	2	10

（5）原料规则。为了简化原料的名称，取原料（Raw Material）英文首字母R，企业运用原料的种类，就由阿拉伯数字1开始进行顺序排列，即R1、R2……每种原料购买单价及提前期，由比赛需求决定，并没有固定要求。原料规则可参考表7-8。

表7-8　原料规则

ID	名称	购买单价	提前期
1	R1	1	1
2	R2	1	1
3	R3	1	2
4	R4	1	2

（6）产品规则。为了简化产品的名称，取产品（Product）英文首字母P，企业产品的种类，就由阿拉伯数字1开始进行顺序排列，即P1、P2……每种产品的加工费、开发费等相关参数，由比赛需求决定，并没有固定要求。产品规则可参考表7-9。

表7-9　产品规则

ID	名称	加工费	每年开发费	开发时间	直接成本	分值
1	P1	1	1	1	2	10
2	P2	1	1	2	3	10
3	P3	1	3	2	4	10
4	P4	1	4	2	5	10

（7）产品原料组成规则。每个产品所需原料成分如何组合，由比赛需求决定，并没有固定要求。产品原料组成规则可参考表7-10。

表7-10　产品原料组成规则

构成产品 产品成分	原料成分	数量
P1	R1	1
P2	R2	1
P2	R4	1
P3	R2	1
P3	R3	1
P3	R4	1
P4	R1	1
P4	R3	2
P4	R4	1

二、竞赛订单制作

具体内容根据教师实际需要修改，此部分只做基础订单案例展示。

在"规则订单"中单击"模板下载"，下载文件如图7-4所示。双击打开订单模板，查看订单详情，见表7-11。下面对表中一些数据进行列示说明。

图7-4　订单模板

表7-11　订单详情

编号	年份	市场	产品	数量	总价	交货期	应收账期	ISO
X-001	2	1	1	1	6	4	0	0
X-002	2	1	1	3	16	4	1	0
X-003	2	1	1	2	11	3	2	0
X-004	2	1	1	4	21	4	3	0
X-005	2	1	1	2	11	3	3	0
X-006	2	1	1	1	6	4	1	0
X-007	2	1	2	1	7	3	2	0
X-008	2	1	2	3	22	4	1	0
X-009	2	1	2	4	29	2	1	0
X-010	2	1	2	2	15	4	3	0
X-011	2	1	3	1	9	4	2	0
X-012	2	1	3	2	17	3	2	0
X-013	2	1	3	3	27	4	1	0
X-014	2	1	4	2	21	2	1	0
X-015	2	1	4	4	39	4	1	0
X-016	2	2	1	4	23	2	3	0
X-017	2	2	1	3	16	4	3	0
X-018	2	2	1	2	11	4	1	0
X-019	2	2	1	3	16	3	1	0
X-020	2	2	1	1	6	1	4	0
X-021	2	2	2	3	17	2	0	0
X-022	2	2	2	3	22	2	1	0
X-023	2	2	2	4	28	5	1	0

市场：1表示本地；2表示区域；3表示国内；4表示亚洲；5表示国际。

ISO：0表示无；1表示ISO 9000；2表示ISO 14000；3表示两个都需要。

年份：第一年用1代替；第二年用2代替；第三年用3代替；第四年用4代替。

在订单制作规则中不能出现中文或者符号，否则会上传失败（标题项除外）。

模板中编号为关键字，不可重复，且选单关键字也不能和竞单的重复。

具体竞赛出题思路参考示例：

操作员需要根据参赛队伍的实际情况，调整具体市场订单数量，具体步骤如下：

第一步：列好各个市场的订单张数，与实际参赛队相差1~2张订单。对产品而言，P1至P4产品，由低端到高端，订单张数会逐渐减少。每一年订单数量增加，会使市场变得宽松，订单减少会使市场变得拥挤，订单张数由出题教师根据市场大环境因素综合考虑，这也决定了所有参赛队对于产品的选择。

第二步：订单数量也就是每张订单上的产品数量。一般情况下，5～12组竞赛中，最大订单数量为5个；12～25组竞赛中，最大订单数量为6个；25组以上的竞赛中，最大订单数量为7个，具体根据订单张数（表7-12）和实际需求量（表7-13）进行调整。

表7-12　订单张数

序号	年份	产品	本地	区域	国内	亚洲	国际
1	第2年	P1	9	10	11	0	0
2	第2年	P2	6	7	8	0	0
3	第2年	P3	6	8	7	0	0
4	第2年	P4	0	0	0	0	0
5	第3年	P1	10	7	11	0	0
6	第3年	P2	8	7	7	6	0
7	第3年	P3	7	6	0	8	0
8	第3年	P4	5	6	7	0	0
9	第4年	P1	0	9	7	0	8
10	第4年	P2	7	0	8	7	0
11	第4年	P3	7	8	7	7	0
12	第4年	P4	0	5	8	6	6

表7-13　实际需求量

序号	年份	产品	本地	区域	国内	亚洲	国际
1	第2年	P1	30	31	36	0	0
2	第2年	P2	19	22	26	0	0
3	第2年	P3	18	24	20	0	0
4	第2年	P4	0	0	0	0	0
5	第3年	P1	34	19	36	0	0
6	第3年	P2	26	19	23	22	0
7	第3年	P3	25	21	0	26	0
8	第3年	P4	17	19	23	0	0
9	第4年	P1	0	28	23	0	26
10	第4年	P2	24	0	30	22	0
11	第4年	P3	24	25	23	22	0
12	第4年	P4	0	16	24	19	20

第三步：根据成本调整产品利润，进行定价。按系统规则，各产品成本为：P1成本为2万元；P2成本为3万元；P3成本为4万元；P4成本为5万元。则P1产品价格建议定在5万～6万元；P2产品价格建议定在6.5万～8万元；P3产品价格建议定在7万～9万元；P4产品价格建议定在9万～11万元。以上定价内容均可以

由任课教师自行定价，此内容只做参考。最后，各地均价可参考表7-14。

表7-14 订单均价

序号	年份	产品	本地	区域	国内	亚洲	国际
1	第2年	P1	5.73	4.94	6.08	0	0
2	第2年	P2	7.47	7.5	6.81	0	0
3	第2年	P3	7.72	8.67	9.3	0	0
4	第2年	P4	0	0	0	0	0
5	第3年	P1	5.09	5.74	5.81	0	0
6	第3年	P2	6.62	7.32	7.26	7.27	0
7	第3年	P3	8.44	10	0	8.35	0
8	第3年	P4	9.71	9.89	10.96	0	0
9	第4年	P1	0	5.75	4.96	0	6.15
10	第4年	P2	6.67	0	6.13	7.55	0
11	第4年	P3	7.58	8.56	7.78	8.64	0
12	第4年	P4	0	10.25	10.33	11.37	11.65

待以上所有操作完成，操作员会得到以下2个Excel表格，如图7-5所示。

📄 7组创业者订单模板.xls
📄 7组创业者规则.xls

图7-5 订单及规则模板

之后登录系统，把导出的方案在系统上按要求进行上传，如图7-6～图7-8所示。

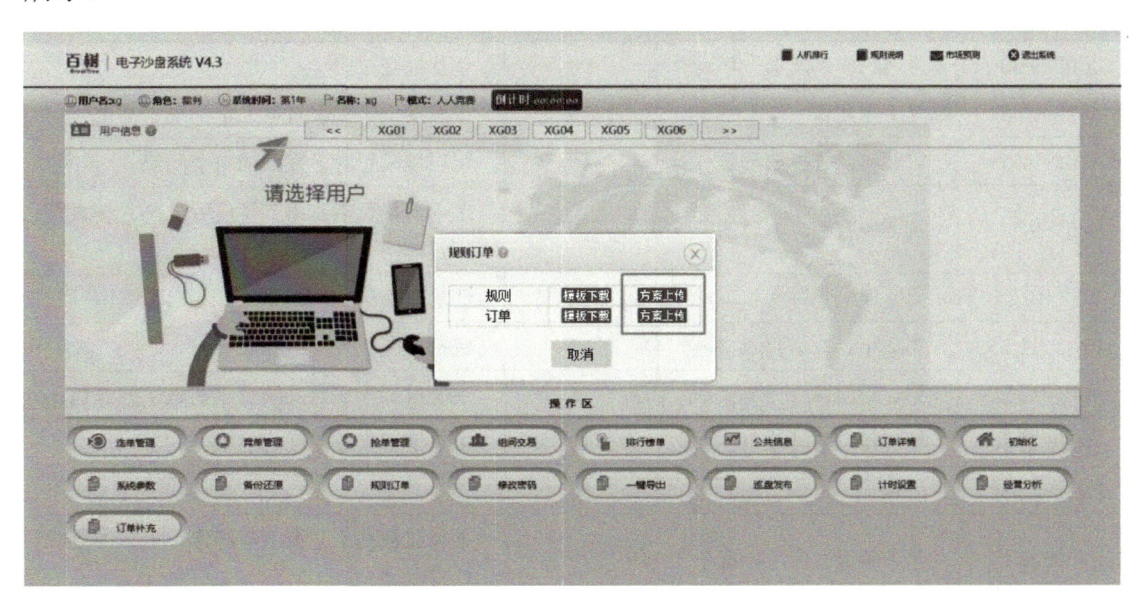

图7-6 上传订单模板及规则

图7-7　上传规则　　　　　　　　图7-8　上传订单

完成后，单击"保存"按钮保存订单文件，注意更改文件名称（必须以创业者开头）。保存后在系统页面上单击方案上传。

上传完成，就可以在初始化中选择相应的规则和订单进行初始化。

任务三　了解竞赛流程执行情况

一、竞赛流程安排

竞赛流程安排见表7-15。

表7-15　竞赛流程安排表

时间	内容	时长（分钟）	备注
8:00-9:30	方案制作以及第一年运营	90	包括提交三表
9:30-9:45	第1年间谍	15	下发第一年三表及第二年初电子间谍包
9:45-9:55	第2年广告投放	10	可以继续查看下载好的电子间谍
9:55-9:57	第2年查看广告时间	2	选单前裁判下发第二年广告，两分钟查看广告时间
9:57-10:15	第2年选单时间	18	选单时间
10:15-11:05	第2年企业运营	50	包括提交三表
11:05-11:20	第2年间谍	15	下发第二年三表及第三年初电子间谍包
11:20-11:30	第3年广告投放	10	可以继续查看下载好的电子间谍
11:30-12:30	午餐	60	
12:30-12:50	第3年查看广告、选单	20	选单前裁判下发第三年广告，三分钟查看广告时间
12:50-13:40	第3年企业运营	50	包括提交三表

项目七 企业经营沙盘竞赛组织

（续）

时间	内容	时长（分钟）	备注
13:40-13:55	第3年间谍	15	下发第三年三表及第四年初电子间谍包
13:55-14:05	第4年广告投放	10	可以继续查看下载好的电子间谍
14:05-14:30	第4年查看广告、选单	25	选单前裁判下发第四年广告，三分钟查看广告时间
14:30-15:20	第4年企业运营	50	包括提交三表
15:20-16:00	成绩公布、CEO签字	40	

注：竞赛时间可根据实际情况有所调整。如有延时或提前，每项时间按"时长"计算。

二、竞赛成绩记录

例如：在经营第一年时，U03由于报表错误扣4分，U10由于经营超时扣1分，报表错误扣4分，并由各自CEO签字确认，见表7-16。

表7-16 第一年罚分记录表

	A	B	C	D	E	F
1	第一年罚分表					
2	学校	组号	经营超时罚分	报表错误罚分	罚分合计	签字确认
3	×××学校	U01			0	
4	×××学校	U02			0	
5	×××学校	U03		−4	−4	张三
6	×××学校	U04			0	
7	×××学校	U05			0	
8	×××学校	U06			0	
9	×××学校	U07			0	
10	×××学校	U08			0	
11	×××学校	U09			0	
12	×××学校	U10	−1	−4	−5	李四
13	×××学校	U11			0	
14	×××学校	U12			0	
15	×××学校	U13			0	
16	×××学校	U14			0	
17	×××学校	U15			0	
18/19	裁判确认签字区					

第一年罚分表　第二年罚分表　第三年罚分表　第四年罚分表　罚分汇总表　成绩公布

其他各年罚分见表7-17～表7-19。

表7-20由现场裁判根据赛场上所有参赛队每年实际发生的经营失误，进行记录并汇总，其中每个数据均来自表7-16～表7-19，如单元格C3=第一年罚分

表!C3+第二年罚分表!C3+第三年罚分表!C3+第四年罚分表!C3，其他单元格公式依此类推。

表7-17　第二年罚分记录表

	A	B	C	D	E	F
1	第二年罚分表					
2	学校	组号	经营超时罚分	报表错误罚分	罚分合计	签字确认
3	×××学校	U01	−1	−4	−5	王五
4	×××学校	U02			0	
5	×××学校	U03			0	
6	×××学校	U04		−4	−4	刘二
7	×××学校	U05			0	
8	×××学校	U06			0	
9	×××学校	U07			0	
10	×××学校	U08			0	
11	×××学校	U09			0	
12	×××学校	U10			0	
13	×××学校	U11			0	
14	×××学校	U12			0	
15	×××学校	U13			0	
16	×××学校	U14			0	
17	×××学校	U15			0	
18	裁判确认签字区					

表7-18　第三年罚分记录表

	A	B	C	D	E	F
1	第三年罚分表					
2	学校	组号	经营超时罚分	报表错误罚分	罚分合计	签字确认
3	×××学校	U01			0	
4	×××学校	U02	−2	−4	−6	陈一
5	×××学校	U03			0	
6	×××学校	U04			0	
7	×××学校	U05			0	
8	×××学校	U06			0	
9	×××学校	U07			0	
10	×××学校	U08			0	
11	×××学校	U09			0	
12	×××学校	U10			0	
13	×××学校	U11			0	
14	×××学校	U12			0	
15	×××学校	U13			0	
16	×××学校	U14			0	
17	×××学校	U15	−3	−4	−7	顾八
18	裁判确认签字区					

表7-19 第四年罚分记录表

	A	B	C	D	E	F	G
1			第四年罚分表				
2	学校	组号	经营超时罚分	报表错误罚分	罚分合计	签字确认	
3	×××学校	U01	-1	-4	-5	王五	
4	×××学校	U02			0		
5	×××学校	U03			0		
6	×××学校	U04			0		
7	×××学校	U05			0		
8	×××学校	U06	-4	-4	-8	赵六	
9	×××学校	U07			0		
10	×××学校	U08			0		
11	×××学校	U09			0		
12	×××学校	U10			0		
13	×××学校	U11			0		
14	×××学校	U12			0		
15	×××学校	U13	-2	-4	-6	张七	
16	×××学校	U14			0		
17	×××学校	U15			0		
18	裁判确认签字区						

表7-20 罚分汇总表

	A	B	C	D	E	F	G
1			第一至四年罚分汇总表				
2	学校	组号	经营超时罚分	报表错误罚分	罚分合计	签字确认	
3	×××学校	U01	-2	-8	-10	王五	
4	×××学校	U02	-2	-4	-6	陈一	
5	×××学校	U03	0	-4	-4	张三	
6	×××学校	U04	0	-4	-4	刘二	
7	×××学校	U05	0	0	0	/	
8	×××学校	U06	-4	-4	-8	赵六	
9	×××学校	U07	0	0	0	/	
10	×××学校	U08	0	0	0	/	
11	×××学校	U09	0	0	0	/	
12	×××学校	U10	-1	-4	-5	李四	
13	×××学校	U11	0	0	0	/	
14	×××学校	U12	0	0	0	/	
15	×××学校	U13	-2	-4	-6	张七	
16	×××学校	U14	0	0	0	/	
17	×××学校	U15	-3	-4	-7	顾八	
18	裁判确认签字区		叶九	严三	马二		

在表7-20的基础上，根据系统显示的第四年年末最终权益数，由现场裁判对所有参赛队伍的成绩进行登记并计算，要求所有参赛队CEO对最终成绩进行签字确认，见表7-21。

表7-21 成绩表

	A	B	C	D	E	F	G
1	000竞赛成绩公布							
2	学校	组号	权益合计	罚分合计	最终成绩	排名	签字确认
3	×××学校	U15	150	-7	143	1	顾八
4	×××学校	U14	140	0	140	2	许一
5	×××学校	U13	130	-6	124	3	张七
6	×××学校	U08	112	0	112	4	任五
7	×××学校	U07	109	0	109	5	贾三
8	×××学校	U09	100	0	100	6	钱八
9	×××学校	U03	89	-4	85	7	张三
10	×××学校	U02	90	-6	84	8	陈一
11	×××学校	U04	87	-4	83	9	刘二
12	×××学校	U05	72	0	72	10	周三
13	×××学校	U01	80	-10	70	11	王五
14	×××学校	U10	73	-5	68	12	李四
15	×××学校	U11	56	0	56	13	林七
16	×××学校	U06	60	-8	52	14	赵六
17	×××学校	U12	42	0	42	15	金八
18/19	裁判确认签字区			叶九	严三	马二		

在表7-21中，最终成绩=权益合计+罚分合计，如单元格E3=C3+D3，得出最终成绩后，按成绩的高低进行降序排列，见表7-22。根据最终成绩进行排名，还可运用RANK函数，该函数是对指定字段的值的排名，如单元格F3=RANK(E3,E$3:E$17)，见表7-23，表格中其余公式依此类推。

表7-22 最终成绩降序排列

项目七　企业经营沙盘竞赛组织　233

表7-23　利用RANK函数排列

	A	B	C	D	E	F	G
1			000竞赛成绩公布				
2	学校	组号	权益合计	罚分合计	最终成绩	排名	签字确认
3	×××学校	U15	150	−7	143	1	顾八
4	×××学校	U14	140	0	140	2	许一
5	×××学校	U13	130	−6	124	3	张七
6	×××学校	U08	112	0	112	4	任五
7	×××学校	U07	109	0	109	5	贾三
8	×××学校	U09	100	0	100	6	钱八
9	×××学校	U03	89	−4	85	7	张三
10	×××学校	U02	90	−6	84	8	陈一
11	×××学校	U04	87	−4	83	9	刘二
12	×××学校	U05	72	0	72	10	周三
13	×××学校	U01	80	−10	70	11	王五
14	×××学校	U10	73	−5	68	12	李四
15	×××学校	U11	56	0	56	13	林七
16	×××学校	U06	60	−8	52	14	赵六
17	×××学校	U12	42	0	42	15	金八
18	裁判确认签字区			叶九	严三	马二	

F3　=RANK(E3,E\$3:E\$17)

职业能力测评

一、单选题

1．选单时，出现确认框要在倒计时大于时（　　）按下确认按钮，否则可能造成选单无效。

　　A．4秒　　　　B．5秒　　　　C．6秒　　　　D．7秒

2．在沙盘模拟企业经营竞赛中报表错误一次扣（　　）权益。

　　A．4　　　　　B．5　　　　　C．6　　　　　D．7

3．在一般竞赛中违约金的比例为20%，并采用（　　）取整。

　　A．向下　　　　B．向上　　　　C．四舍五入　　　D．求和

4．市场预测不包括（　　）。

　　A．均价　　　　B．需求量　　　C．竞单张数　　　D．订单张数

5. 在竞赛规程中询盘时间一般为（　　　）。

　　A．10分钟　　　　B．15分钟　　　　C．20分钟　　　　D．25分钟

二、多选题

1. 下列属于罚分内容的有（　　　）。

　　A．运行超时　　　　　　　　　B．报表错误
　　C．对裁判正确的判罚不服从　　D．严重影响比赛正常进行的活动

2. 沙盘模拟企业经营赛项出现（　　　）时可以认定为破产。

　　A．权益为负　　　　　　　　　B．现金为零
　　C．所有者权益为负　　　　　　D．权益为零

3. 沙盘模拟企业经营赛项中，下列（　　　）等表格需要参赛选手签字确认。

　　A．广告费用单　　　　　　　　B．罚分记录表
　　C．原料采购表　　　　　　　　D．竞赛成绩单

4. 沙盘模拟企业经营赛项中，下列（　　　）等说法正确。

　　A．经营过程中不允许转让订单、转让产品、转让财产，即不允许组间进行交易
　　B．企业每年的运营时间以裁判现场公布的时间为准，如果发生特殊情况，经裁判组同意后可做适当调整
　　C．系统自动生成的分数=所有者权益×(1+企业综合发展潜力÷100)
　　D．订单必须在规定季（即订单中的交货期）或提前交货，应收账期从交货季开始算起

5. 沙盘模拟企业经营赛项中，比赛最终成绩是根据（　　　）等因素确定计算的。

　　A．所有者权益
　　B．罚分
　　C．若所有者权益相等，则按系统自动生成的分数
　　D．若系统自动生成的分数仍相等，则按经营结束的时间

三、判断题

1．在规程中超时不扣权益。　　　　　　　　　　　　　　　　（　　）
2．在规程中报表错误一次扣4个权益。　　　　　　　　　　　（　　）
3．在权益相等时，裁判的判断依据是总成绩=所有者权益×（1+企业综合发展潜力÷100）−罚分。　　　　　　　　　　　　　　　　　　　　（　　）
4．在紧急采购原料当季，需要支付三倍的原料费。　　　　　（　　）
5．净利润=销售收入−直接成本−综合费用−折旧−利息−所得税。（　　）

项 目 小 结

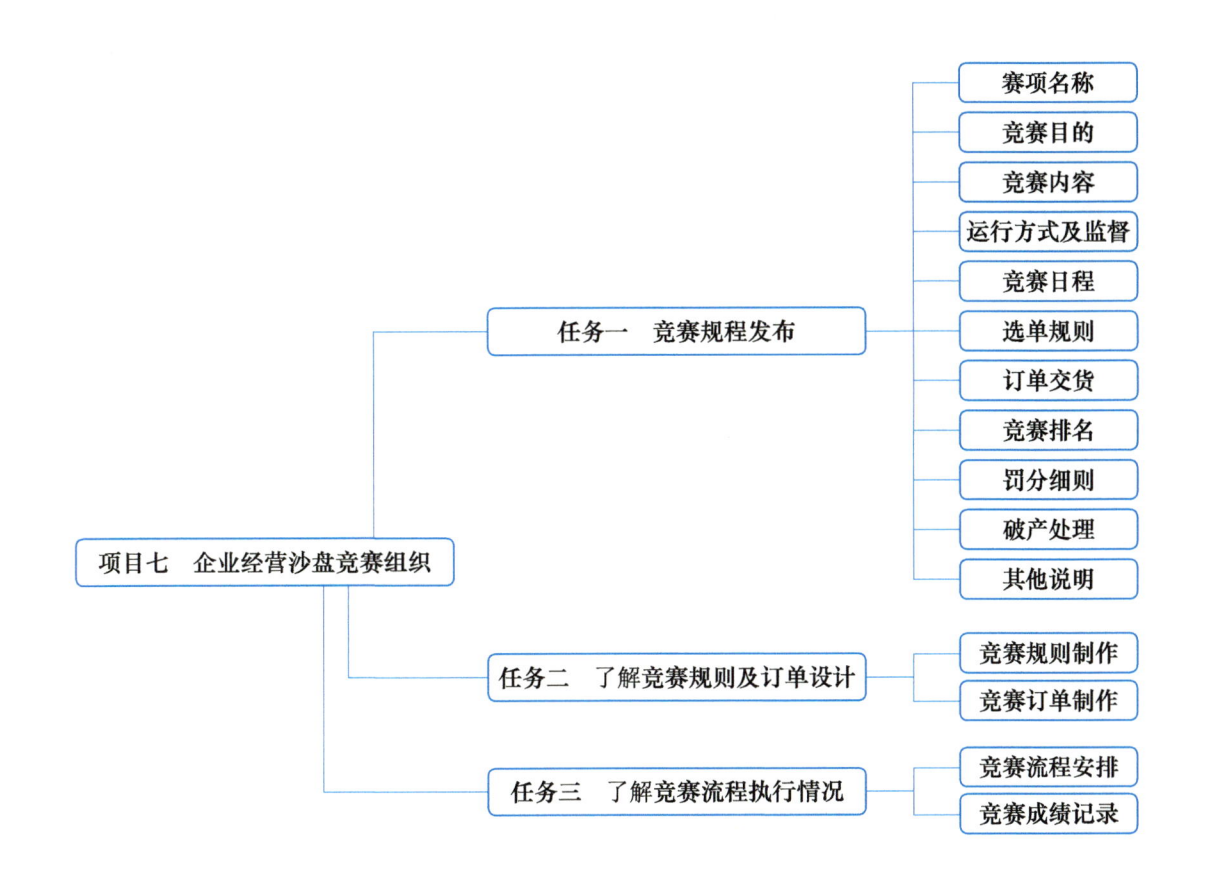

项目七　企业经营沙盘竞赛组织
- 任务一　竞赛规程发布
  - 赛项名称
  - 竞赛目的
  - 竞赛内容
  - 运行方式及监督
  - 竞赛日程
  - 选单规则
  - 订单交货
  - 竞赛排名
  - 罚分细则
  - 破产处理
  - 其他说明
- 任务二　了解竞赛规则及订单设计
  - 竞赛规则制作
  - 竞赛订单制作
- 任务三　了解竞赛流程执行情况
  - 竞赛流程安排
  - 竞赛成绩记录

参 考 文 献

[1] 喻竹，梁萍换，叶善文．电子沙盘应用教程：新道新创业者[M]．北京：高等教育出版社，2016．

[2] 喻竹，令狐荣波，陈玉霞，等．电子沙盘应用教程：新道新商战[M]．北京：高等教育出版社，2016．

[3] 何晓岚，金晖．商战实践平台指导教程[M]．北京：清华大学出版社，2012．

[4] 何晓岚，钟小燕．ERP沙盘模拟指导教程：实物+电子+人机对抗[M]．2版．北京：清华大学出版社，2019．

[5] 李爱红．ERP沙盘实训教程[M]．2版．北京：高等教育出版社，2019．

[6] 吕永霞．ERP企业经营模拟沙盘实训指导教程[M]．长春：东北师范大学出版社，2014．

[7] 董红杰，吴泽强．企业经营ERP沙盘应用教程[M]．北京：北京大学出版社，2012．

[8] 刘平，王实．ERP沙盘模拟管理综合实训手册[M]．北京：机械工业出版社，2010．

[9] 樊晓琪．ERP沙盘实训教程及比赛全攻略[M]．上海：立信会计出版社，2009．